丛书主编 —— 何怀宏

多元主义、正义和平等

Pluralism, Justice, and Equality

大卫·米勒 迈克尔·沃尔泽 等著
高建明 译

图书在版编目（CIP）数据

多元主义、正义和平等／（英）大卫·米勒，（美）迈克尔·沃尔泽等著；高建明译.－－南昌：江西人民出版社，2018.9

（西方正义理论译丛／何怀宏主编）

ISBN 978-7-210-10769-9

Ⅰ.①多… Ⅱ.①大… ②迈… ③高… Ⅲ.①正义－文集 Ⅳ.① B82-53

中国版本图书馆 CIP 数据核字（2018）第 204818 号

版权登记号：14-2018-0222
Copyright © The several contributors 1995

多元主义、正义和平等

（英）大卫·米勒 （美）迈克尔·沃尔泽 等著
高建明 译

丛书策划：余　晖
特约编辑：张国功
责任编辑：余　晖
丛书设计：今亮后声

出　　版：江西人民出版社
发　　行：各地新华书店
地　　址：江西省南昌市三经路 47 号附 1 号
编辑部电话：0791-86898821
发行部电话：0791-86898815
邮　　编：330006
网　　址：www.jxpph.com
E-mail：jxpph@tom.com web@jxpph.com

2018 年 9 月第 1 版　2018 年 9 月第 1 次印刷
开　　本：660×960 毫米　1/16
印　　张：23.25
字　　数：245 千字
ISBN 978-7-210-10769-9
赣版权登字—01—2018—725
定　　价：72.00 元
承 印 厂：河北鹏润印刷有限公司
版权所有　侵权必究
赣人版图书凡属印刷、装订错误，请随时向承印厂调换

总　序

◎何怀宏

　　正义一直是社会关注的一个热点话题，许多在网络上引发大量讨论和争议的事件，几乎都和道德，尤其是正义的问题相关，那些最重要的、最牵动人们情感的事件更是如此。这是因为正义就是主要用于社会，特别是用于制度和政策的道德原则和价值；或者我们还可以同意罗尔斯所说，相对于效率等衡量标准来说，正义是社会制度的"首要德性"，是需要得到优先关注的。但我们的传统道德理论往往是从个人德性来观察和调节社会，对制度本身的德性或者说"社会正义"却重视不够。所以，借鉴域外的正义理论来补足和拓展中国特色的道德理论，对促进与提升我们社会的道德建设和发展是很有必要的。

　　这套"西方正义理论译丛"就致力于此。在首批所选的六本书中，有探讨西方的正义观念发展史的；有聚焦于当代社会的正义问题的；有提出和建构自己的理论观点的；也有收集对某一重要理论的争论、辩驳和回应的；还有从跨学科的视野和全球化的角度来思考正义的。

　　当然，对这些思想观点和理论，我们需要谨慎地分析和选择，对不同的著作给以不同的权重。它们有些对我们思考自己社会的问题是富有启发性的，也有些更多的是处理他们自己社会的问题。更重要的是，我们需要考察它们提出的理由和论据的真实性，这不仅可以获得方法论方面的助益，还可以帮助我们形成自己的比较正确的观点。也就是说，我们需要一种批判性的思维。这甚至要包括对本来批判地分析采纳了正确的思考方向和实质观点，但因为推进过度而带来错误的情况。"正义"从其本身含义来说，总是要带有某种平衡中道和公平公允的性质的，所以，就像孔子所言："过犹不及。"

我在这篇总序中，想结合丛书中的一些著作，主要讨论两个问题：第一个问题是有关正义的范畴。借助于对传统正义与现代正义的分野，我想讨论报应的正义和分配的正义的区分，以及何者应当占据更优先的地位。第二个问题是有关正义的原则、规则。我想借助对罗尔斯与沃尔泽的理论的比较，讨论一般原则和特殊规则的关系，以及我们为什么还需要某些基本的道德原则。

对正义的范畴和内容，我们也许可以大致地分成两块：一块是报应的正义，它主要是和法律尤其是司法的正义、矫正的正义相关；一块是分配的正义，它主要是和权益尤其是经济和物质的利益分配相关。

结合人类社会的历史，我们也许可以说：无论中外，传统的社会更强调报应的正义，并且是以报应的正义为中心和统摄的；而近代以来，从社会的发展趋势来看则更强调分配的正义，并且是以分配的正义为中心和统摄的。

究其背后的实质性的正义原则，我们也许还可以通俗地说，传统社会强调的主要是一种"报的正义"，即主要的一面是"报仇"，也就是司法的正义，次要的另一面是"报酬"即交易的正义。这后面的核心理念是"应得"（desert）。犯罪者应得惩罚，付出或交换者应得回报，贡献者应得酬劳，"让各人各得其所应得"。

现代正义强调的则主要是一种"分的正义"，其主要的内容是分配发展机会和物质利益。它后面的核心理念是"平等"。它不仅将平等对待的范围扩大到所有的社会成员，而且致力于"均富"观念的实现。

"正义"总是要在某种基本的意义上包含平等的。但对"平等"的理解，传统社会与现代社会的人们却有所不同。传统的正义实际上也必须体现平等，但是更强调价值的平等、功过的平等。它那种"平等"可以说主要是一种"对等"。所以，它主张有罪必罚、同罪同罚、同样的价值得到同样的报偿。现代正义则更强调人的基本权利的平等，还有条件乃至需求的平等，不管什么人，不管他们拥有什么价值，都是如此。它的确有一种"均等"的含义。

但这两种正义也可以在概念上处理得比较相通和互相包容。我们前面说到"统摄"，即传统社会的正义自然也会包括经济利益的内容，包含"分"的内容，但"分"往往是统摄在"报"的名下的。同样，现代社会的正义也肯定，甚至还必须优先地包括法律和司法的正义，但这种"报"往往是统摄在"分"的名下的，即分配权利、负担、义务和责任，等等。

综上，我们所讨论的正义范畴和内容其实已经相当清楚，正义总是和政治、国家紧密联系在一起的。我们今天所说的正义更是如此。正义必须依赖权力来实行和实现，而这种权力追溯到底，则是在一定地域内对暴力的垄断——这其实也是韦伯对国家的一个基本定义。

无权力支撑的正义是虚弱甚至虚幻的正义。当然，我们也要对权力提出道德的要求——正义的理念。无正义约束的权力是施虐甚至肆虐的权力。

传统的正义和原始的正义有着更多的直接联系，也带来一定的紧张。比如个人复仇、自行正义和国家法庭判决、代行正义之间的紧张。除了直接的自卫——或者说正当防卫，一般来说国家不允许个人使用暴力自行正义，而是要将个人的"报复"上交到国家来处理。但直到现代社会的今天，也还是会有司法正义的缺位和不足，而导致个人自行正义的现象的出现。我们可以对这样一些个人报复表示相当的同情，但是，它们还是有违良序社会发展的大势的。

《正义诸概念》的作者拉斐尔曾经以古希腊悲剧为例谈到从原始的正义向传统的正义的转变。埃斯库罗斯以阿伽门农家族冤冤相报的系列悲剧展示了这一转变的过程。阿伽门农的妻子克吕泰墨斯特拉和其情人埃奎斯托斯杀死了阿伽门农，这后面有复仇的动机：一是克吕泰墨斯特拉要为其被献祭的女儿伊菲革涅亚复仇，一是埃奎斯托斯对于阿特柔斯家族被侵害的复仇。但阿伽门农被杀之后，他的儿子俄瑞斯忒斯也要为自己的父亲复仇，他杀死了埃奎斯托斯，在犹豫之后，也杀死了自己的母亲。为此，他遭到了复仇女神（可以视作原始正义的化身）的疯狂追逐。

最后雅典娜创立法庭，审理复仇女神的控诉。在正反两方投票相等的情况下，她投了一票，宣判俄瑞斯忒斯无罪，但也要试图平息复仇女神的怒火。拉斐尔指出这包含了新的理念：第一，对于罪行的审判以及惩戒应当通过国家，通过法庭，通过整个法庭的陪审员，通过一个理性和民主的程序来进行；第二，如果两种冲突的主张在道德的两难境地中是均衡的，那么正义的解决办法是切断冤冤相报的无尽链条。

但我们还可以说，从原始正义到传统国家的正义，这里最基本的原则还是没有根本改变，即罪行应该得到惩罚，应该被起诉和审判，应该有报应，"谁的行为谁忍受"。"新的理念"只是将这种惩罚权交给了国家，并努力斩断个人报复不已的链条。

还有一点也很重要。即传统正义虽然没有均分权益和福利的理念，把福利看作应该主要是个人或自愿结合的团体追求的事情。国家主要负责防御外部侵略，维护内部安全和秩序，也包括维护契约的履行等，但它也还是要关心和帮助那些最弱势的群体和个人的基本经济生活和生存权利。这包括要让"矜、寡、孤、独、废疾者皆有所养"，要为孤儿寡母主持公道，不让其人身和财产被侵犯，在发生灾害时国家有义务进行社会救济等。所以，传统国家往往也都有救荒和济贫的一些政策和实践。这后面的精神应该说不只是维护社会的稳定（虽然稳定也是天下之大利），也有对人类和同胞的人道关怀。

这可以帮助我们将正义理论与一般的道德理论联系起来考虑。表现为制度的"恻隐之心"也是一种人类的共性，我们在不同文明的经典文献中都可以看到类似于社会要分利给贫弱的人的例子，比如说《诗经·小雅·大田》中的："彼有不获稚，此有不敛穧；彼有遗秉，此有滞穗，伊寡妇之利。"《圣经》"利未记"等篇章中也屡次写到这样的意思，当收割庄稼时，应当保留田地的一角不被收割，且不捡（车里散落下来少许的）谷物，"把它们留给那些穷人和陌生人吧"。但是，传统的正义不怎么考虑如何保障人们的经济幸福，不考虑如何平等地满足人们可能不断提高的物质期望，乃至传统社会的主导价值观也都不是以经济为中心的。

正义的理论与实践从以对等的"报"为重心，向以平等的"分"为重心的转变，是从近代开始，尤其是在20世纪完成的。罗斯在1923年出版的《亚里士多德》一书中，评论了引用正义这一概念的诸多变化。他说："分配正义听上去无比新奇，我们并不习惯认为国家为其国民分配财富，反而认为我们缴税而去分摊国家的负担。"（*Aristotle*, London Methuen, 1923, 210）这种纳税支持的国家自然是一种较少功能的"守夜人式的国家"。拉斐尔对此评论说："今天我们对社会保障耳熟能详，反而是罗斯的说法让人感觉奇怪了。"

罗尔斯的《正义论》是现代分配正义理论的一部精致和系统的杰作，也是这一类型的正义理论中最有影响的一部著作。他认为正义的主要内容就是分配一个社会的权益和负担。在他的这部著作中，没有多少有关法律正义，特别是涉及刑法和民事的正义的内容。

这其中的一个原因，自然是因为他考虑的"公平的正义"理论的应用对象是社会的基本结构而非具体制度。但是，他却把经济利益的分配也纳入了这一正义理论的原则之中，而将可能更重要和优先的法律正义排除在外，是有可以质疑之处的。当然，他可能认为，在他的有关所有人的平等自由权利的第一正义原则里，已经隐含了法律的正义。

另外，他在他的正义理论中将"应得"的理念排除在外，而主张一种具有实质平等意义的"公平",这也许可以用于解释对权益的分配,但却难于解释对惩罚的"分配"。他认为将报复正义或司法正义视作"维护基本的自然义务"是一个错误,但如果我们观察传统社会(即便是今天,也还有一些带有许多传统因素和形态的国家),以及传统正义与原始正义的联系,那么,我们可能还是会认为,这并不是一个错误,司法正义看来的确还是在维护基本的自然义务。从防止直接损害人们的生命、财产的角度看,它比经济利益的分配正义更为重要,也应当置于一个更为优先的地位来考虑。能够为罗尔斯辩护的倒可能是一种进步主义的观点,即如果是处在一个司法基本实现了正义的社会,那么,从实践和政策的层面,或许可以优先考虑经济分配的正义,但即便如此,也不宜将这种优先性看作一种具有普遍意义的次序。

前面谈到我希望主要讨论两个问题:一是传统正义与现代正义的区分和关系问题;一是正义理论中的一般原则和特殊规则的关系问题。传统正义的理论基本上都是承认一般原则,并以之为前提的。有关"报的正义",应当说内容更明确,对伤害和酬劳的界定会比较清楚,处理的规则也更容易达成共识。而有关"分的正义",则因为对利益的理解,对哪些是最需要关注和照顾的群体,乃至对于"平等"的理解都会相当歧异,所以难以达成共识,也就使人们更容易倾向于怀疑一般原则。加上现代思想的潮流就有一种力图寻求真理性知识的绝对可靠性带来的失望,所以,在现代道德理论中出现相对主义以致虚无主义的强劲趋势应该说是不奇怪的。所以,有关一般原则与特殊规则的问题,我专门放到现代的分配正义理论中来讨论。

相对来说，我们对罗尔斯的正义理论比较熟悉，这里我想多介绍一下沃尔泽的理论和对他的评论。

大卫·米勒相当赞同沃尔泽的理论，也忠实地叙述了他的观点。米勒认为，沃尔泽对正义的解释其本质是多元的，否认有普遍的正义原则，将正义视为特定时间、特定政治共同体的创造。正义的多元性不仅表现在认可多元的自由民主制社会中，其他社会也有各种类型的社会善好，而每种善好都有与之对应的分配标准。

这里主要有两方面的含义，一是正义观念的不同的地方性、领域性；一是沃尔泽认为正义需要通过"善好"或者说价值来定义。沃尔泽的主要理论是他在1983年出版的《正义诸领域》（*Spheres of Justice*, New York: Basic Books, 1983）中提出的。其主要的正面意义或许是反对一些个人或群体依靠他或他们在某一个领域中取得的优势地位，从而获得对其他人在其他领域，甚至所有领域的支配权。所以，他主张一种"复合的平等"，但这也可以说是一种"复合的不平等"或者"复合的优秀"。当不同的人在不同的分配领域拔得头筹的时候，"复合的平等"就实现了，但由于某一领域的优势无法向外转移，所以无人能够支配其他领域。沃尔泽解释说，复合平等意指公民在某一领域或社会善中的地位不会被他在另一领域或社会善中的地位所削弱。

那么，主要有哪些东西可以被称为"善好"呢？沃尔泽认为，在现代自由社会中，"善好"的主要类别有：安全和福利、金钱和商品、职业、工作、闲暇、教育、亲情和爱、恩典、认可（即尊敬、公共荣誉等符号）、政治权力等。

沃尔泽认为，比较理想地实现了"复合的平等"的正义的社会图景大致是这样的：分权的民主社会主义，强福利国家，有约束的市场，开放和去神秘化的行政部门，独立的公立学校，共享艰苦工作和闲暇，保护宗教和家庭生活，不受等级或阶级影响的公共荣誉授予和褫夺制度，工人控制公司和工厂，一种政党、运动、会议和公开辩论的政治。(Spheres of Justice，318)亦即，沃尔泽的复合平等观要求这样一个社会，其中不同的人能在不同领域占据优势，他们的关系总和呈现出特定类型的平等。许多分离的不平等相互抵消和对冲产生复合平等，在此过程中，没有人是终极赢家。没有人能够"赢者通吃"。

那么，哪些领域的优势最容易侵犯到社会的其他领域呢？沃尔泽看来是想把市场对其他领域的"侵犯"描述为资本主义社会的核心问题。沃尔德伦指出：依沃尔泽看来，货币的危险在于，它往往会成为他所称的"支配性"物品——拥有这种物品，能够使拥有的个体大范围地掌控其他物品(Spheres of Justice，22)。沃尔泽没有将权力的僭越和侵犯视作主要的问题，可能恰恰是因为在自由民主社会，权力受到了法律正义或者说法治的严格约束。所以，他主要关心的是市场或者说金钱购买对其他领域可能的侵犯。

为此，沃尔泽列举了十多种应当实行"阻止交易"的，即那些不能买卖的事物。这份"阻止交易"的清单包括：人口，政治权力和影响力，刑事司法，言论、出版、宗教和集会的自由，婚姻和生育权，离开政治共同体的权利，免除服兵役、免于陪审团职责、免除其他公共工作的义务的权利，政治职位，基本的福利服务如警察保护和教育，绝望的交易（如涉及接受危险工作的交易），奖品和荣誉，神恩，爱和友谊，犯罪行为。而在最重要的、应该禁止的"权钱交易"中，他主要关注的不是用权力掠夺金钱财富，而是用金钱购买政治权力，乃至为后代购买优质教育。

沃尔泽的复合平等的正义理论的确有助于防止"赢家通吃"，防止一个人由于拥有某一方面的优势，就将这种优势扩大到所有方面，甚至因此对他人取得支配地位。大概是由于他所处社会的缘故，他更重视防止用金钱来购买一切。但我们知道，在另一些社会中，权力远比金钱更管用。在那些地方，更大的危险不是用金钱购买权力，而是用权力压制其他人的经济活动或掠夺社会的财富，即所谓"权力的腐败"。

顺便说说，罗尔斯在他的正义理论中也是主张阻断基本权利与经济利益之间的交易。他反对以利益之名，哪怕是多数人的利益之名来剥夺哪怕是很少数人的平等自由，所以他给出了正义原则的次序，只有先满足所有人的平等自由的原则，才能考虑公平机会和经济利益的分配。

不过，我们这里要讨论的是一般原则与特殊规则的关系。沃尔泽否定这些多元的特殊规则要依赖于一般的正义原则。他强调"地方性"。他说："分配正义的每一种实质性解释都是一种地方性解释……首先有一种特征是我的论述的核心。我们（所有的人）都是文化的产物；我们创造并生活在有意义的世界里。"（*Spheres of Justice*，314）这些说法可能并不错，但是否还是有一些超越地方性的共享的生活意义和正义原则呢？

凯伦指出，沃尔泽的论证最后还是建立在一般的甚至是抽象的自由民主原则上，还是不得不超越地方性的理解。假如像沃尔泽说的那样，"道德方面的论证要诉诸共享意义"（*Spheres of Justice*, 29），那么这种论证就预设了我们的共享意义世界至少部分越过了我们所属的特定政治共同体的边界。

问题还在于，不仅是基本的生活意义、价值（善好），正义的原则是否更应该如此呢？或者说，那些最基本的人生价值，本身也可以用正义的原则规范来表述。而且，正义的原则倒是比人们对生活意义的理解更有可能，也更有必要达成超越地方性的普遍共识。而沃尔泽却认为一般的正义原则是不可能或不可取的。但是，我们在现实生活中不难观察到，如果说正义的标准有赖于人们对价值（善好）的看法，人们对什么是善好（应该追求的价值）的看法不是更容易发生歧义吗？即便是在同一个政治共同体内、在同一个地方，人们的价值观念也照样出现许多的差异。相反，不同的地方、不同的政治共同体内的人们，对一些基本的正义规范却反而较容易达成共识，比如对不能杀害无辜、不能伤害他人、不能让人因为缺乏物质的生活资料而死去，等等。

当然，沃尔泽的正义理论还不能说是一种道德的相对主义，他的观点和一些相对主义的思想，诸如利奥塔、德里达、福柯和一些后现代主义者，甚至和威廉斯的观点也都是有距离的。他认可正义是有规则可寻的，只是这些规则是多元的，且不可能依据一种普遍的道德原则。用巴里的话说，他更像是持一种约定主义的观点，即各个领域、各个社会的正义规则是要依各个领域的特殊性质和各个社会的人们对于善好的特殊理解而定的。这样，从总体来看，正义的规则自然是多元的，而且不可能用一些普遍原则来概括、提供依据或从它们引申出规则。

有不少学者指出，沃尔泽所提出的正义理论的一些正面主张，其实在美国的社会还是缺乏根基的。美国地方性的知识和共识并不支持他的主张，至少从历史和现实看是这样。这显示出他的理论的激进性，但即便说美国的地方性知识的趋势会朝沃尔泽希望的这个方向走，它怎么从目前的地方性知识中生长出来也是一个问题，是不是还得要借助更高的、超越地方和国家的普遍正义观念才可能生长？但这样做是不是会改变沃尔泽理论的基本主张？

即便是相当赞同沃尔泽的理论，认为其理论虽然不同于，但却优于现在的主流政治哲学的米勒也在上世纪九十年代指出，沃尔泽想证明医保不应依赖市场，但他的论证难以让人信服，因为从多数美国人现在共同的想法中无法推出这样的结论。就更别提沃尔泽主张的工业民主或者是扩展工人对工厂的控制权了。米勒认为，对此，十个美国人中有九个会拒绝接受。美国人打心底里信奉生命、自由和财产的基本权利。巴里也说：沃尔泽的一些主张无法诉诸大多数美国人的想法，因为大多数美国人还是信仰自己的建国文件《独立宣言》所揭示的普遍人权原则。当然，人们的观念可能发生变化，我们现在甚至可以说已经看到了诸多变化，问题在于，这些变化是不是还得要诉诸一般原则。我们看到，不仅沃尔泽的一些批评者，甚至赞许者也还是试图诉诸更为一般的原则。

比如米勒想强调平等公民身份理念在沃尔泽的正义观中发挥的

关键作用。他认为,如果在一个社会中人民享有一种基本的身份平等,这才能使诸如金钱和权力这样特定正义领域内的不平等变得无效。

巴里则认为：沃尔泽强烈反对一般理论,但只有这种理论能说出沃尔泽明显想说但又不能说的话：正义有其固有的属性,即便落后社会中的大多数人对正义有不同的理解,也不能动摇正义的这种属性。他更赞成罗尔斯的论证方法。在巴里看来,罗尔斯与沃尔泽看法一致的地方有：基本的公民和政治权利应当完全平等地进行分配,工作应当按照公平机会平等的原则进行分配,教育应当按照获益能力进行分配。罗尔斯还提出了差别原则以用于经济利益的分配。但巴里认为：罗尔斯的论证优于沃尔泽的地方在于先建立一般的正义理论,而后依据正义理论对这些标准进行阐释和辩护。

的确,在罗尔斯的正义理论中,其实也是有领域的明确区分的,在某种意义上,也可以说包含一种"复合平等"的含义。他的第一和第二两个正义原则适用于不同的领域。但他也认可、提出并努力论证一般的正义原则,乃至根据它们进行演绎。

罗尔斯强调一般的正义原则,但他的问题可能是将有的特殊原则也普遍化了,尽管他申明他的理论只是用于良序社会的基本结构。但即便如此,他的论证看来也至多能解释他的第一正义原则的普适性,而仍旧难以解释第二正义原则,尤其是差别原则的普适性。而有的更为基本的普遍原则,他反而没有单独提出,比如说保障生命与安全的原则。应该说,越是具有普遍意义的道德原则应该越是基本的,或者说越是接近道德底线才越具有普适性。而正如上面所批评的,在另一方面,沃尔泽则可能过于强调正义规则的特殊性了。

对沃尔泽的复合平等正义理论，还有一种来自事实的反对。在米勒看来，复合平等观面临的一项挑战是认为：人们在不同分配领域的地位有一种事实上不可抵挡的集中趋势，因此那种认为平等可以在不同地位中产生的观点是缺乏实践基础的。这是因为分配诸领域是互相关联的，在某一领域的高级地位也可能自然地趋向于转变为其他领域的高级地位。

我们也要看到，能力和智力也有相通的一面，有的人可能会在多个领域内自然而然地占据优势。阿内森举出了这方面的一个具体例子：有个男生赢得了学校里所有的奖项，竞赛是公平进行的，测试的技能也是学校理应测试的。尽管如此，如果还是认为一个男生在所有竞争领域都取得成功是不合适或不正义的，那么，是不是只有10场竞赛出现10个不同的获胜者，才是吸引人的平等理想的胜利？人们还可以提问的是：那么，是不是要打压那个非常全面的优胜者，哪怕这很可能只是一些个别现象？

不过要指出的是，沃尔泽对自己的多元正义观点还是有限制的，或者说是有底线的。他在"解释与社会批评"中，承认有些正义要求是贯穿所有文化的，在此意义上，这些要求可被视为"一种底线的、普适的道德范畴"。禁止谋杀、欺骗和暴虐均在此列。沃尔泽在《多元主义、正义和平等》一书的"回应"中也写道："书中有几章强调了一般道德在塑造分配原则上起的作用，无论是国际社会还是国内社会的分配原则。我承认这一点，尽管我不确定道德能在某种程度上从外部发挥作用，除非是一种底线道德。谋杀、折磨、奴役对任何分配过程来说都是错误的——它们之所以是错误的与社会物品的意义没有关系。"

由此看来，沃尔泽还是接受了一种普遍的底线伦理，而这种底线伦理恰恰主要是存在于"报的正义"而非"分的正义"领域里的。但也许正是因为他过度聚焦于"分的正义"，所以才在《正义诸领域》中常常忽略了这种普遍的底线伦理。而他在他的另一本著作《正义与非正义战争》中，倒是相当多地讨论并依据了一种普遍伦理。

无论如何，"复合平等"是一种富有启发的思路。在各个不同的领域和层面，应该有一些不同的正义准则，比如在个人的交往中、在自愿结合的团体中、在带有强制性的国家政治领域中，以及在国际关系的领域中，所采用的正义规则肯定是应当有所不同的，有的领域甚至不太适合谈正义，比如家庭，只要其中发生的事情不涉及违反法律和严重地影响社会。

但我认为：这种"复合平等"的地位却是次要的，甚至是次要的次要。首先，"报的正义"蕴含的一些基本原则应当置于"分的正义"之前（当然，"报的正义"的一些内容也应根据时代的变化有所改变）。其次，即便在"分的正义"中，无论是建设性的还是批评性的观点，也无法全然不诉诸某些基本的正义原则。而这些基本的原则是应该置于具体的规则之前或之上的。比如说，批评地方性文化中的寡妇殉葬、女性割礼等，就很难不依据一般的原则。

为什么今天我们还是应该重视，甚至更重视法律的、报应性的正义，将其置于更优先的地位来考虑？

首先是因为它涉及的问题之重，它涉及的是有关生命不被剥夺、伤害和压制，财产不受侵犯，基本的生存物质资料得到保障的重大问题。

其次是因为它涉及的范围之广，它不仅关系到社会中的一些群体——虽然是值得关心和照顾的贫困或弱势群体，还关系到这个社会的所有成员。司法正义的问题是所有人都要面对的，不论他是什么人。

再次，还因为这种传统的"报的正义"的原则往往在现代"分的正义"理论中被忽略。当代西方的正义理论和实践过于集中在权益分配，尤其是经济利益分配的领域。而我们最好取得一种恰当的平衡。

最后，这还和我们的国情相关，而且，这种逻辑的优先次序也是和历史正义的次序相吻合的。

总之，以上我的阐述和讨论只是从传统和现代、一般和特殊的角度，尝试提出一种对正义观念和理论的分析框架和优先次序，我期望它能够有助于读者理解这些译著，同时也展开自己的批判性思考。

前　言

沃尔泽的《正义诸领域》(*Spheres of Justice*)于1983年问世，两位编者就书中问题的某些讨论催生了编这本书的想法。10年过去了，《正义诸领域》仍然聚讼纷纭，正义诸领域的多元性和复合平等观是书中的核心议题，吸引了大量的批评性文献。我们窃以为将政治理论家和哲学家们的评论汇编成册不无裨益。有些人对《正义诸领域》的宏大叙事持怀疑态度；其他人虽更多地报以理解，却希望修正和扩展书中的论点。该论文集始于大卫·米勒发表的一篇概述书中观点的文章，终于迈克尔·沃尔泽依据评论对书中观点进行的辩护、完善或修正（具体如何视情况而定）。

以上解释了该论文集的编排。论文作者由两位编者共同选出，但大卫·米勒独自负责评论论文草稿。在这里，我们谨对纳菲尔德学院楚德·希基的协助致以谢意。

大卫·米勒

迈克尔·沃尔泽

目 录
CONTENTS

作者简介 …… 001

导　论 / 大卫·米勒 …… 001

1. 后现代平等 / 迈克尔·拉斯廷 …… 018

2. 复合正义、文化差别和政治共同体 / 约瑟夫·H. 凯伦 …… 050

3. 领域正义与全球非正义 / 布莱恩·巴里 …… 075

4. 正义的经验性研究 / 乔恩·埃尔斯特 …… 091

5. 跨领域的正义 / 艾米·古特曼 …… 111

6. 政治与性别复合不平等 / 苏珊·穆勒·奥金 …… 135

7. 货币与复合平等 / 杰里米·沃尔德伦 …… 164

8. 阻止交易：一种分类学 / 朱迪斯·安德烈 …… 197

9. 复合平等 / 大卫·米勒 …… 228

10. 反对"复合"平等 / 理查德·J. 阿内森 …… 262

11. 复合平等的社会学 / 亚当·斯威夫特 …… 294

回　应 / 迈克尔·沃尔泽 …… 327

作者简介

朱迪斯·安德烈，密歇根州立大学副教授，合聘于哲学系和生命科学伦理与人文中心。她最近的著作解决了具象化（"尊重身体"）问题以及专业人员与其服务对象之间的道德/心理关系问题（"我的顾客，我的敌人"）。她正在撰写一篇关于预防性医疗矛盾的论文。

理查德·J. 阿内森，哲学教授，加州大学圣迭戈分校哲学系主任，自1986年以来，一直担任《伦理学》杂志副编辑。他的社会学和政治哲学论文，不乏讨论民主、平等和工作意义的文章。目前，他正在撰写一本关于分配正义与责任的书。

布莱恩·巴里，伦敦经济学院政治科学教授，《英国政治科学杂志》和《伦理学》杂志前编辑，著有：《政治论争》（1965年初版，1990年再版），由《民主和权力》《自由和正义》（1989）两卷论文组成；《社会正义论》，第一卷为《正义诸理论》（1989），第二卷为《作为公平的正义》（1995）。美国人文与科学院院士、英国科学院院士。

约瑟夫·H. 凯伦，多伦多大学政治科学教授，《平等、道德动机和市场》（1981）的作者，《民主与进步个人主义》（1993）的编者。目前，他在撰写一本论移民与政治共同体的书。

乔恩·埃尔斯特，芝加哥大学政治科学教授，近著有《地方性正义》（1992）和《政治心理学》（1993）。他也是《美国地方性正义》（即出）的编者。

艾米·古特曼，普林斯顿大学政治学劳伦斯·S. 洛克菲勒大学讲席教授，普林斯顿大学人类价值中心主任、伦理和公共事务项目负责人，《自由平等》（1980）和《民主教育》（1987）的作者，《多元文化主义：对政治认知的检验》（1994年增补版）、《伦理学与政治学》（1990年与丹尼斯·汤普森合出第二版）、《民主与福利国家》的编者。目前，她正在完善协商民主理论，研究与文化多元主义相关的道德与政治问题。

大卫·米勒，牛津大学纳菲尔德学院社会与政治理论专职研究员，著有《社会正义》（1976）和《市场、国家和共同体》（1989）。目前，他正着手《论民族性观念》一书的收尾工作，撰写经验和规范视角下社会正义理念面面观的系列论文。

苏珊·穆勒·奥金，斯坦福大学政治科学教授，社会伦理项目负责人，《西方政治思想中的女性》（1979）和《正义、女性与家庭》（1989）的作者。目前，她主要从事性别与相对主义问题的研究。

迈克尔·拉斯廷，东伦敦大学社会学教授，塔维斯托克诊所客座教授，《追寻多元社会主义》（1985）、《论爱与迷失：现代儿童谎言研究》（1987，与玛格丽特·拉斯廷合著）、《好社会与内心世界：精神分析、政治和文化》（1991）的作者。

亚当·斯威夫特，牛津大学贝列尔学院政治学与社会学研究员，（与史蒂芬·马尔霍尔）合著《自由主义者和社群主义者》（1992），合写一些反映其研究兴趣——结合社会学和政治理论关注点——的论文。目前，他负责两个基于国际比较的合作项目：研究社会阶层、社会流动与精英统治，撰写关于分配正义流行观的著作。

杰里米·沃尔德伦，加州大学伯克利分校法学教授、伯特霍尔法学院法学和社会政策项目主任。他在新西兰和牛津接受的教育，曾任教于牛津、艾丁伯格、康奈尔和加州大学伯克利分校，在道德哲学、政治理论和法学领域著述颇丰，包括《悬空的自然权利》（1987）、《私有财产权》（1988）和《自由权利：论文合集，1981–1991》（1993）。

迈克尔·沃尔泽，普林斯顿大学高等研究院社会科学教授、《异见》杂志联合编辑。他之前的著作有《正义与非正义战争》（1977年第1版，1992年第2版）、《正义诸领域》（1983）和《批评者群体》（1989）。

导　论　◎大卫·米勒

迈克尔·沃尔泽在《正义诸领域》及相关著作中给出了他对正义的解释，❶这种解释在若干方面不同于我们在其他政治哲学著作中常见的解释。理论家常常会探寻一种基本原则或定理，当我们说某一行为或习俗公平或正义的时候，这一说法所表达出来的更为具体的信念或判断均源于这种基本原则或定理。可以想象出能起到如此作用的若干原则。例如，我们可能主张正义的基本原则是"平等对待"：无论哪一团体或机构在分配资源时能够一视同仁，人们就受到了公正对待。或者，我们可能认为基本原则是"应得"：当每个人都不多不少地获得了应得的部分，人们就受到了公平对待。再者，有人说正义的基本要求是尊重每个人不可分割的"权利"——比如生命、自由和财产。循此路径，当我们判断干预工作分配或征收财产税这

---

❶ 最有助于我们理解的著作有：*Spheres of Justice*（New York: Basic Books, 1983）; 'Philosophy and Democracy', *Political Theory*, 9（1981）, 379–399; 'Liberalism and the Art of Separation', *Political Theory*, 12（1984）, 315–330; 'Interpretation and Social Criticism', in S. M. McMurrin（ed.）, *The Tanner Lectures on Human Values*, viii（Salt Lake City: Univ. of Utah Press, 1988）; *The Company of Critics*（New York: Basic Books, 1989）; 'Objectivity and Social Meaning', in M. Nussbaum and A. Sen（eds.）, *The Quality of Life*（Oxford: Clarendon Press, 1992）; 'Exclusion, Injustice, and the Democratic State', *Dissent*, 40（1993）, 55–64.

样的措施是否公正时,我们诉诸这样的基本原则、遵循它应用于具体案例产生的结果。我们会问:平等对待是否要求工作严格地按照个人价值来分配,或者,弱势群体在你那里是否就有正当的权利要求被优先考虑;诸如此类。我们的正义理论看起来有点像科学原理,少量基本法则确立起来后就被应用于一系列具体的案例。这些案例被装进同一卷以显示它们分享着共同的本质属性,而不管它们外在的差异。

沃尔泽对正义的解释是在相反路径中自觉形成的。其本质是十分多元的。没有普遍的正义法则。❶ 相反,需将正义视为特定时间、特定政治共同体的创造,对正义的解释必须寓于这一共同体中进行。这是第一层意思。从第二层意思上说,正义也是多元的:特别是在自由民主制中,但也不排除其他社会,有各种类型的社会善(和恶),其分配关乎正义,每种善都有与之对应的分配标准。比如说,决定谁应当获得公共荣誉的标准不同于常用来决定谁应当获得医保的标准,没有共通的标准能够"解释"为什么荣誉要这样分配而医保要那样分配。

沃尔泽有意拒绝探寻正义的基本原则是事实,但他依然想为刚刚述及的这类尊重分配多元主义的社会给出总结:它们能在成员中实现"复合平等"。当不同的人在不同的分配领域拔得头筹的时候,复合平等就实现了,但由于某一领域的优势无法向外转移,所以无

---

❶ 沃尔泽对这一观点施加了意义重大的限制。在 'Interpretation and Social Criticism' 中,他承认有些正义要求是贯穿所有文化的,在此意义上,这些要求可被视为 "一种底线的、普适的道德范畴" (p.22)。禁止谋杀、欺骗和暴虐均在此列。

人能够支配其他领域。正如沃尔泽所解释的：

  严格来说，复合平等意指公民在某一领域或社会善中的地位不会被他在另一领域或社会善中的地位所削弱。如此一来，公民 X 在政治职位的选任上优于公民 Y，他们在政治领域是不平等的。但他们总体上还是平等的，只要 X 的职位不会使其在其他领域也优于 Y——优质的医保、孩子进入更好学校的渠道、就业机会，等等。（*Spheres*, 19）

在此意义上，复合平等也可被理解为一种关于平等公民身份的理念，接下来我会讲明该理念在沃尔泽正义理论中发挥的规范作用。复合平等发挥着所谓"基本"原则的作用，但其发挥作用的方式不同于平等、应得或不可分割之权利在其他理论中发挥作用的方式。从复合平等中不能推衍出具体领域的分配方法。按照沃尔泽的说法，还是将其理解为重要的道德副产品为好；当自由社会诸分配领域保持自主时，这一副产品就会出现。

  沃尔泽对正义的整体把握令其解释更贴近普通人的想法和理解，这通常是正义的抽象理论所不具备的。辨识可供分配的善的种类以及适用于每种善的分配标准意味着要理解特定的社会文化；用沃尔泽的比喻来说，人们传统上认为哲学家应"走出洞穴，离开闹市，登高望远，使自己形成……客观和普遍的观点"，但更好的选择是"立于洞穴，驻足闹市，脚踏实地……向同胞公民解释我们共享的意义世界"（*Spheres*, p.xiv）。但这也不意味着哲学家不能批评他所在的社会。这段话的意思是他或她必须是一个"身处其境的批评者"（connected critic），这位批评者在谴责现存制度和实践时不是援引抽象原则，而是强调他或她所在的社会因支持不同的道德范畴而产生的分歧以及那里实际发生了什么。沃尔泽说道，这样的批评"表达人们共同的怨言或者阐释那些怨言依据的价值"[1]。

如此解释正义注定会引起读者的质疑与反对，其中一个问题是：照此描述，政治哲学是否还能发挥痛批现状的功能，换句话说，是否它必定要在主流意识形态中默不作声，折服于马克思所谓的"时代幻象"。我应该提出这样一些问题，前文都是一览而过，现在我从关于正义的解释中窥见了越来越多的细节。

那就让我们从下面的观察开始吧，沃尔泽认为正义问题总是产生有边界的政治共同体中。首先，这是正确的，除非我们从成员确定的社会开始，否则不会有大家都理解的可供分配的社会善物。而且，除非社会在政治上组织起来，否则创建正义理论徒劳无益，因为国家（在现代环境中）的制度功能是维持不同分配领域之间的边界。因此，通常来说，我们不能诉诸正义来确定共同体的适当边界；这相当于将马车至于马之前。沃尔泽认为，边界确定后，其中的每个人都必须被视为成熟的共同体成员，有权参与每一正义领域。公民之间不能有阶层上的划分：古希腊的"外邦人"和现代欧洲的客籍工人被剥夺了政治权利，处于专制之下，显然，这直接违背了复合平等。

社会善内生于各共同体——其意义取决于特定社会成员构建它们的方式。社会善物的列表因地而异。在《正义诸领域》中，沃尔

---

[1] Walzer, *Company of Critics*, 16.

泽认为在现代自由社会中，善物的主要类别有：安全和福利、金钱和商品、公职（也就是就业岗位）、努力工作、闲暇、教育、亲缘和爱、神恩、认可（也就是尊敬、公共荣誉等符号）、政治权力。这些善物中的大部分都可能在其他社会中有对等物，但特别要说明的是，这些对等物所承载的意义不会恰好与我们的相同。沃尔泽的大量研究集中在这些对比上：例如，比较现代的职业观与古罗马的公众假日观，或者是比较古代中国的入仕条件和现代对公职任命的争论。这些对比旨在强调我们对于各种善的理解是多么特殊——并进一步揭示我们对其分配的理解是多么特殊。

这把我们带入了沃尔泽的第三个，可能是最具争议的论点：社会善的不同意义决定了不同的分配正义标准。他认为，一旦我们知晓了要分配的物品，也就知道了应该怎样分配它——分配的对象和手段。比如，医保的分配标准是需求；金钱和商品的分配标准是市场上的自由交换；说到教育，基础教育的分配标准是平等，高等教育的分配标准是能力。如果在分配标准方面达不成一致，那必然是因为对善本身没有一致的认识，因此，一旦我们解决了后一问题，前一问题也自然会解决。比如说，一旦我们理解医保的真正意义，我们就会知道依据什么样的方法和标准将其分配给潜在的需求者。

如何理解分配标准内在于社会善的主张呢？最有力的解释是善物的意义和善物的分配原则在概念上相互关联，所以主张以其他方式分配善物的人没有按图索骥来理解这些善物的真正意义。在沃尔泽列出的善物中，只有爱、神恩和认可清晰地体现了这一关联。这些善物拥有量身定制的分配原则，妄图采用其他方式，只会背离善本身。照此来看，不是自由给予的爱——也就是收买或强制的"爱"——并非真正的爱。同样地，假如有一项授人荣誉的制度，不管正不正式，依据的分配标准必然是用荣誉来鼓励品德高尚之人。假如出售荣誉，或者是将其授予在政党体制中爬到特定位置的任何人，那么荣辱的价值也就蒸发了。❶ 在这些例子中，善物的意义与正义的分配标准无疑是紧密相关的。但对金钱、医疗救助、教育或政治权力来说却并非如此。尽管医治无病的人或教育无学习能力的人是没有意义的，但这些限定还不足以解决分配问题。你和我能在教育的意义上——其价值所在——达成一致，但你仍然认为教育机会只取决于学生的能力，我却认为父母为孩子购买优质的教育资源理所当然。确实，正是这类可能出现的不一致令沃尔泽对正义诸领域的相互侵犯感到焦虑。某人获得了大量善物 X，并利用这一优势获取超过应当数量的善物 Y，侵犯就发生了。如果分配标准总是内生的，侵犯就不可能，因为通过非法转换获得的善物并非原初的那种善物。假如教育就得依据能力来分配，那么父母以金钱购买的就不是教育。但这看起来有些荒唐。

实际上，沃尔泽从未使自己陷入教条当中，以至于坚决主张善物的意义决定了相应的分配原则。例如，沃尔泽坦率地承认，"直到最近，行医都基本上是一种自由的事业"。但是，他说道，"行医依据的分配逻辑看起来是这样：人因疾病获得救治，而非财富"。"分配逻辑"在这儿的意思是什么呢？不能从字面来理解。花费时间救

---

❶ 这种制度允许小小的例外，只要不引起公众的注意。但在实践中，这种例外还是要服从大局，那就是荣誉要授予真正配得上荣誉的人。

治富裕病人的医生并不违背行医之道。实际上，沃尔泽的评价是他们"坏了良心"。这就意味着有一种广受推崇的分配原则，即医疗资源应按需分配。尽管这一原则是医疗自身属性所暗含的——事实上，医疗需求只是能从中获益的必要条件——却非定然如此。看起来，毋宁是我们将医疗救助视为维持生命所需的一类善物，现代民主社会中的人们强烈地认为它们应该分配给所有有需求的人。在这里，善物的意义和善物的分配原则并非在概念上相关；更恰当的说法是，当我们看出医疗属于哪类善物时，我们认为适用于所有那类善物的特定分配原则就会被立即激活。

因此，我建议不要死抠字面（教条地）来理解沃尔泽的主张，即当我们知道了社会善物的意义时，也就知道了它该如何分配。灵活的解释毫不影响其正义理论的力量和特色。不从平等或应得这样的一般原则，而从金钱或教育这样的具体善物开始思考并在此基础上推进我们的研究，是仍需遵循的律令。我已给出的解读促使我们还要解决沃尔泽的某些批评者提出的这样一个问题，即如何为医疗这样的善物确立合适的分配原则，特别是当我们所处的社会出现相互冲突的看法时。❶

沃尔泽使用的是诠释学方法。他宣称提供给我们的是对一系列社会意义的最好解释，此处的"社会意义"延展到包括分配准则和善物的字面意义在内。这种解释的原材料一部分来自社会中的制度

---

❶ 德沃金的观点在这里有代表性，参见 R. Dworkin, 'To Each His Own', *New York Review of Books*, 30/6（Apr. 1983），4–6, repr. as 'What Justice Isn't in R. Dworkin, *A Matter of Principle*（Oxford: Clarendon Press, 1986）。 就分配特定善物的正确方法产生的分歧，德沃金认为解决方法只能诉诸更抽象的正义原则（比如他支持的平等原则）。

和习俗，另一部分来自人们对这些制度和习俗的看法。所以，沃尔泽既关注当代美国教育制度是如何运转的，也关注人们的所思所言、教师对自身角色的理解、父母对孩子的要求等。在我看来，这种双重关注正是其正义理论的力量之源。习俗在某种程度上凝结了过去和现在的看法。它们比意见稳固，我们更易识别其背后的原则，特别是在像教育分配这样复杂而非简单的例子中。从另一面说，只关注习俗会导致对现状的认可，否定正义所扮演的批判角色，这与沃尔泽的意图相去甚远。在某种程度上，习俗的形成总是受外在于分配领域的权力结构的影响，这种不正当的影响体现在人们对习俗的抱怨和批评中。以医疗为例，习俗呈现为半私有、半公共的制度形式（在美国），在这种制度形式下，每个人能获得的医保的质量取决于他们的购买力。正如我们已经看到的，沃尔泽认为对医疗的通常理解要求医疗只能依据需求来分配，进而要求对这一习俗进行激进的变革，将其转变为美国版的福利国家。

接下来，我们需将关注点从习俗转移到关于这些习俗的舆论上。了解舆论，无须费力进行民意测验，问人们：你认为医疗（教育、金钱，等）该如何分配？就分配原则而言，既有合理的解释也有不合理的解释，区分二者是沃尔泽面对的挑战。为此，他对比了两种解释社会生活的方式："宽厚包容的解释"与"晦暗偏执的解释"。❶我们该如何理解这一对比呢？合理解释要求简单的一致性——化解针对同一问题的矛盾答案。尽管这一要求是不证自明的，却不是可

---

❶ M. Walzer, 'Spheres of Justice: An Exchange', *New York Review of Books*, 30/12（July 1983），43.

有可无的,正如任何民意调查者所了解的那样。问题提出的方式不同、问题与问题之间关联的方式不同会使你面对大量矛盾的答案。就此而言,最合理的解释就是摒弃不合常理的意见、支持符合常理的意见,摒弃一时兴起的答案、支持久已有之的答案。如此一来,解释者便能在一些公共舆论问题上绘制出清晰的图画,比如财产继承和私人购买医保。

比简单一致性更高的要求是观点要有"融贯性",这意味着人们持有的一系列看法要有一定的结构;特别是关于具体问题的看法,需从更为一般的原则中找到依据。白人种族主义者可以发表针对黑人的歧视言论,黑人种族主义者则不可以,在某些人看来,这没有明确违背一致性要求。但白人种族主义者依据的一般原则是思想自由和言论自由,除非他能给出合理的解释,为什么唯独黑人被禁止行使连他也承认人人享有的权利,否则他的这两种看法便是不融贯的。诉诸融贯性来支持某种解释,意味着对某一问题形成见解,于这些见解中提取更为一般的原则,后者赋予前者以意义,将更为一般的原则同等地应用于对相关问题的理解上。这样做的后果是非常激进的。《正义诸领域》中就有一个扎眼的例子。沃尔泽认为私人拥有工厂和其他类型的公司就是拥有政治权力的一种表现形式,因此,这种权力应像国家层面的政治权力那样受到控制。公职人员应对权力行使对象负责是民主社会中根深蒂固的观念;如果滥用权力,他们就要被开除。同样,公司需服从民主控制,主要是受工作人员的控制,但在某种程度上也要受外部人员的控制,他们虽不属于这个公司却被公司决策深刻影响。对政治权力观的融贯性解释蕴含着对工业民主的支持，沃尔泽论证的正是这一点。显然，这并非流行的看法：人们通常认为资本主义所有制是个人财产权的合法延伸。但是，如果沃尔泽是正确的，融贯性解释将会驱散这种俗见。

有人指责沃尔泽的解释方法偏保守，融贯性使这一指责终难成立。确实，他认为，正义要求我们建立这样的制度：

> 分权的民主社会主义；强福利国家，至少部分地由地方和业余官员经营；有限的市场；开放和去神秘化的行政部门；独立的公立学校；共享艰苦工作和闲暇；保护宗教和家庭生活；不受等级或阶级影响的公共荣誉授予和褫夺制度；工人控制公司和工厂；一种政党、运动、会议和公开辩论的政治。（*Spheres*，318）

当与现代公众意见对照时，这些主张在不同程度上是激进的（尤其是沃尔泽为这些主张贴上了民主社会主义的统一标签，认为"某种形式的社会主义当然好于我们现在拥有的制度"，对此，十个美国人中有九个都拒绝接受）。[1] 当与现代"习俗"对照时，这些主张更为激进，触犯到公众当中的每一个人。

看来，我证明了沃尔泽的方法并不保守，但在此过程中也打开了一个缺口，令他遭受了更猛烈的批评——沃尔泽关于社会文化的解释本质上是专断的。难道不可以有若干同等合理的解释方法，既

---

[1] H. McClosky and J. Zaller, *The American Ethos: Public Attitudes toward Capitalism and Democracy* (Cambridge, Mass.: Harvard Univ. Press, 1984), 135. 对此，沃尔泽明确回应道：对美国政治理念的最融贯的解读会促使美国人接受一系列的制度安排，可以合理地将这些制度安排描述为民主社会主义，而不管美国人是否接受这一标签——在做出最好的解释时，美国人对标签的态度只是要考虑的众多原始因素中的一个。

能使文化保持融贯性又会带来不同的政治结果？难道不能假设，例如，美国人打心底里信奉生命、自由和财产的基本权利，此乃使他们更为具体的看法融贯起来的核心点——这就通往了诺齐克在《无政府，国家和乌托邦》（*Anarchy, State and Utopia*）中的政治构想。以此观之，沃尔泽对正义的解释将与其他几种解释并列，选择它们当中的哪一种并不取决于我目前为止解释的一致性和融贯性理念。

沃尔泽认为不存在一种一锤定音式的检测能够确凿地证明他对正义的解释是所有解释当中最好的。在《解释和社会批评》（*Interpretation and Social Criticism*）一书中，沃尔泽思考了解释之间相互竞争的问题，认为判断解释好坏最终依据的标准是解释力，好的解释让文化参与者最大限度地相信这种"解读"符合他们的理念。"解释道德文化针对的是所有参与那一文化的男男女女——可以称之为有共同体经验的成员。使这些人在这种文化中认可自己，对成功的解释来说是必要但不充分的标志。"（第28页）依据这种观点，一种解释是否成功不会有定论。按照沃尔泽的方法，政治哲学家提供相互竞争的解释，读者评判这些解释以及自己有没有被说服，相信其中的某一个最好地解释了自己的理念和态度。沃尔泽对解释的看法与他对政治哲学家在民主社会中扮演角色的看法是一致的。

这是一篇导论，不可能深入探讨诠释学方法这样的大问题。沃尔泽解释了现代人的正义观，我想进一步探究他的解释框架。正如我们看到的，他认为正义观本质上是多元的。存在种类繁多的善物，每一类都构成一个拥有内在分配原则的独立领域。领域内的自主权不可侵犯。无奈总是存在侵犯的危险，例如，用金钱购买政治权力，或为后代购买优质教育。如果普遍认为这些越界行为是非正义的，那么就不会有理论挑战沃尔泽的解释，尽管阻止这些越界行为仍然是一个实践问题。沃尔泽认识到得益于越界行为的团体为他们的行为提供了意识形态证明，这些意识形态在公众中引起了一些共鸣。因此，许多人认为假如某人的收入是合法的，他就"应该"可以用金钱为自己购买优质的医保或为孩子购买优质的教育，只要不在绝对意义上恶化他人的状况就行。面对自己社会中持续不断的文化冲突，沃尔泽将作何处理呢？

一种善物的持有者能有计划地将手中的善物转化为其他善物，这种事态被沃尔泽描述为一种支配。"支配用来指一种使用善物的方式，这种使用方式不受善物内在意义的限制或者说可任意塑造社会善物的意义。"（*Spheres*, 10–11）纵观历史，没有单一的善物能支配全部：金钱在像我们这样的社会中处于支配地位，政治权力或神权在其他制度中处于支配地位。但为什么支配让人难以接受呢？因为它侵犯了他人遵守的正义规范，但或许他们应该直接放弃那些规范，不再接受医保或教育是特殊善物的观念；甚至反过来，把它们视作商品，可像其他商品那样在市场上买卖。

沃尔泽拒绝这样的结论，在他看来，对善物的支配会转变成对人的支配，或者是他常说的"专制"。沃尔泽在表达这些想法时采用了比喻的手法。正义的不同领域被构想成小共和国，不同的人在不同的小共和国中享有正当的"统治权"：能言善辩之人在政治领域享有"统治权"，美丽勇敢之人在爱的领域享有"统治权"。正如上文所说的，如果经过转化，金钱也在这些领域占据优势，那么持有金钱者就如同外来的统治者,统御当地贵族。但这有什么大不了的呢？在这里，我们返回沃尔泽奉若至宝的复合平等观，它要求这样一个社会，其中不同的人能在不同领域占据优势，他们的关系总和呈现出特定类型的平等。这并非简单平等，简单平等要求人们有相同数量的财产或收入。许多分离的不平等相互抵消和对冲才会产生复合平等。在此过程中，没有人是终极赢家。

借助若干方法可对复合平等观有更准确的理解。我检验过几种可能对复合平等有准确理解的方法，在第9章中，我支持其中的一种解释。在这里，我想强调平等公民身份理念在沃尔泽的正义观中发挥的关键作用。正如我们所看到的，沃尔泽的解释预设了正式的平等公民身份：当有限共同体中的每个人都享有平等的政治和公民权时，正义才会产生。但公民身份对沃尔泽来说不仅仅停留在形式上；要成为公民，一个人须把自己构想成能够参与指导社会事务的人，除非一个人在市民社会中拥有的地位支持这种想法，否则这是不可能的。(比如说,时常受主人意志支配的仆人就无法做到这一点。)让所有公民共享政治职位获得治权是一种亚里士多德式的传统观念，沃尔泽认为这难以做到。然而,"广义的正义观并不要求公民轮流统治与被统治,它要求公民在一个领域统治,在另一领域被统治——'统治'在这里的意思不是行使权力,而是公民在某一善物的分配中享有更大的份额"(*Spheres*, 321)。如果一个人感到自己在所有特殊的正义领域中都是失败者，他就不会认为自己是一个平等的公民、一个政治共同体的完全参与者。

什么样的标准适合特定善物的分配是有争议的，公民身份观为我们提供了一个支点，借此可以解决这一争议。宽泛地讲，公民身份观要求我们尽力维持多样化的正义领域，重视那些在社会生活中处于边缘化危险境地的领域。领域越多，特定个体体验"统治"的机会就越多。让我们返回之前提到的有争议的案例：把医疗救助当作一种商品好呢，还是当作一种有自己分配原则——需求——的善物好？在这一问题上有不同的立场，现在我们可以依据与公民身份原则最接近的立场来解决这一问题。我们要问在这两种可能的制度安排中，哪一种最有助于促进复合平等，答案是清楚的。如果允许医疗救助成为众多商品中的一种，无异于推动一种分配领域——市场经济——不受阻碍地在我们的社会中逐渐占据支配地位；换言之，我们在瓦解一种本能起到抵挡作用的独特领域。如果抛开市场，只把医疗视作一种按需分配的善物，就有助于增强人们之间的平等公民身份，这些人在市场领域中可能是高度不平等的。同样，假如问题以这样的方式提出，比如，高等教育的名额是按照能力分配呢，还是价高者得，这里要问的问题就是哪种措施最能促进复合平等，进而促进平等公民身份。

  为避免误会，需要指出的是，我不认为直接诉诸平等公民身份原则就可推导出适用于教育这类善物的分配准则。这样做既是不可能的，也是危险的——假如我们力图把所有的社会分配问题都纳入狭隘的政治考虑，那就是危险的。毋宁说，我认为在如下情况中可以诉诸公民身份原则，即善物已有匹配的分配准则但这样的准则仍有争议，一些人主张这一类型的分配准则，另一些人主张那一类型的分配准则——或者说我们都感受到了两个方向的牵引力但并不确定正确的答案是什么。在这样的情况下,把视野放宽一些是有意义的,不仅要问"我们认为医保该如何分配",还要问"对那一问题的不同回答是如何影响平等公民身份的"。

强调公民身份在沃尔泽的思考中发挥的关键作用并不是要我们把它当作传统意义上的高级原则——由这种基本原则衍生出更具体的正义原则。但对公民身份的强调也引发了两个我们必须面对的关键问题。第一,平等公民身份在正义诸领域之间发挥政治作用,那么在诸领域之内就不发挥政治作用了吗?❶例如,如果想通过缩小收入等级使收入分配更加平等,难道复合平等就不起作用吗?假如金钱有变为一种支配性善物的危险,为什么加固市场领域和其他领域之间的边界才是更好的解决办法,而不能通过干预市场本身来解决呢?沃尔泽明确指出,"政治权力总是占据支配地位——在分配领域之间,而非之内。政治生活的核心问题是维持'之间'和'之内'的关键性区分"(*Spheres*, 15)。他为什么会持有这样的观点,我们不甚明了。

原因是他不信任政治权力,害怕一旦允许国家在正义领域内实施干预,就会打开最简单粗暴的专制之门:强制分配社会善物。复合平等是"分配技艺"(art of separation)充分而自由的施展,它的

---

❶ 显然,对沃尔泽来说,公民身份直接影响了权力和教育领域。我的问题是公民身份的影响力是否仅限于这两个领域。

主要益处是限制国家权力。❶ 问下面的问题并不是要背离这种一般的观点：在分配领域内谨慎地行使权力是否必然比运用权力阻止越界行为带来更多的专制？例如，按照统一的累进税率征收所得税就必然比彻底禁止买卖私人教育更专制吗？沃尔泽承认，无论如何，国家干预市场经济是难以避免的——筹资维持福利制度，禁止强制交易，诸如此类。为什么不在干预的过程中让复合平等更直接地引导干预呢？以政治方式固定工资会损害劳动力市场的完整性，而通过税收制度调解收入分配与商品、服务和劳动力的完全自由交换是吻合的。❷

第二，是否其他诠释正义的理论也赋予公民身份如此重要的作用，就像我揭示的它在沃尔泽的理论中发挥的作用那样。在西方的民主文化中，公民身份真的是一种核心要素吗？人们积极地投身于平等的政治权利和自由，至少是投身于一般原则。❸ 现在没有人想恢复复票制，那是我们的维多利亚先辈们乐于玩弄的计谋。公民身份的社会意义使我们无法容忍我们中间出现"二等公民"，对此我们感到陌生。但是，这些原则在与其他特殊原则共处时，看起来不

---

❶ 沃尔泽的论文'Liberalism and the Art of Separation'强调了这一点。但也要参见他之后的论文'Exclusion, Injustice, and the Democratic State'。在这篇论文中，他为国家安排了一个更积极的角色，使国家能够反对诸领域之内以及之间的非正义。这篇论文也突显了公民身份在沃尔泽的正义理论中扮演的重要角色。
❷ 我们应记在心里的是沃尔泽主张工人控制企业，这一主张对于收入分配影响巨大。可能在这种状况下，复合平等不再要求国家干预实现收入均等化。
❸ 让他们做具体的判断时就不见得是这样了，比如问他们愿不愿意让他们非常讨厌的群体行使政治权利。这一观察归功于 George Klosko 的论文 'Rawls' "Political" Philosophy and American Democracy', *American Political Science Review*, 87（1993），348–359。

那么和谐。我想到的是应得和价值理念,两者要求人们在不同分配领域内的位置应相互关联,而非彼此排斥。比如,教育应被视为一种投资,自然会带来更好的工作、更多的金钱、更大的政治影响力。沃尔泽力图把应得原则的适用范围限制得非常窄,仅限于荣誉和其他形式的认可的分配。不管这一论点有多大的哲学意义❶,当被用来解释现实时,它低估了应得在大众观念中所起的作用——比如,在决定工作和职位分配方面、在确定与工作和职位相关的报酬方面。❷尽管就原始形态而言,这些领域内的公众意见并不融贯,但仍有可能形成一种诠释正义的理论,这种理论让公众意见呈现出融贯的样子并把应得作为基本原则。

我之前说过,沃尔泽要把平等公民身份当作一种指导性原则,以防善物的第一分配原则出现争议。看起来,这种策略并非不证自明地与流行的看法相一致。毋宁说,它揭示出作为社会批评者的沃尔泽力图让我们相信对我们文化最好的解释就是推重公民身份的解释。我们被说服了吗?假如我们被说服了,那么该如何改变我们特殊的分配实践以及如何重新划定它们之间的界线?我们要应对沃尔泽在这些问题上带来的挑战。

---

❶ 就工作这一案例,我批评过沃尔泽的主张,参见 'Deserving Jobs', *Philosophical Quarterly*, 42(1992), 161–181.

❷ 我给出了论述,参见 'Distributive Justice: What the People Think', *Ethics*, 102 (1991–1992), 555–593.

1. 后现代平等

迈克尔·拉斯廷

平等、差别与社会主义

距《正义诸领域》❶问世已有10年，在此期间，"差别"概念在社会理论中的重要性和影响力剧增，可谓今非昔比。对"基础主义"的批评，对"宏大叙事"（最著名的就是历史唯物主义叙事）的拒斥，把左派的整体世界观与"极权主义"画上等号，所有这些把"平等"推入了历史的故纸堆。沃尔泽试图重塑平等概念，把它从先前单维度的"简单平等"塑造成尊崇差别的"复合平等"，让他感到意外的是，这一尝试对"后现代"领域内的争论做出了重要贡献。❷《正义诸领域》看重事物可取的多样性和多元性，用其扩展平等概念，主要意图之一是更新和激活社会主义式的平等理念。许多后现代主义的拥趸认为"差别"是一种本质上反社会主义或者说后社会主义的价值观，

---

❶ New York: Basic Books, 1983.
❷ 沃尔泽政治理论著作针对的主要是诺齐克和罗尔斯这样的自由至上主义者，而非罗蒂这样的激进约定主义者和相对主义者。利奥塔、德里达、福柯这样的法国作家是反至上主义和后社会主义思想运动的主要代表，《正义诸领域》很少论及他们。

他们祭出"差别"的大旗以取代社会主义，但沃尔泽并不想这么做。现代社会思想中存在社会主义和反社会主义的分野，但沃尔泽的理论立场是模糊的。

现实生活中，人们的生存方式多种多样，《正义诸领域》因致力于解释、描绘、评价这些生活方式以及塑造这些生活方式的意义和规范享负盛名。它的逻辑前提是：社会主义世界观哪怕只想赢得最低程度的信任，也必须植根于人们眼下生活的美好方面。沃尔泽的同侪多从抽象原则角度讨论社会正义，与之不同，他的论证方法以日常社会经验蕴含的意义为起点。"搞哲学的另一种方式，"沃尔泽写道，"就是向某个公民团体诠释共享的意义世界"（Spheres, p. xiv）。有时，社会主义被视为一种教条，受此蛊惑的人们不只眼红他人的美好生活，更有甚者，猜忌和厌恶美好本身［这是尼采（带有偏见）的洞察］。沃尔泽的作品（以及他从社会主义作家王尔德、托尼、肖的一些经典著作中引用的话）证明情况绝非如此。男男女女各不相同，生活中获得的美好物品也各不相同，承认这一点是沃尔泽社会正义观的基础。他认为无条件的爱与责任可在家庭范围内获得，荣誉可在工作场所获得，就像旧金山保洁公司（San Francisco Scavenging Company）表彰最受歧视的体力劳动那样，学识是（一些）学校推崇的优秀品质。在他看来，抽象原则和乌托邦猜想在指导政治行动方面没多大益处。沃尔泽的作品证明珍视、维护和丰富不同领域的美好物品可以与社会主义价值观并行不悖，他取得的成就影响深远。

后现代主义社会思潮以不同面目（"后福特主义"理论、"去组织化资本主义"、消费社会、信息社会、后工业社会）出现，讲的却是同一回事——发达资本主义带来的精密劳动分工以及多样化的商品和服务。近来广受欢迎的"简单平等"观要求人人享有基本的生活保障和社会服务、过体面生活,连雷蒙德·威廉斯的"共同文化"理论都概莫能外。沃尔泽没说过这种理念源出于战后初期的政治经验,但事实的确如此。换言之,最近一个时期,西方发达国家展现出了实现充分就业、社会保障以及提升生活标准和预期的前景。这些社会中的统治精英,包括大部分左翼,❶ 都在努力适应民主化思维,在制定社会目标时更是使用"大众"(大众生产,大众住房,大众交通,等等)需求这样不甚明了的语言。❷ 所以,"平等"在社会民主主义叙事中的含义还是笼统的"简单平等",它植根于工人阶级工厂和共同体生活这一团结互助的空间以及建立在空间认同上的政治视角。在共产主义东欧,无产阶级的需求和欲望占据统治地位。这是一种更为严苛的意识形态,对大众而言,平等的含义越是简单化,越具操作性。这种意识形态的具体体现是遍布东欧的大规模住房工程。

"发达"社会中多数人的社会经验已发生了剧烈的变化,与"同质"和划一别无二致的"简单平等"概念,无论是被强加的还是选择的,都已失去了立足之地,至少不再能满足需要。繁荣、个人流动性的增强以及日趋多样化的生活方式,使人们在平等生活理想上产生的

---

❶ 在英国,这段时期工党领导层严重依赖上层中产阶级的激进分子,在精英公共服务的传统中出现了克莱门特·艾德里内阁。参见 G. Stedman Jones, 'Why is the Labour Party in a Mess',被收录于他的 Languages of Class(Cambridge: Cambridge Univ. Press, 1983)一书。

❷ 雷蒙·威廉斯让人印象深刻地指出不存在大众,只存在把人当作大众的思维方式。他在 Keywords(London: Fontana, 1976)这本书中解释了这一概念,主要区分了"作为主体的大众和……作为社会行动对象的大众"。

共鸣不似从前。当然,里根和撒切尔时代出现的意识形态,对这样一种生活理念进行了无情的且富有成效的攻击。但这种个人主义意识形态也必须回应现实生活经验浮现出的特征,否则不会成功。

可见,沃尔泽是有远见的。他意识到1980年代要为平等作哲学辩护就不得不使用全新的修辞。要敞开胸怀欢迎丰富多彩的经验和多种多样的生活选择(越来越多的人愿意做出选择),而非忽视或贬抑。但是若想把这种推崇多元和差别的世界观纳入社会主义传统,社会就应代替个人成为诠释中的核心术语。社会概念本身(对早期的民主社会主义者埃米尔·涂尔干来说亦是如此)为留存在沃尔泽观点中的社会主义内核提供了支撑,这有别于马克思主义传统。后者认为在生活和社会中,物质和经济因素优先于其他因素。

沃尔泽的历史主义方法

社会的价值系统是内生的。为证明这一观点,就像沃尔泽说的那样,他舍弃了心理学和经济学的知识规则,这些规则建立在理性自利的判断以及以理性自利为前提推演出的公理上。个人利益和权利观念,无论来自功利主义还是康德主义,是自由主义式社会正义理论的基石,甚至是一些社会主义式分配理论的基石。❶沃尔泽选择了人类学的核心方法,这些方法带有更多的整体论和"文化主义"

---

❶ 例如,参见 J. Le Grand and R. Robinson, *The Strategy of Equality* (London: Allen & Unwin, 1982); J. Le Grand and S. Estrin (eds.), *Market Socialism* (Oxford: Oxford Univ. Press, 1988); S. Mulhall and A. Swift, *Liberals and Communitarians* (Oxford: Blackwell, 1992) 中至少一半的论证是如此。

色彩。他还采用了历史主义的写作手法，人们认为这种手法能探查和诠释作为整体的生活方式。人类学的核心假设为社会本质上是"文化"的（是价值和意义的辐辏或集成），如果理解了这个社会的文化，那就理解了这个社会。这种假设看上去是合理的。（说得严厉些，如果一个人不理解这个社会，那是因为他不在这个社会中。❶）

优先使用文化诠释的方法研究人类学是合理的，但沃尔泽为大致相同的目的使用历史主义方法却未必。历史主义方法既为他的论证制造了困难，也为他的论证增添了力量。沃尔泽生动地勾勒了一些历史场景，以证明不同社会形成了不同的正义领域。例如，他探究了古雅典居留侨民的身份问题，认可了公民身份的政治理念与成员身份的实际标准之间的矛盾，实际上是出身和血统决定了谁享有公民权利。沃尔泽认为依据雅典的公民身份标准，哪怕第一代居留侨民被当作专制统治的对象，也是合理的，因为这在一定程度上基于雅典人的等级规则。"内在主义"批评法促使沃尔泽认为现代西方社会剥夺客籍工人连同其子女获得公民身份的权利是不正当的，因为不同于古雅典，与政治等级制度相匹配的身份世袭规则已经（宣告）

---

❶ 在这些方面，沃尔泽深受他在高级研究所中的同事克利福德·格尔茨人类学著作的影响。《正义诸领域》把"文化诠释"作为最基本的方法，表现在他对他所在的社会和其他社会内含的社会实践之全部多样性意义的解释。艾尔伯特·赫希曼很长一段时间内是沃尔泽的研究所同事，他的著作对《正义诸领域》带来了不那么明显但十分重要的影响，他帮助沃尔泽认识到了行为的自由主义范式能解释什么和不能解释什么，打个比喻说，就是帮助沃尔泽找到了这块知识大陆的边缘和断层线。

消失了。❶

沃尔泽援引（借助犹太－基督教传统和古典传统强化论证）的第二重要的历史案例就是中世纪的基督教共同体，这种共同体的特征是全力维持信仰者的集体身份认同。在沃尔泽看来，强烈的文化认同意识解释了为什么这类共同体热衷于教育和提供社会福利，此乃维持个体和家庭集体身份认同的手段；不这么做的话，他们会感到不再属于这一集体。此处，沃尔泽说明了经济善物（economic goods）在两种典型社会中的分配方式——一种是对政治公民服务的普遍性补偿，另一种是义务性地支持慈善——采用哪一种取决于相关共同体中的核心意义和价值。他们分别依靠一种文化上有区别的身份观念。

沃尔泽所处的政治理论传统常常使用历史案例来说明和论证何种观念是善的，何种社会是正义的。哲学家对善物的多样性越感兴趣，就越需要援引历史案例。艾尼斯特·葛尔纳（Ernest Gellner）指出，有些哲学家对历史转型最感兴趣，他们的历史叙事更为明晰。在"现代化"叙事（社会契约理论家，马克思主义者）中，历史被认为往更好的方向转变；但若以融贯性（coherence）视之，则正好相反，因为历史转型毁坏或危及了融贯性（圣奥古斯丁，柏拉图，阿拉斯

---

❶ 这种观点的问题是西方社会中的一些公民继续认为等级公民身份是正义的范畴，用于区分谁永久居留谁暂时居留。自1971年以来，英国移民法就把"原籍"（或血统）置于重要地位。接下来，共享的规范性共识可能受到挑战，被推翻的论证会再次出现，赢得大量支持。在英国，基于与生俱来的世袭权利的论证在反对潜在移民进入领土上比在反对已经进入领土的移民及其子女的公民身份权利上更有效。看来，还没有人对这种论证做出限制。在一些欧洲国家，遣返前移民及其子女的呼声赢得了重要的政治支持。

泰尔·麦金泰尔，还有尼采，尽管尼采表面上对这些叙事持批评态度）。❶ 在这些案例中，论证过程是从第一原则推导出来的因而更富演绎色彩，历史的作用就在于展示当这些原则落实为行动或者是被忽略时会发生什么。

在社会理论方法上存在"后现代主义者"（例如，立足于偶然与差别的相对主义者）和"现代主义者"（立足于解放的基础主义者）阵营的对垒，历史方法的对立是造成这种对垒局面的关键因素。在对整齐划一式道德和理论立场发动的攻击中，关键的一步是拒绝"宏大叙事"、拒绝对现代社会及其价值的形成做大而化之的解释。❷ 多数情况下，这些攻击是针对马克思主义的，但也会殃及社会主义传统。

在这样的背景下，不管沃尔泽的意图何在，选择何种历史主义方法绝非无关紧要。❸ 民主社会主义对历史发展融贯性叙事的依赖程度不比马克思主义少，它往往来源于也扩展了自由主义解放理论。

---

❶ 参见 E. Gellner, *Though and Change*（London: Weidenfeld & Nicolson, 1964）和 *Plough, Sword and Book*（London: Collins Harvill, 1988），这两本著作讨论了这种观念的较早和较晚版本。佩里·安德森 *A Zone of Engagement*（London: Verso, 1992）一书中的论文'Max Weber and Ernest Gellner: Science, Politics, Enchantment'针对葛尔纳著作中的问题提供了有价值的讨论。

❷ 尤其参见 J. - F. Lyotard, *The Post - Modern Condition*（Manchester: Manchester Univ. Press, 1984）。

❸ 沃尔泽以一种后现代方式推翻了解放理论家给予时空范畴的优先性。在基于启蒙的历史叙事（黑格尔、马克思、葛尔纳）中，强大的时间序列规范着论证，在某些空间或另一些空间发生的经验性事件首先被置于发展范畴中，之后被置于时间架构中。《正义诸领域》没有给予发展进程以特权。重视"差别"导致了对"场域"的推崇，"场域"指的是偶然性的时空聚合之所，在其中产生道德利益的复合体。它们广泛分布在空间和时间中——中世纪开罗的基督教共同体生活，美拉尼西亚库拉交易制度（据推测它存在了很长的时间，尽管 20 世纪才开始研究）——没有被置于有意义的历史框架中。

这种理论是黑格尔式的、康德式的，抑或是功利主义的。从社会主义角度理解"复合平等"的人不多，要想让人感到把"复合平等"确立为工业社会的道德目标是可取的，就需要提供令人信服的历史主义解释，以说明"复合平等"缘何出现，如何在社会学意义上与社会稳定并行不悖，如何与现代社会出现的规范发生共鸣。无论是在《正义诸领域》还是在他接下来的著作中，沃尔泽都没有提供这种历史主义的说明。当他力图论证社会民主主义正义观的合理性时（实际上，《正义诸领域》好大一部分内容都贡献给了这种论证），他使用了一种与既有的社会解释不同的论证方法。他试图论证普通美国人的正义观趋向于社会民主主义式的理解。就像其他人已经指出的那样，这一点尤其让人难以信服。

边界、阻止交易与复合平等

沃尔泽专注于一项不同的任务，历史主义和人类学方法更适于完成这项任务。也就是证明现实中本来就存在许多"正义领域"，它们植根于各色社会共同体和制度惯例中，既包括"完整社会（whole societies）"（例如古雅典和中世纪基督教共同体）层次的，也包括现代社会的制度化组成部分（日本的学校系统和美国的家庭生活）。❶沃尔泽能够游刃有余地证明日常社会经验中蕴含着色彩斑斓的价值，如果我们视而不见，世界就会黯然失色。

不是忘掉这些价值，相反，沃尔泽的根本目的是在需要意义的地方激活并修复这些价值。我们应该关注沃尔泽对特定时空条件中生活方式的"不厌其烦的描述"。沃尔泽反对现代社会诸领域之间的侵犯，反对单维的进步史叙事，认为它们会磨平我们的意识，使我们意识不到过去社会形态的丰富性。在沃尔泽看来，是否"进步"不能仅用与"前现代"的距离来衡量，还要看与之伴随的多样性在多大程度上变为我们的文化资源。没有后者，就没有进步。❷

沃尔泽指出，各种"阻止交易"使"正义诸领域"的区分在民主资本主义社会中得以制度化，"阻止交易"沿用了亚瑟·奥肯（Arthur Okun）的说法。市场上存在"阻止交易"，选票、人口、孩子、判决令之类的东西是不能买卖的。亲属间有类似的"阻止交易"或者说是受阻关系：对亲戚爱过了头就是非法的或不当的，再者，亲缘团体内的性关系也是非法的。在政治关系上，同样存在"禁用的权力"，

---

❶ 社会科学领域最近出现的对绝对主义方法论的批评拒绝把"完整社会"观作为可供参考的解释。这些方法论被用来支持一种特定的转型模式（功能主义或马克思主义），从而忽略了无数个视角，从这些视角中可以看到任何社会关系模式（这是社会研究应该关注的对象）。沃尔泽观察到了各种社会形态及其"意义领域"的"融贯性"，没有（至少表面上没有）厚此薄彼。他的方法易受激进解构主义者的攻击，他们想在这样的著作中寻找被压迫者和被忽略的声音。Michael Mann, *The Sources of Social Power, i. A History of Power from the Beginning to A.D. 1760*（Cambridge: Cambridge Univ. Press, 1986）提供了对整体主义方法论的新韦伯式的批评。
❷ 我们应该如何与过去的传统相处是建筑学"现代主义者"和"后现代主义者"争论的核心问题，这种争论帮助界定了后现代文化的意义。

以区分什么应当依据政治偏好或价值被决定或分配，什么不应当。沃尔泽列出了让人印象深刻的限制清单（*Spheres*，282-284）。这一限制清单描绘了自由社会中主体获得的宪政自由，他正确地指出这些限制是公民平等的根源，也是公民自由的保障。通过将"阻止交易"的习语应用于这些各不相同的制度领域，沃尔泽描绘了复合社会事实上的多样性以及逐步形成的不同活动领域的严格区分。经典社会学家的一项主要成就是认识到多样性是个人自由的源泉，因为它意味着在某一个领域施加于个人的控制不能自然地延伸至其他领域。这也有助于社会多样性的涌现，此乃沃尔泽的出发点，因为盛行于一个领域的价值不必然地会在其他领域也占据统治地位。（这也是涂尔干认为劳动分工在道德上可取的原因，但前提是通过职业基尔特使劳动分工获得适当形式的道德整合。）

倚重"阻止交易"概念，沃尔泽探察了道德边界的复杂性，了解这种探究的一种方式就是将之视为一种现象学方法，是对自由资本主义社会存在的制度化差别进行的现象学研究。当代韦伯主义者视政治领域与经济领域的分离为民主资本主义的关键特征，沃尔泽描绘的差别与此相符。❶ 沃尔泽倚重的"阻止交易"概念提供了对规则的描述，这些规则在现实中维持了不同领域的边界。正是领域之间的分离缓和了阶级冲突，至少在某些资本主义社会中没有对政治自由或稳定构成危害，它也使得"混合经济"得以运行，原因是社会需求原则限制了市场制度的无限扩张。

---

❶ 关于民主资本主义社会中经济领域与政治领域制度性分离的论述，可参见 A. Giddens, *The Class Structure of the Advanced Societies*（London: Hutchinson, 1981）。

沃尔泽基本上认可了这些混合制度，尽管有时他也持批评态度，他认为如果有（例如）一个全国健康服务中心保障至少医保能够免于交换制度的支配、使医保遵循它内在的分配规则，那么美国的商品生产和交换领域就会更让人满意。❶

不难想见，主张民主社会主义的人没有严重偏离自由多元主义传统，也会支持"混合经济"体制。国家社会主义笼罩下，政治决定操控一切，大多数有此可怕经历的社会主义者即使不乐见民主决策与市场分配的某种结合，至少也认为这是不可避免的。沃尔泽试图用他身处其中的社会的常识思维支撑他的部分论证，因此他与社会主流的关键区别不得不建立在公民实际持有的观念和价值上。《正义诸领域》包含了一揽子不同的目标，但它们并非总是融贯的。

这些目标可被识别为三个组成部分。第一，沃尔泽最成功的地方在于证明了平等是或者说应该是一个复合的概念，不同活动领域应该让不同的分配规则占主导。第二个部分是成问题的，沃尔泽想为正义观或正义社会确立通则。在这样的社会中，人们认可和尊崇不同的正义领域。他将这种状态定义为"复合平等"。沃尔泽认为，

---

❶ 沃尔泽的主要观点是价值植根于确定的社会实践中，医学领域能够很好地检测这一论点。如何分配资源有很大的争论空间（比如治疗性医学和预防性医学之间的争论，或者科学进步与患者即时需要谁先谁后的争论），这样的争论常常是在对健康的基本认同的框架内展开的。一种"正义领域"开放了一种公共空间，在其中可进行争论，不需要得出特定的结果。但是领域（如健康）与领域（如天道酬勤的观点）之间的交锋问题如何解决呢？沃尔泽的论证指出健康领域有其内在的分配规范，高于源自市场的更为一般的应得规则。但是，应该高出多少呢？在任何一个社会这都可能是一个有待公共协商的问题。第二，可能更为严苛一些。难道为健康的优先性做的论证从一般意义上讲不是为基本的人类需求做的论证吗？任何情况下为健康优先性做的论证都要依赖更一般和普遍的考虑，这超出了沃尔泽的论证范围。

每个社会都有自己对正义的特殊理解，基于这种理解，不同的"正义诸领域"独立自主；基于不同的"正义诸领域"，复合平等观获得了不定型的实体性存在。尽管"复合平等"在不同社会中有不同的实态，但复合平等的意义和获得程序却是共通的。第三，该书核心部分中的大量内容，被沃尔泽用来论证复合平等概念对现代美国社会的意义，他认为美国现存的各种制度实际上体现了对特殊正义诸领域的尊重，将来更是如此。沃尔泽是一个社会民主主义者，从第三部分的论述中可以看出他试图从现代美国人共享的理念中为自己的社会正义观寻找依据。

实现第一个目标至关重要，《正义诸领域》圆满地完成了这一任务。假如沃尔泽止步于证明不同的生活领域有不同的正义标准，没有单一的平等标准能合理地凌驾于这些标准之上，那么他及时丰富和重新界定平等概念的尝试会更成功。沃尔泽反对某一领域占主导的标准（不论是政治意识形态、货币价值，还是教条）"入侵"彼此有别的正义领域。即便沃尔泽没有提出或设想出解决这类冲突的确定程序，他的反对依然是有效的。的确，不同的活动领域有不同的价值标准，进而有适用于不同领域的分配标准，善的社会应该认可多种类型的价值，这一理念是沃尔泽这本书取得的主要成绩。经过沃尔泽的阐释，之前的平等概念已无立足之地；现在来看，它们过于简单化约。

历史和当代的证据恰好促成了道德上的发现（或再发现），因为沃尔泽用这些证据展示了不同正义观在不同历史场景中的力量和吸引力，并指出了这些历史场景催生的道德传统。我们的正义观实际上由许多支流汇聚而成，每一支流都源远流长（上起希波克拉底誓言，下至嫌犯有权获得公正审判），沃尔泽的方法能够溯流而上，探寻可靠的源头，其他人可能目之为一种考古学或谱系学方法。

但是，如果止步于证明多元价值是无法避免的，那么沃尔泽就没有达成目的。他主张特定版本的多元主义，这种版本的多元主义在某种意义上就是平等主义的。这不仅体现在他试图证明在美国语境中更平等的分配是合理的，更体现在他把复合平等观置于社会正义观的中心位置。

沃尔泽证明了"复合平等"状态是多元价值状态的可能结果，是"正义诸领域"对抗的必然结果。比起简单不平等观和简单平等观，"复合平等"观具有显著的吸引力，因为只有后者认可了善物的多样性。但沃尔泽的分类遗漏了第四种可能出现的概念，它描述了迄今司空见惯的或然性状态，即"复合不平等"❶：在这种状态下，各"领域"之间存在某种程度的分离，善物和价值的多样性被认可，但分配或"正义诸领域"的某种特定形式仍然占据支配地位。

可从两个相互关联的角度理解这种支配。从社会学角度看，不同的制度领域在决定某个社会的形态和该社会内生活机会的分配上常常有着不同的因果权重（causal weight）。等级、财产权、亲缘或宗教信仰占主导的社会很有可能被这些决策领域内发生的事情所支配。其他领域仍保留一些自主（如果考虑到效率和成本的话，甚至

---

❶ 在 *For a Pluralist Socialism*（London: Verso, 1985）中，我提到了这一点但没有展开，可用更精细的四分法（简单平等，简单不平等，复合平等，复合不平等）代替沃尔泽的两分法。

是极权主义社会也不可能使所有的领域完全从属于一个中心意志），但不足以撼动支配性的领域。比较来看，沃尔泽的论证表现为这样一种架构，即把多元主义当作了一种规范和理想模型，他建立了一种隐性的功能主义（或者是平衡）模型，其中社会秩序的每一部分都承担或应该承担平等的因果权重。❶建立起量化社会秩序诸要素支配力的现实指标体系（counter-factual measures）并非易事，但很容易看出各领域的相对支配力（用沃尔泽的话来说，就是一些领域相对于另一些领域的支配力）。

沃尔泽在论证过程中使用边界和"阻止交易"概念解释了这些支配形式。它们源自于常态性的跨界"联系"，由此导致支配领域"入侵"臣属领域。宗教信仰支配下的社会强加宗教价值于世俗社会认为的"其他领域"，宗教社会的确有可能全然不顾边界的正当性。（沃尔泽主张"成员身份"是融贯性社会的前提条件，这美化了许多入侵形式的惯常起源。）资本主义社会的本质特征是创造了流动性强、易转化的权力形式，入侵和破坏了所有传统的边界，无论是出身、

---

❶ 沃尔泽的论证使一些问题重新浮出水面，与功能主义社会学理论遇到的问题大致相同。那就是，不能确保共识的达成，忽略了力量不均衡的后果，即特殊制度和行动者在实际中起的作用是不一样的。当然，沃尔泽的论证主要是规范性的，解释并非其目的。解释哪种程序规则能够保障社会正义，不意味着人们已经普遍接受这些程序规则。的确，可以这样理解沃尔泽的论证（就像他在《正义与非正义战争》中反对暴力的不正当使用一样），那就是批判一切缺乏规范性证明的权力形式。在《正义诸领域》中，沃尔泽使用正义话语恰如其分地描绘了权力关系的特征，他把权力关系描绘为"侵略性的领域"，是想用规范性话语规制权力关系。但他的正义话语隐含着对功能主义（或共识主义）假设的依赖，结果，他低估了现代社会中分裂与冲突的现实根源。在力量不均衡的社会中，难以确保价值是共享的。规范性论证能在什么程度上成为解决分配冲突的核心依据因历史而异。Mann, *Sources of Social Power*, i, ii 以宏观的历史视野探讨了这些问题。

宗教信仰还是种族。❶ 普适的程序正义原则和公民享有平等参与权，使政治民主呈现出了平等的一面，但经历过的人却认为它们侵犯了传统主义者并呈现出一种更具精英色彩的权力分配形式。用理性来捍卫自由和民主程序并不困难，但在这么做时需要诉诸高级法，仅提及历史上存在的常规边界是不够的。

论证策略

如果价值和领域是多元且融贯的，那么"复合平等"就总是人们最期待的结果，何种论证能够支撑这一观点呢？沃尔泽倚重一种文化融贯性的高级理念，倚重这样一种思想，即"生活方式"总体上是融贯的或趋向于融贯。这种融贯性是根据诠释学方法得出的，也就是对既定社会的意义系统进行诠释。❷ 沃尔泽倾向于认为日常意义系统展现出的是融贯有序的一面，而非不融贯、失序以及冲突不可调和的一面。令人吃惊的是，其论证隐含的功能主义和共识主义与维特根斯坦和柏拉图的哲学方法相一致，尽管沃尔泽深挖日常语言的目的是发现人们对差别和自由的更多期待。

---

❶ 参见马克思和恩格斯《共产党宣言》中的经典论述，Marshal Berman, *All That is Solid Melts into Air*（New York: Simon & Schuster, 1982）也给出了详细解释。"一切固定的僵化的关系以及与之相适应的素被尊崇的观念和见解都被消除了，一切新形成的关系等不到固定下来就陈旧了。一切等级的和固定的东西都烟消云散了，一切神圣的东西都被亵渎了。人们终于不得不用冷静的眼光来看他们的生活地位、他们的相互关系。"

❷ 关于这种方法与《正义诸领域》的关系，参见 Georgia Warnke, *Justice and Interpretation*（Cambridge: Polity Press, 1992），特别是第 2 章。

沃尔泽期待这样的结果：社会成员识别了各正义领域的逻辑后，原则上会为各正义领域确立恰当的边界。某种概念（如家庭、健康或学术）出现并得到认可时，能促使人们想到该概念由以产生的领域的本质。（这是沃尔泽所用方法的"本质主义"一面。）但是，这使得概念负担过重。这些概念最多能使人们认识到某种限制或边界是合理的，不可能使人们认识到这一限制是什么，或者某一领域相对于另一领域的权限。

试想一下家庭概念以及家庭成员的权利和义务吧。认可某些义务（几乎所有社会都认可这些义务）并不会澄清适用这些义务的范围，例如，如何分配遗产（property by bequest）给下一代，如何分配育儿或照顾病人、老人的责任。甚至政治权利应脱离血缘关系的理念（沃尔泽将之视为尊重边界的初始例子）也只有在旧制度彻底瓦解的国家（在像大不列颠这样的"现代"国家中，完全的胜利仍未取得，世袭的君主和贵族依然握有重要的权力和特权）才会落到实处。一旦社会中出现特殊的活动领域，人们就会围绕其合法性展开争论，沃尔泽的论证忽略了这一点，因为他觉得自然会出现合理的解决措施。他给出了社会正义的"强论证"（strong programme），断定"复合平等"是其合乎逻辑的结果。实际上，他的论证最多不过是"一种弱论证"（a weak programme）（仍然很重要），仅能证明诸领域之间的合理边界是引起争论的，这种争论只能出现在公共空间（discursive space）。

沃尔泽揭示了依靠理性根本推不出正义诸领域之间的差别，这体现了其理论的"后现代"特征。这一观点有一种温和的美国版本，是理查德·罗蒂提出的。他把政治视为"人类的一场对话",因找不到共同的标准,也不可能就共同的标准达成共识,所以期望出现理性的解决方法是徒劳的。罗蒂为民主对话机制本身设置了前提——"集体反思",舍此就不会有社会认同,尽管人们根本不清楚为什么那些拒绝民主价值的人应该遵从这种自我施加的行为限制。这一观点有一种不那么温和的欧洲版本,来自尼采和福柯的传统。这种传统明确指出缔约规则,包括公共缔约规则,常由社会中的统治集团控制。这种控制力来自他们的权力,而非他们的论证多么有效、说理多么连贯。显然,沃尔泽并不想他的多元价值观沦为一种道德战争状态。但是,毫无迹象表明他落脚于"内在共识"的事实论证能排除这种结果。

如果非正义(例如,对妇女的压迫)尚未引起社会成员的热议,那么很难在沃尔泽的相对主义立场中为实施干预以结束或缓解总的社会非正义找到依据。无论如何,过分倚重内在(真实的或明显的)共识判断是非,是极不合理的,特别是当共识为权势和无知所左右时。这样做,就相当于放任野蛮行径,除非或直到社会成员之间形成有效的"内在"反抗。压迫者对反抗者思想或行动的打击越有力、越有效率,实施干预来抵抗他们的基础瓦解得就越快。

默示同意是一个棘手的问题,避开这一问题的策略是假设"内在反抗"先于某种程度的暴行而存在。可以合理地认为一些基本需求和欲望为全体成员共有,没有共同体成员会同意需求和欲望的泛滥。这种策略试图逃避道德相对主义难题,但问题是不知不觉中它将普适价值置于特殊情景之上,预设人们明确地认可普适价值,或者至少是没有明确地反对普适价值。这种方法对于捍卫人权类的价值不无裨益,但实际上已经背离了道德相对主义。对沃尔泽的方法来说,探究社会正义的普适主义方法和历史主义方法是两种主要的替代选择,它们的吸引力在于能够克服相对主义或不可知性(undecidability)的问题。

一些论证建立在人们欲望的满足或者理性主体的自由选择价值之上,这些论证造成的后果是,"正义"观看起来获得了一种确定的和可知的形式,可毫发无损地从一种社会情境转移到另一种社会情境。或者是人类欲望的总和与人类幸福的种类,或者是分配给个体的不可撼动的个人权利。这些一旦确定,就为区分正义和非正义提供了明确的解决方案。罗尔斯施加的限制——特定情景中的不平等只有在有利于最少受惠者时才能被视为合理——不无裨益,可以将相对力量和福利的计算并入原先的自由主义立场中,以限制权贵(the fortunate)的自由选择权。(当这种论证建立在对主要善物拥有的相对权利上时,为尊重所有个体都有的自我决定权的优先性,就得限制某些个体的权利以维护其他人的福利。)依据这些论证,认为物质和历史进步趋向于实现社会正义的观念拥有了意义,因为可以制定出保障自由和幸福的举措,促使理性个体选择物质和政治更发达的社会,而非更具压迫性和物质短缺的社会。(这实际是艾尼斯特·葛尔纳解释现代化时使用的方法)基本的人类需求观[1],或者用马克思早年的话来说就是人的本质力量,作为几乎所有有意义的活动领域

---

[1] 参见 Len Doyal and Ian Gough, *A Theory of Human Need*(London: Macmillan, 1991)。

的物质文化前提，为分配正义确立了另一类型的基础。所有这些论证都认为个体在某些方面应被平等计算。假如这些物质文化条件被满足的话，他们认为"复合平等"也不过是平等的一种状态。

有别于正义的自由主义式讨论，社会学家或马克思主义者提供了一种目的论的诠释，他们着力于解释"现代性"的社会价值——个体间的正义、自由、平等——是如何在历史上产生以及如何变得可能的。在某一时期，人们认为自由只是财产拥有者的自由，之后一个时期则为全体劳动者所共有。宪法之下，政治"主体"受限的权利扩展成为所有公民的民主权利。在社会学的传统内，自由被视为城市化和市场化社会结构的产物。在马克思主义中，道德成为可能，是生产方式和生产关系长期发展的结果。因此，道德领域内的行动不仅要考虑到带给个人的后果，还要考虑到对宏观发展进程可能造成的影响。例如，在梅洛-庞蒂的解释中，历史主义伦理屈从于暴力政治的滥用，但其解释包含着不可或缺的伦理论证成分，这些伦理论证就建立在对可能的历史后果的思考上。❶ 国家在为军事行动辩护时常常使用这种结果主义式的论证：军事行动对许多个体来说固然是有害的，但是它广泛推进了集体利益。使这些论证合法化的关键在于社会能否被置于历史主义的视角下，以至于总体结果被合理地置于道德考虑中。波普对历史主义伦理的攻击常常依赖于极端的方法论个人主义以及这种方法衍生出的道理。

---

❶ 参见 M. Merleau-Ponty, *Humanism and Terror*, tr. J. O'Neill (Boston, Mass.: Beacon Press, 1969) 和他更为成熟的二次思考, *The Adventures of the Dialectic*, tr. J. Bien (Evanston, Ill.:Norwestern Univ. Press, 1973)。也可参见 Steven Lukes, *Marxism and Morality* (Oxford: Oxford Univ. Press, 1985)。

抽象普适主义也好，历史主义也罢，它们对社会正义的解释都提不起沃尔泽的兴致。多元主义，在历史主义社会学视野中是劳动分工的结果，是社会进步使差别变得可能后的结果。沃尔泽试图切断正义与任何特定差别状态的联系。正义社会很简单，就是那些基于社会成员的共享理念组织起来的社会，而不管这种理念是什么。然而，他意识到了差别释放的可能性。社会正义可能不依赖于它，但是复合平等，也就是沃尔泽看重的特定版本的正义依赖于它。

正义理论注意到了差别的存在，对边界也敏感。但这并非来自这样一种理论，即社会区分度越高就越正义。正义在这样的社会中有更广泛的应用只是因为有更具差别的善物，更多的分配原则、主体和程序。正义的应用范围越广，就越能确定正义呈现的形式是复合平等。（*Spheres*，315）

沃尔泽意识到，尽管社会差别不是复合平等的充分条件，却是必要条件。没有差别，就几乎没有值得尊重的边界。认为特殊形式的正义有先决的社会（或物质）条件的观点，呈现出一种有别于沃尔泽"内部主义"论证的外部维度。看来，"正义"若要在不违背共享意义的前提下进化成尊重差别领域的"复合平等"，就不得不依赖劳动分工确属必要的假定。

沃尔泽对现代美国的批评

沃尔泽拒不向社会现实让步，结果，导致人们立足于现代美国社会评价他为复合平等提供的论证。沃尔泽在这里依赖两种论证，这两种论证既不是普适主义的也不是历史主义的。第一种论证基于共享的社会理念。沃尔泽既想证明许多现存的边界和"阻止交易"植根于人们共享的理念（舍此，它们便不会存在），也想于这些共享理念中证明边界的改变是可能的。例如，沃尔泽想证明医保不应过多地依赖市场，雇员应享有更多的民主权利管理工场。

这些论证难以让人信服，因为从多数美国人现在共有的想法中无法推出这样的结论。的确，存在医疗领域，也存在市场交易领域，基于此，两个领域之间的边界是可商讨的（就是上文提到正义的"弱论证"），但是尚未有理性共识认为应当画一条边界，一边是通用的医保体系，一边是分散的医保体系。看来，公民们既乐于接受健康是内在善的观点，也不排斥将医保作为可买卖的合法物品这样一种基于财产权的观点。同样，他们既注意到了满足人类需求使采取干预措施援助穷困潦倒者成为必然，无论是在美国还是在其他地方，也认为过重的税收——在激进援助计划之下，这会变为现实——是强加给财产权的不公正行为。"不同正义领域"之间的恰当边界是不明确的、不自然的或者说不合理性逻辑的。现在的事实是，共享理念促使人们在更保守的点上画线，这是沃尔泽（或我）乐见其成的。

就更别提沃尔泽主张的工业民主或者是扩展工场控制权了。在这件事情上，尽管美国最近的立法支持"员工持股计划"（ESOPS），但压倒性的共识却是财产权和资本优先于工人的政治权利。要想在权利平衡方面实现重大突破，需要的不仅仅是边界的调整，还有美国社会价值体系和权力分配的激进变革。在沃尔泽的范式中，各"领域"是平行的，各领域之间的概念是平级的，这一范式造成了严重的误解。主要依据（通常是无害的或者说是有益的）商品供应和交换描述市场经济不知不觉地掩盖了资本主义经济的本质，让人看不清资本主义经济中发生的事情——它创造或破坏就业，它塑造景观，教育质量优劣导致不同的生活机遇，它影响政治和文化制度。❶金钱跨边界的"转换能力"、普遍的权利、基于私有财产的权力发挥着决定性作用。沃尔泽描绘的"阻止交易"划出了重要的边界，对资本的权力和权利给予了限制，但"阻止交易"没有在相互竞争的领域间确立平等关系。实际上，资本主义社会中不同领域之间的关系是一种根深蒂固的等级关系。

沃尔泽确实想把市场对其他领域的"侵犯"描述为资本主义社会的核心问题。即便学理性地描述美国社会淡化了资本的力量，沃尔泽的系统性论证仍然是激进的。他试图在尊重差别的框架内证成至关重要的民主化和美国社会生活机会的平等化。但看来，仅仅依靠共享的美国价值这种"内部主义"式论证来达成这一点是不孚众望的。大多数美国人清楚他们生活在财产权统治的社会中，他们当中的大多数也想获得这种权利（或者说当他们感到不满时，至少不会意识到是因财产权不满）。确实，沃尔泽批判这些分配形式依据的价值部分来自美国主流之外，来自欧洲的社会主义传统或者是更宽泛的社群主义传统。

社会批评必须依赖社会成员共享的理念，这种想法没有多少意

---

❶ Sharon Zukin 在最近的著作 *Landscapes of Power: From Detroit to Disneyworld*（Berkeley, Calif.: Univ. of Calif. Press, 1991）中讨论了资本的弥散性权力对美国城市物理环境的塑造以及给市民带来的就业和消费机会。

义。因为除非批评和既有价值之间存在通约性（commensurability），否则两者之间的对话根本不可能发生。进一步而言，认为正义为共享理念所框定的观点是毫无道理的。❶ 果真如此，将不会再有变化，因为新观念建立在与旧观念的区分上，在某些方面要与旧观念决裂。看来，沃尔泽犯了一个典型的错误，他把可理解性先决条件或集体成员身份与被社会批评激活的论证混在了一起。

这样的论证必然诉诸外在于既有价值的原则和事实，为支持或否定这些价值提供外在的原因。只有在非常封闭的社会中才会出现这种情况：论证方式唯有成为被接受的信条中的一部分后，人们在讨论时才会接受这种论证方式。也只有在这样的社会中，才会依据是否与已被接受的立场相符来判断论证的好坏。（这是一种思想上奉行通常所谓的"原教旨主义"的社会状态。）社会越现代和多元，依靠既有共识提供论证就越不可能或越不正常。在这种多元社会中，争议的解决依靠原则和事实，大部分原则和事实无须位于语言核心位置的传统来批准。只有争论到最后才会清楚一种观念究竟是背离了先例，还是只是展现了既有信念的意蕴。社会越"复杂"（用沃尔泽的话来说是正义诸领域相互竞争），论证就越不可能受制于既有的传统。沃尔泽批评普适主义的论证方式是单维的和化约的，但实际

---

❶ 查尔斯·泰勒批评了功利主义善恶观的不融贯性令欲望和愿望之间的道德区分不再可能，参见 Charles Taylor, *Philosophy and the Human Sciences*, ii（Cambridge: Cambridge Univ. Press, 1985）和 *The Ethics of Authenticity*（Cambridge, Mess.: Harvard Univ. Press, 1991）。他认为人类自由取决于能够在两端之间认真地做选择。人类欲望的满足，包括那些社会建构的欲望，不能自我证明是善的。社会中道德争论的焦点是如何在一种社会产生的价值和另一种社会产生的价值之间做决定，我们不能假设社会产生的价值就是（结果，所有价值都是）善的。它可能有意义，但这是另外一回事。

上它是复杂社会组织的自然产物。沃尔泽的文化多元主义及其对内在"融贯性"的强调非常危险，接近于一种文化上的封闭。他们在拒斥"现代性"的一个本质特征——名之曰理性主义的公共决策程序（rationalistic discursive procedures）——即便当他们为多元性和复合性的独特价值进行辩护时，也是如此。❶

民主公民身份和复合特质

我想解决的最后一个问题是能否为沃尔泽的"复合平等"观确立更牢固的事实基础。我已证明复合平等的"强论证"不能仅仅依赖现存的共享理念，这既有逻辑原因也有现实原因。例如，美国社会内关于医保范围和工业民主的论证，依赖于对立冲突的信念系统，而非只依赖对现存各领域边界的微调的协商。如果沃尔泽的主张会在几个不同的改革领域内发生，那意味着流行的价值观和权力平衡的深刻变化，沃尔泽的主张也需依靠这些变化提供的合法性。

在这些论证中，普适主义方法（关注总体幸福或公民政治权利）以及历史主义或社会学论证（关注社会物质文化技术发展过程中特定时期的需求）不得不占有一席之地。这些确实是目前为社会正义提供论证常常使用的语言。尽管沃尔泽寻求将普适主义或"外部主义"

---

❶ 原因可能是沃尔泽常常想象这些争论发生在道德共同体内的某处，而不是道德共同体之间（比如在礼俗社会与法理社会间做选择）。也可以认为普适主义语言明显带有的理性主义色彩实际上强加了一种单维形式的统治秩序（比如说资本主义），因此是"伪普适主义"。任何情况下，恢复地方性道德论证的比重都会令我们受益良多，揭示这一点是沃尔泽此书取得的主要成绩之一。

标准整个排除，但吊诡的是，他的"内部主义"标准，在像我们这样的"现代"社会中，常常使它们的侵入合法化，因为这些是典型的"现代"道德和政治争论开展过程中使用的抽象语言。❶这种形式的论证是理性化和差别化社会的独特产物。将这种逻辑简单地排除，无形当中会将"前理性"（pre-rationalized）式的语言置于优先地位，在其中地方性规范（用格尔茨的话来说是"地方性知识"）成了全部。

看来，若要使复合平等的"强论证"成为可能，的确需要不同类型的论证方式，不能限于沃尔泽提倡的特殊主义类型。事实证明，不只领域间的界别划分，甚至不同行动领域得以维持的意义和价值逻辑都要成为讨论和争辩的对象。社会正义观发生了重要的变化（比如艾尔伯特·赫希曼描绘的那些变化，他解释了社会利益范畴是作为贵族规范的对立面出现的），导致论证框架发生了深刻的变化。❷作为一种修正整体世界观的尝试，复合平等观为更具差别形式的社会提供了解释，这本身就标志着社会思潮的改变。究其本质，这种类型的论证必然要召唤普适主义标准（作为批评现存制度的依据）和历史主义叙事（依据变化的社会事实使价值合法化），也会特别关

---

❶ 这种论证在现代道德哲学中有对等物。伦理"自然主义"的批评者指出这是现代伦理争论的特色（可从日常语言的使用中理解"现代"的含义），即一般原则常被用来质疑特殊的文化假设。例如阿拉斯代尔·麦金泰尔是这种立场的批评者，他认为这只能说明现代道德思考空无一物。

❷ A. Hirschman, *The Passions and the Interests*（Princeton, NJ: Princeton Univ. Press, 1977）.

注地方性共享价值。❶

沃尔泽《正义诸领域》提供的主要论证要素中,只有一个支持了普适主义的社会批评,即共享的政治公民身份是内含在"复合平等"中的平等特质。沃尔泽的失误在于没有说明只有在存在政治民主程序的地方,相对正义依赖的价值共识才能建立。看来,他想维持一种更具包容性的共识概念,避免将不同习俗和惯例下的分配制度(此处,种姓社会就是一个很好的例子)立刻逐出法庭。无论如何,沃尔泽也会同意,政治公民的某些特质使其成为"复合平等"中"平等"的关键维度。

"正义诸领域"分离的标志,是一个领域内的权利和要求不会越界成为其他领域内的权利和要求。换言之,身份、回报和荣誉的个体承担者不能将这些善物从获得它们的领域中移开,如同"随身携带的善物",或者至少不能据此在其他领域施展权力。想要维护好这一状态需满足以下条件:这里谈到的善物或回报的最终所有权归它们由以产生的"道德共同体"保留,没有变成个人不可分割的财产。

授予天才艺术家、演员或科学家以荣誉最符合这一条件,因为荣誉依靠观众和同辈群体持续不断的关注。由于空间限制(在共同体共享的价值领域之外)和时间限制(价值要在观众的头脑中不断重现和更新),荣誉不能自由流动。

人们之所以给予科学这样的活动领域、戏剧和爵士乐这样的艺

---

❶ 葛尔纳早年站在理性主义自由观的角度批评了维特根斯坦及其追随者的"日常语言哲学",沃尔泽的诠释学方法在关键处借鉴了葛尔纳的做法。参见 E. Gellner, *Words and Things*(London: Gollancz, 1959)和 *Spectacles and Predicaments*(Cambridge: Cambridge Univ. Press, 1979)。

术，甚至是因体育结缘的共同体以尊重，原因是这里谈到的共同体及其载负的记忆和传统仍然是清晰持续的。过程是公开的，人们从中获得成绩和认可，新成绩和旧成绩之间的联系也是公开的。爵士、棒球、戏剧文化掺入了共同的回忆：父子师徒情、轰动的表演、显赫的战绩。这些既为开创性活动也为开创性活动获得全社会认可提供了强大的示范效应。在BBC电视节目中，评论员常常谈及40甚至80年之前举办过的曲棍球比赛，比较接下来好几代球员的战绩。看来，这为荣誉提供了远比竞争性的货币收入"厚重"的质地。后者在某些体育项目中逐渐流行，标志着俘获更多人心的物质主义对道德领域的入侵。就此而言，在特定活动领域中对物质回报施加相对的限制会产生积极的影响。要求演员保持与主要的同辈群体和观众的联系，将此作为他们回报和荣誉的主要来源❶，这种限制鼓励相互联系，使价值重返孕育他们的活动的共同体。❷

共同体提供荣誉和回报，而荣誉和回报的获得离不开对共同体的持续尊重，此乃民主政治的特质之一，至少从原则上讲是这样。看看吧，以竞争性选举实现公职周期性更新的过程明确加入了对竞争者意图和素质的考虑。正规的任命程序（源自公共领域，但被广

---

❶ Carole Satyamurti 是 *Broken Moon*（Oxford: Oxford Univ. Press, 1987）一书的作者，他使我注意到诗人群体和公共阅读之间的紧密联系。依赖这种联系，在英国，诗人能成为一种职业，这种联系也提供了一种有助于新诗人学习写作的氛围。当然，物质奖励很少，但这些共同体提供的内在满足感使得共同体不缺新成员。

❷ 至少在径赛和田赛运动员不能赢得高入座率和资助经费的那些日子里，成功的运动员常常被迫保持与他们生长的地方的联系，当他们的职业生涯下滑时，能够从事教练和经理的职业。当然，这仍旧是多数人的行为模式，但认为真正成功者想要利用他们的成功跳出这些世界的观点会破坏最初的共同体，也可能在某种程度上破坏进入这个世界的人的初心。

泛地应用到了私人领域）也具备这样一些特质。

按政治程序分配回报和身份的重要性体现在两个方面。第一个方面是它的可撤回性，以及它确立的公职人员对"公众"的依赖关系。第二个方面是政治主权结构在决定其他权力形式边界并限制其他权力方面所扮演的正规角色。如果政治决策机制是民主的且基于平等的公民身份，就有可能使其他权力形式不越界。政治领域本身易陷入内部腐败，并被其他领域所侵蚀。政治权威的极权主义滥用是世界上出现过的最坏的权力形式，它粗鲁地侵犯各个领域，包括圣洁的亲属关系、文化和生命本身。❶

但这种滥用几乎不会出现在民主国家（或者是经历过最初的权力斗争后，继续维持民主）。存在民主程序的地方，往往存在限制和纠正机制。可以看出，民主政治不能保证"复合平等"发挥效力。许多不平等形式在多重维度上获得了民主多数的认可，尽管这并不容易，特别是禁止这些不平等形式入侵（使用财富或者暴力）政治过程本身时。谈到"复合平等"的产生程序，沃尔泽认为它是竞争性价值系统协商的结果，那么协商程序（概言之，就是民主）就是"复合平等"必要而不充分的条件。就像沃尔泽做的那样，有充足的理由给民主的政治权力领域以优先性。绕开政治民主制度，通过社会革命改变社会非正义，这类措施常常导致其他严重的不平等，有

---

❶ 迈克尔·曼对不同权力形式的范围和集中度做的区分解释了现代极权主义的极端特质，参见 Michael Mann, *Sources of Social Power*, i, 和 *The Sources of Social Power*, ii. *The Rise of Classes and Nation-States, 1760-1914*（Cambridge: Cambridge Univ. Press, 1993）。安东尼·吉登斯做了类似的区分，参见 Anthony Giddens, *A Contemporary Critique of Historical Materialism*（London: Macmillan, 1981）和 *The Nation State and Violence*（Cambridge: Polity Press, 1985）。

时甚至比它们原打算改变的那些还要严重。在法律和政治权利领域取得的一定程度的正义是进步的先决条件，这种进步朝向社会和经济正义的实现。在历史实践中，政治正义通常先于社会和经济正义。❶

乌尔里赫·贝克（Ulrich Beck）在他最近的著作《风险社会》❷中有力地论证了这样一种观点，"现代化"进程是理想中的自我反思理性尚未完成的历史展现，也就是个体全权负责自己生命、力量和环境这一可能性的历史展现。他认为这一进程远未完成，仍然保留着不平等关系"转型过程"中的残存物。例如，在家庭领域，男性是一家之主；在科学领域，科学家共同体一边在自己的活动领域中宣称发现的范畴具有无限更正性，一边要求在公共领域享有绝对权威；还有合作经济领域（对此，贝克语焉不详）。❸ 贝克的系统性论证，实质上接近哈贝马斯对现代性的看法，但他的方法更站得住脚、有更多的经验支撑。贝克想要推动尚未完成的现代性过程的发展，使人类在处理事务时拥有更充分广泛的理性责任。这种观点把民主政治权力设定为理性自治的关键（历史上是形成中的）环节。沃尔泽的"复合平等"观因这种观点而有可能建立在历史演化的基础上，其最终实现也有了经验上的依据。一种必要的理性观——展现为负责的、民主的公民身份形式，植根于人类本性和物质可能性中——是"强论证"成为可能的宽厚基础。这种"强论证"是为被构想为

---

❶ 这是马歇尔对公民身份理念历史发展的看法，参见 T.H. Marshall, *Citizenship and Social Class and Other Essays*（Cambridge: Cambridge Univ. Press, 1950）。
❷ *Risk Society: Towards a New Modernity*, tr. M. Ritter（London: Sage, 1983）.
❸ M. J. Rustin, 'Incomplete Modernity: Ulrich Beck's "Risk Society"', *Radical Philosophy*, 67（Summer 1994），3–12，在这篇讨论贝克著作的重要文章中，考虑到资本主义运作方式对其启蒙计划的阻碍，我关注了我认为有些模棱两可的地方。

复合平等的社会正义服务的。如果缺乏这种普遍原则的支持，这种论证很难站住脚。

沃尔泽首要的理论和方法论预设是这样一种观点，即善物是在认识文化和社会的过程中产生的，植根于道德共同体的成员之中。沃尔泽把这一点作为他论证的基础，作为他不同意方法论个人主义理论家提出的社会正义的依据。这种文化特殊主义维持了沃尔泽对于差别的肯定，但不能阻止他为获得一个与差别完全相容的平等版本而筛选案例。

实际上，沃尔泽的假设——正义观只有在道德共同体内才能产生——引发的争议远超他的想象。他关于复合平等的论证在美国比他想象的更没有市场，一个原因是他最基本的假设——善物是社会产物——甚至都没达成共识。这不仅仅是程式化语言的问题，在使用程序语言的过程中，沃尔泽就将这个问题展示了出来（哲学家如何界定和捍卫正义）。它还关系到正义问题在日常社会实践中是如何形成的和被感知的。（哲学假设和理所当然的理念之间的固定联系，人们能够从沃尔泽关于政治哲学的诠释性观点中找到这一点。）认为分配应当受不同价值共同体中的规范规制的观点，被个人主义者所否认，他们认为占有权和权利优先于政治共同体的同意（"这种财产，这些物品，这些自由，是我的，别人无权干涉"）。在这种解释框架内，共同体就成为一种事后机制，召集大家保护个人权利，而非为那些权利提供合法性。美国人移居西部的故事神秘地合法化了这种观念：个人的权利主张先通过强力获得确认，然后通过建立执法机构来进行确认。先有拓荒者，后有治安官，不像欧洲那样，先有国王的法律，然后才有公民。一种特色鲜明的个人主义否定了事实上的社会根源，将个人作为所有价值的来源。❶ 以否定任何超个人主义价值（supra-individual values）合法性的方式，私有财产、弱肉强食规则和个人主义预先占领了社会批评的高地，而超个人主义价值对于形成这些批评来说是必需的。

以权利为基础的功利主义和普适主义理论尝试修复社会融贯性受到的破坏，这种破坏源自个人主义式的论证起点。他们想用个人欲望和独立选择这样的建筑材料"构筑"一个想象的"社会"，以解决棘手的问题，否则在相互冲突的占有中，这些问题会日趋严重。沃尔泽笔下的现代美国像是相互竞争的道德共同体组成的系统，在它们之间道德的边界是接受协商和调整的。就社会正义达成一致的问题比他揭示的更为严重。事实是，对许多公民来说，争论根本不是在相互竞争的道德共同体中展开的，而是在个人和任何宣称有权利限制他们的共同体中展开的。像涂尔干和塔尔科特·帕森斯这样的社会学家，以及像沃尔泽这样的文化诠释者可能认为个人主义起源于历史上出现过的某一特定种类的共同体，但是并非所有该共同体的成员都这么想。沃尔泽提供了中立的框架，关于回报的不同主张可在其中进行讨论，这一框架本身就聚讼纷纭。这就是一个原因，

---

❶ G.A. 科恩在对诺齐克的批评中完美地展现了观点上的基本区别。他指出诺齐克的洛克式观念，即个人对他们占有和凭劳动创造的东西拥有权利，预设在个人就他们的占有物订约之前，"自然"不属于任何人，更不是共同体的财产。这精确地区分了两类人之间的不同观点，一类是美国定居者，一类是先于他们存在的印第安人。G.A. Cohen, 'Self-Ownership, World-Ownership, and Equality', in F.S. Lukash (ed.), *Justice and Equality Here and Now* (Ithaca, NY: Cornell Univ. Press, 1986) 和 'Self-Ownership, World-Ownership and Equality, Part II' in E.F. Paul et al. (eds.), *Marxism and Liberalism* (Oxford: Blackwell, 1986).

能够解释为什么沃尔泽所处社会的"内部"价值比他认为的更排斥复合平等观。

不管是不是有争议，沃尔泽的假设——价值本质是社会性的——是任何行得通的平等哲学的根本前提。"差别"是特定社会特定文化价值的体现，照顾这种差别要以"社会"为起点。复合平等指的是根据道德共同体的决定界定和分配善物，这种观点要能成立更要以"社会"为起点。就像我指出的，《正义诸领域》在把"复合平等"作为一种差别社会中自然产生的正义形式来维护时并不总是成功的。但是它的确为这样做确立了几个必不可少的前提条件。

2. 复合正义、文化差别和政治共同体

约瑟夫·H. 凯伦

"正义是人类的建构……分配正义理论提出的问题容许范围宽广的答案，存在包罗文化多样性和政治选择的空间。"❶ 空间有多大，范围有多广？我们应该尊重哪种正义建构、批评哪种正义建构？这些就是我在本章中解答的问题。

此处，我的基本判断是沃尔泽在《正义诸领域》中描绘的政治共同体道德自主的画面不符合他确立的道德标准，即我们共享的正义理念。这一批评建立在两个相互联系的方面上。第一个方面关乎我们对正义做出的判断的类型，第二个方面是谁构成了做判断的"我们"。就第一个方面而言，我会证明我们对正义的理解有时要求我们尊重、有时要求我们批评外在于我们的政治共同体的制度和政策。就第二个方面而言，我将证明做判断的"我们"有时与政治共同体成员相一致，有时构成了一个道德共同体，或者大于或者小于我们

---

❶ 感谢埃德·安德鲁、雷纳·鲍博克、罗尼·伯纳、海纳·比勒菲尔特、迪莱克·西纳、比德·琳塞和大卫·米勒对本章之前版本的评论。Michael Walzer, *Spheres of Justice* (New York: Basic Books, 1983), 5-6。

所属的任何政治共同体。在展开批评的过程中，我试图证明我头脑中的正义画面比较复杂，事实上与沃尔泽在《正义诸领域》中呈现的对正义的理解相符合，即使这幅画面与他的某些核心论点相冲突。

政治哲学风格

先来评价一下沃尔泽的哲学风格，我认为这与他信奉的道德多元主义紧密相关，也是他热衷的道德多元主义的证明。我们习惯于把知识交流视为一场争斗：你试图击垮我的观点，我也试图击垮你的。有时，争斗是友好的，有时则不然，但是很少能共享探索的成果。我们的目标变成了构筑一个密闭空间，清除、甚至埋葬任何潜在的怀疑、问题以及相反的思考（可能的例外是我们的反对被驳回）。当然，我就是以这种风格写作的，但我并非形单影只。

相反，沃尔泽的论述擅长对话。人们应该有这种感觉，他一边聆听一边讲述。他吸引我们的注意力，但不宰制我们的注意力。他思维开放、不固守己见。他不时地展现模糊和不确定之处。他提出问题以供思考，进而引发反思和回应。沃尔泽有自己的判断——许多是值得讨论的——并提供原因和论证支撑他的观点。但他的论证没有一锤定音，我想他也不打算这样做，这值得肯定。即使我们无力反驳一锤定音式的论证，我们也很少被它说服或启发。我不否认我们偶尔能从淋漓尽致的论述中获益，无论这种论述是自己做出的还是别人做出的。既可从多元主义风格中获益，也可从多元主义者的风格中获益。但沃尔泽的风格在哲学家和政治哲学家中似乎并不常见，如果有更多的人引以为鉴，那么我们会收获更多。

一种理解沃尔泽政治哲学方法的途径是将之与罗尔斯在《正义论》中使用的方法作对比，这种对比沃尔泽在《正义诸领域》的前言中就提到了。我并非要批评罗尔斯，只是提请人们注意两种方法的特质。在我看来，每一种值得认真对待的方法都瑕瑜互见。一种理论把一些问题、关怀、论证和观点置于阳光之下的同时，就把另一些置于阴影之下。好理论的标志是发人深思而又包罗广泛，但没有理论能澄清一切。

罗尔斯，至少是身为《正义论》作者的罗尔斯，提供了政治理论范式，如同工程师手中的蓝图。他展示了事物是如何平地而起的，当然，也要有合适的建筑材料才行。每个原则和论点都咬合在一起，就像建筑的横梁，精准分担彼此的重量，整个结构矗立在地基之上，地基对于工程的成功来说尤为重要。反之，沃尔泽的范式如同道德景观的印象派画作。他实际上是在说，"看看，是不是这样？"我不认为他只是在澄清人们的所思所想是对是错。通过画作欣赏到的景观不同于裸眼之下的景观。艺术家呈现的是再加工的解释，人的注意力被引向色彩、影线、交错（interconnections）。一旦我们看过艺术家的画作，实景就会让我们感到陌生，尽管艺术家看到的一些关键处总是摆在那儿。

我并非无条件地赞同沃尔泽的方法。在读沃尔泽的作品时，我有时想多看到一点儿罗尔斯式结构，一些更具体的说明，如特定论点和原则的分量、相互间的关系。（或许我们需要把两种方法结合——也就是说，把政治理论视为建筑学。）但整体而言，我认为沃尔泽哲学的艺术家和多元主义风格被忽视了。

地方性理解与道德共同体

沃尔泽的方法塑造了他探究正义的方式，现在思考一下吧。我从沃尔泽的《正义诸领域》及相关著作中获得的最大启示是，作为政治理论家的我们如果从公共事务的日常对话——我们做的具体判断，我们使用的特殊语言，我们援引的特定原则，我们认同的具体问题，当我们在日常生活中讨论正义问题时我们看重的事实论证——着手，会有多少收获。在某种意义上，沃尔泽相当于左翼中的柏克。他宁肯将道德主张和批评建立在历史、传统和特定共同体的习俗上，也不建立在抽象的一般原则上；宁肯建立在英国人的权利上，也不建立在人的权利上。（我猜测，沃尔泽对英国人权利的解释要比柏克宽泛，因为后者还顾及阶级和性别。）

沃尔泽并非原则上反对一般的理论框架，但十分警惕它们适用的边界和方式，他认为道德洞识默默地生长于特定的语境，也只能应用于特定的语境。《正义诸领域》中社会习俗的案例不胜枚举，它们或者被传统的正义理论所忽略，或者与传统正义理论格格不入，但是它们引出了正义问题而且能够在道德上证成。的确，这本著作强调了社会物品的丰富多样性，正义理论必须正视这一点。一旦我们正视社会善物的丰富性和复杂性，一旦我们肯定不同共同体理解物品、评估物品、思考物品该如何分配的方式不同，我们便无法想象在构建完满的正义理论时不从特定社会的实践出发，不返回特定社会的实践。

这种方法打开了我们的眼界，原来我们栖居在一个斑斓的道德世界中，历史、文化和共同体异彩纷呈。理论能够澄清和批评道德世界的某些方面，原则上讲，任何一个方面都有局限。但是理论不能取代我们的道德世界，也不能完全重建道德世界。确实，理论反思不仅使我们意识到某些地方性实践和理念存在道德问题，还使我们意识到一般原则的局限。政治理论的完满性依赖将道德考虑的博杂性包含在内的能力，即使在反思和自我批评之后，我们依然认为是与道德相关的。

正义人言人殊，这种方法可使我们从容应对。为什么在一种情境下我们会尊重某种版本的地方性正义，换另一种情境则予以批评，讲清这一点需要探究语境。这种探究始于现实中的道德问题和道德判断，来回往返于特殊和普遍原则之间，将批评和反思的方法用在我们道德世界的实际特征上。我认为这种方法为抽象理论提供了极有价值的矫正机制。沃尔泽坚持认为只是关注不同社会中人们思考正义问题的方式就可获益良多，这种立场无疑是对的。可惜的是，沃尔泽对政治共同体道德自主的描画偏离了他使用的这种语境探究法。

沃尔泽主张正义就"是"特定共同体成员"认为"的那样。说得具体一些，当物品按照共同体成员赋予它们的意义分配时，物品就得到了正义分配。在论述种姓制度时，他给出了令人震惊的解释——假设所有种姓制度中的成员都同意种姓制度原则。按照沃尔泽的说法，局外人对这种黏合在一起的内部社会的批评即使不是不融贯的，也是不合理的。

> 分配正义的每一种实质性解释都是一种地方性解释……首先有一种特征是我的论述的核心。我们（所有的人）都是文化的产物；

我们创造并生活在有意义的世界里。由于没有办法按这些社会对社会诸善的理解来给这些社会分等和排序，我们就通过尊重男人们和女人们的具体创造来对实际中的男女实施正义……正义扎根于人们对地位、荣誉、工作以及构成一种共享生活方式的所有东西的不同理解。僭越这些不同的理解就（常常）是不公正的行动。(*Spheres*, 314)

在书中的其他地方，沃尔泽说道共享的文化理念位于政治共同体内："政治共同体是进行这样一项事业的最佳场所……（它）大概是离我们最近的共享理念世界。"(*Spheres*, 28)他称自己搞哲学的方式为"向同胞公民解释我们共享的意义世界"(*Spheres*, p.xiv)。

我们应如何思考正义的轮廓图与沃尔泽在《正义诸领域》中论述的几个重要案例格格不入。我举两个例子。第一，殖民主义终结后，新独立国家驱逐了种族和民族与新统治多数（newly established dominant majority）不符的现有居民，沃尔泽认为这样做是错误的。他想到的例子可能是1970年代肯尼亚和乌干达对亚裔的驱逐。但是他没有诉诸非洲人甚至是亚洲人对共同体的理解以及他们对那些局外人所负责任的理解，后者只是在某些方面看上去是局外人而已。相反，他诉诸霍布斯(*Spheres*, 42-43)。第二，沃尔泽批评西欧对待"客籍工人"的方式，认为在一个国家生活和居住的人应能获得公民身份。在沃尔泽批评的这类行为中，德国剥夺土耳其人公民身份可能是最突出的例子，但他没有提到德国或土耳其的历史、文化、传统以及成员身份和共同体观。相反，他的论证建立在一般的甚至是抽象的自由民主原则上(*Spheres*, 56-60)。

让我更细致地探究一下第二个事例。德国的政策使得客籍工人的归化变得尤其困难，它源自一种对公民身份的理解。这种理解深深植根于德国历史和文化中。甚至许多土耳其人都持有这种理解。就像威廉·罗杰斯·布鲁贝克指出的：

> 因为德国人自我理解中的种族文化反思和德国国籍法，土耳其人文化认同和自主的维持与（比如）德国人公民身份的维持难以调和，对德国人和移民的政治想象来说都是如此。国家成员身份与民族成员身份联系得过于紧密。无论在德国人还是土耳其人的自我理解中，获得德国公民身份要求的比仅仅获得新的护照要深厚丰富得多。❶

就像我们凭经验获知的那样，德国人对公民身份的理解可能接近于一种对政治共同体内在善的独特和共享的理解。沃尔泽的正义理论强烈要求德国政治共同体放弃或至少大刀阔斧地改变这种共享理念。这不是在僭越地方性理解吗，难道他自己没有将此类行为宣布为非正义吗？❷

沃尔泽突出了地方性理解的重要性，维持其重要性的一种可能

---

❶ *Citizenship and Nationhood in France and Germany*（Cambridge, Mass.: Harvard Univ. Press, 1992），178.
❷ 难道不能认为词语"僭越"指的不是我认为的判断和批评，而是对军事或经济的干涉？我认为这样解读《正义诸领域》是不合理的。不干涉是沃尔泽之前著作 *Just and Unjust Wars*（New York: Basic Books, 1977）中的主题，但是《正义诸领域》关注的核心问题是不同正义标准的适当性以及做道德评价的人和他们想评价的共同体之间的关系。看来，沃尔泽的立场是：一个人可能试图说服所有其他人；不是非得成为共同体中的一员才能参与关于正义的对话（例如，参见 *Spheres*, 314）。沃尔泽认为，假如你想说服别人，就不得不将大量注意力放在他们现有的道德理念上，即使你的目标是更改这些理念的某些方面。任何情况下，只有共同体成员的所思所想才能被算作道德。他们的判断决定着正义的内容。在道德上重视外部批评者的观点，就是沃尔泽反对的那类僭越。

的方式是认为他的论证建立在自由民主原则上,德国人也主张自由民主原则。如此一来,尽管对德国历史文化的理解存在冲突,且解决冲突需要诉诸自由民主原则,但它仍是一种内部批评。❶ 以这种方式建构论证,就相当于认为德国人和美国人分享了对民主含义及其要求的理解。假如像沃尔泽说的那样,"道德方面的论证要诉诸共享意义"(*Spheres*, 29),那么这种论证预设了我们的共享意义世界至少部分越过了我们所属的特定政治共同体的边界。它在某种程度上预设了非同一政治共同体的成员也能分享道德共同体。

这种论证更符合我们的日常道德实践,也更符合沃尔泽自己的正义理论,他对政治共同体道德自主的某些解释不及这种论证。事实上,《正义诸领域》没有给我造成这样一种印象,即它对美国人理解的正义的解释是排他的和独断的。例如,比起朱迪丝·施克莱最近关于公民身份的著作❷,它与美国历史和文化的联系不那么显而易见。许多论证和事例涉及多个西方国家的经验,目的不在于说明不同社会对善物的理解如何不同(这是沃尔泽使用历史案例的出发点),而在于阐释"我们"对金钱、政治权力和职位等善物的理解。在欧洲和其他地方,人们就是以这种方式来阅读和讨论这本书的。例如,大卫·米勒在这本论文集的导言中认为:沃尔泽讨论的是"现代自

---

❶ 此处我认为沃尔泽的论述是正确的,换言之,德国排斥移民规划的政策与自由民主原则冲突。我曾经阐释过这种观点,参见 'Membership and Morality: Admission to Citizenship in Liberal Democratic States', in William Rogers Brubaker (ed.), *Immigration and the Politics of Citizenship in Europe and North America* (Lanham, Md.: The German Marshall Fund of the US and Univ. Press of America, Inc., 1989), 31–49。

❷ *American Citizenship: The Quest for Inclusion* (Cambridge, Mass: Havard Univ. Press, 1991)。

由社会中善物的主要种类"以及"现代民主社会中的我们"思考这些善物的方式。

所有这些都表明把道德共同体等同于政治共同体是一个严重的错误。分享一系列道德理念的"我们"和分享政治共同体的"我们"并不能无缝对接。原因并非只是沃尔泽有时提到的所有现代社会共享的少量道德规范。更是因为不同政治共同体中的许多人分享着深厚、完备、多彩的道德规范。我们经常陷入孰是孰非的争论，在这么做时就预设了更为宽泛的道德共同体。但我的意思不是说对更为宽泛的道德共同体的认可解决了正义、文化和政治共同体交错而生的所有难题。相反，它使问题变得更复杂。

第一，即使我们对自由民主原则有共同的信仰，我们也必须认识到:（a）对这些原则的既定解释都留出了可供道德落实的空间,（b）如何解释这些原则本身也留出了合理异见的空间。在这两种空间内，认为特定民主共同体内的制度和政策是合法的才会获得道德上的正当依据，甚至当它们与其他共同体的制度和政策不符或与其他人认为的最好的制度和政策不符时，也是如此。没有人认为每个自由民主社会都有道德义务严格采用相同的制度和政策。制度和政策上的合理区分自然而然部分反映了不同民主国家的历史文化差别。所以，我们不能全然不顾沃尔泽的主张——值得尊重的共享道德理念位于政治共同体内。

加拿大宪法与豁免条款

合法差别的范围有多广？我们对自由民主原则有解释，我们对适于特定文化的制度工具也有解释，两者之间的联系有多紧密？请主要参考加拿大的一个案例。最现代的民主正义观的本质组成部分就是保护基本的人权，如宗教自由、思想和言论自由、法律面前人人平等，等等。1982年，加拿大把权利法案写入宪法，名为权利和自由宪章，用以保护基本的权利。加拿大宪法在很多方面如同美国的权利法案，但也不乏有趣的差别。例如，加拿大宪法一开始就言明，受保护的权利和自由"服从……在自由民主社会中能够确凿证明正当并且有法律规定的合理限制"，也即拒绝绝对权利观念，留出公共协商的空间。公共协商针对的是作为权利承受者的个人与其所属的政治共同体之间的关系。❶ 加拿大宪法条款明文支持各种类型的平权行动，认可不同的堕胎权、禁止性别歧视、肯定文化多元主义，等等。

加拿大宪法的一个特征是对违宪审查权的限制，这是我想强调的一点。如同美国，加拿大最高法院可以宣布违宪的法律无效，但两者也有重要差别。议会或是省立法机构中的简单多数，在尊重宪法特定条款的情况下，只要宣布法律符合宪法的意图，就能通过免

---

❶ Constitution Act, 1982. [Schedule B to Canada Act 1982（U.K.）] Part I: Canadian Charter of Rights and Freedoms, s.1, repr. in Rainer Knopff and F.L. Morton（eds.）, *Charter Politics*（Scarborough, Ontario: Nelson Canada, 1992），385. 当然，许多美国宪法的解释者认为美国宪法也没有保护绝对权利，但是权利法案的语言提供了绝对主义解读的空间，而这很难在加拿大宪法文本中找到。

受违宪审查的法律。这就是所谓的豁免条款。❶这项法律每5年更新一次，否则自动失效。

美国人可能倾向于认为这一条款正好显示了加拿大宪法建立在对基本权利本质的误解上，基本权利应被视为王牌（用德沃金著名的话来说），非民主多数所能超越。许多加拿大人赞同这一点。❷但是超越条款，也可以这么称呼，也有许多拥护者，我现在就倾向于成为他们当中的一员。

我为此提供的辩护的缩略版是这样的。❸我们不仅应该依据政治制度的意图来评价包括人权保护制度在内的政治制度，更重要的是，还应该依据政治制度在实践中发挥作用的好坏来做出评价。例如，美国最高法院的职责（有人会这么说）是毫不妥协地解释和适用宪法，对民主多数置之不理，免受简单多数的僭越，但是同样的法院带给我们的却是"斯科特诉桑福德案"和"普莱西诉弗格森案"这样的

---

❶ 加拿大宪法，第33条："议会或者省立法机关可根据情况，在议会或者省立法机关制定的法律中明文宣告，尽管在宪法本章第2条或第7至15条有某项规定，议会或者省立法机关制定的法律或者该法律的一项规定，仍应予实施。"这些条款涉及的权利包括宗教自由、言论自由、集会自由、结社自由、人身保护权以及其他基本的合法权利。

❷ 例如，参见 John Whyte, 'On Not Standing for Notwithstanding', *Alberta Law Review*, 28（1990），347.

❸ Peter Russell, 'Standing up for Notwithstanding', *Alberta Law Review*, 29（1991），293-309. 这深刻地影响了我接下来的解释。

判决。❶可以深思熟虑地说，在保护基本权利，特别是少数种族的基本权利方面，最高法院并不总是成功的。

一项制度发挥作用的方式部分依赖于这项制度嵌入的共同体的历史文化。任何制度都需要置于语境中来评价。加拿大宪法经历的时间太短，不足以有可靠的评价；但是基于加拿大的语境，人们可以论证豁免条款是一项合理的实验，目的是促进关于个体权利的公共协商，为侵犯行为分配政治责任。加拿大人对基本权利的信仰是根深蒂固的，在这样的社会中，使用豁免条款有可能促发公共批评和讨论。多数情况下，加拿大式的议会传统确保争论的发生，行动的政治责任也会明晰。假如公众支持豁免条款对不公正司法或可能的司法帝国主义的矫正，那么它将带来比司法判决更好的结果。假如它被不合理地用作他途，在下次选举中它会成为焦点。如此一来，最终会形成对权利的更有效的保障，因为在加拿大人的语境中有更多的民主，超过美国式的违宪审查制度。❷

感受一下为豁免条款做的论证吧，假如你接受它，那么你就已

---

❶ 在"斯科特诉桑福德案"（1857）中，最高法院判决一项在美国特定区域禁止奴隶制的联邦法律违宪，认为"黑鬼"不是美国公民；即使自由了，也不能成为美国公民，提到宪法反映了长久以来的观点，即黑鬼是"低等的种族……低等到不配享有白人男性应尊重的权利"。在"普莱西诉弗格森案"中，最高法院认为强制性的种族隔离没有违反第十四修正案，通过这项修正案的意图很明确，即推翻"斯科特案"并确保人人享有法律之下的平等保护权。最高法院的说法是，认为"强制性的种族隔离给有色人种贴上了劣等的标签"是荒谬的，"果真如此，那并非因为行动，而只是因为有色人种选择这样来理解行动"（引文来自法庭判决意见，摘自 Stanley Kutler（ed.）, *The Supreme Court and the Constitution*, 3rd edn.（New York: Norton, 1984）, 153 and 216）。
❷ 我并非主张在美国语境中创制豁免条款是可取的。相反，考虑到不同的历史、传统和美国政治文化，我认为这种创制是极不明智的。

经看到了民主社会中的文化差别对民主正义所求所予的影响。很容易回答说加拿大和美国在基本原则上一致，制度上的差别只是应用上的不同。这种回答抓住了很多东西，但也遗漏了一些。所有原则都需要在具体的语境中调试、落地和生根。不同的调适形式有不同的优缺点，不同的特征和特异之处，它们或多或少恰与其他调适形式吻合。但有时特殊形式的调适超出了抽象原则允许的具象呈现。换言之，尽管期望人们通过各种不同的制度体验到的是正义原则的现实化，但他们实际上体验的更多的是制度而非原则。而且，制度如何运作很大程度上依赖社会的背景文化，制度就是在这样的社会中确立的。

一些人不会服膺我对豁免条款的辩护。就像我说过的，在加拿大的许多人认为豁免是一个坏主意。即使人们认为美国保护权利的方法更胜一筹，但由非加拿大人宣称豁免条款非正义是否合适，或者说这种判断难道不应该由加拿大人做出吗？英国现今仍实行议会主权制度，加拿大宪法（连同豁免条款）被采用前在加拿大发挥作用的就是这种制度，如果你认为豁免条款是非正义的，你会对这种制度作何评价？那种制度是非正义的吗？

这个例子的用处是多少动摇了这种观念——我们知道民主正义必须在制度和政策上承担什么，并引导人们注意即便是类似的国家也可能有非常不同的理解方式。我的意思不是说这些不同是没有限制的。相反，在讨论德国的公民身份政策时，我已经关注过这种类型的限制。但是，我们应该尝试画出道德上允许的范围（还有合理异见的范围），为制出这幅地图，我们应从识别现有国家制度和政策上的某些实际区别入手，并思考这些区别与文化差别的联系。当我们讲"现代自由社会"或"现代民主制"的时候，就像大卫·米勒在上文讲的那样，这个词语唤起的思想清单中是否包括日本和印度。一面是日本和印度这样的国家，另一面是西方国家，两者间的文化差别是否会对我们思考民主正义产生影响？如果答案是否的话，我会感到吃惊。

再次思考一下德国的公民身份政策问题。支持这种政策的人认为沃尔泽的批判体现了北美的文化和道德帝国主义，这是试图把适于北美移民社会的公民身份理念转嫁到历史和传统非常不同的欧洲社会头上，这种观点值得深思。❶在这件事情上，我最终会拒绝这样的论点，但是我确实也发现了沃尔泽和我奉为标准的范畴与我们所在社会的实践极为吻合，这是麻烦所在。

我们是在这样一种背景下错置道德论证的，即文化想象不够明晰，甚至是无意识的。尽管事实是我对德国文化欠缺了解，但能充分地感受到德国文化与美国文化既相同又不同，我最清楚我能对德国公民身份政策做出合理的批判性的判断。我愿意对日本的公民身份政策做相同的批评性判断吗？如同德国，日本拥有限制性的移民归化政策，其对公民身份的理解与国家种族文化观紧密相关。最后，我也会批评日本的政策，但在这么做时，我更是诚惶诚恐。日本和北美之间的文化区别要远远大于德国与北美之间的文化区别，所以遗漏某些影响道德判断因素的风险更大一些。

---

❶ 例如，参见 Kay Hailbronner, 'Citizenship and Nationhood in Germany', in Rogers Brubaker（ed.）, *Immigration and Politics*, 67-79. 黑尔布隆的论文部分回应了我的文章（参见上文注释4），但是因为我维护了沃尔泽的立场，所以黑尔布隆对我的反对大体相当于对沃尔泽的反对。

说起我的疑虑和惶恐不是要提供我精神生活的信息，而是因为我认为这些感觉有道德相关性。在道德讨论中，重要的不只是我们最终得出的结论，还有我们认为与之相关的思考（甚至当它们的重要性下降时）以及对于我们的判断我们感受到的自信程度。这些事情之所以重要，是因为它们影响着我们对合理异见范围的看法，从而影响我们对值得尊敬的差别种类的看法。❶

普适和特殊的正义原则

文化差别影响着我们思考自由民主制中正义的方式，这是到目前为止我一直在探讨的问题。科威特和沙特阿拉伯没有宣称自己是自由民主国家，对我们来说，将对排他性公民身份政策的批评扩展至这类国家是否合适呢？我不清楚沃尔泽的答案是什么。一方面，很难依据共同的道德理念来诠释这种类型的批评。❷因此，沃尔泽有可能持反对态度。另一方面，我之前提到过，沃尔泽对新独立国家驱逐现有居民的批评形成于殖民主义终结之后，依据的现存道德标准似乎并非源自地方性共享理念。在同样的文本内，他说今后会

---

❶ 参见 Amy Gutmann and Dennis Thompson, 'Moral Conflict and Political Consensus', *Ethics*, 101（1990）, 64–88; John Rawls, *Political Liberalism*（New York: Columbia Univ. Press, 1993）; 和 Amy Gutmann, 'The Challenge of Multiculturalism in Political Ethics', *Philosophy and Public Affairs*, 22（1993）, 171–206。

❷ 把这种批评解释为依据地方性共享理念做出的就意味着要求大多数沙特阿拉伯或科威特人解释政府拒绝的自由民主原则。这揭示出了进一步的问题：谁的理念作数？我们如何判断谁对沙特阿拉伯或科威特共享理念的解释是最可取的？从自由民主的角度批评沙特阿拉伯或科威特的政策，依旧难以让人相信是依据共享理念做出的。

思考并拒绝这种可能性——居民被允许居留但不被允许获得公民身份，因此，对排他性公民身份政策的批评与这种更为广泛的底线伦理联系在了一起。（Spheres，43）

沃尔泽将如何回答以及应如何回答，不是我此刻想解决的问题。相反，我想探究他的分析展现出的模糊性。我认为这些模糊性指向了一种更丰富、更复合的正义理论，这是他的修辞所不及的。阅读（或重建）《正义诸领域》的一种方法就是认为它揭示了沃尔泽正义理论包含四个相互区别的部分。换用圆形范式，我们能把这四部分视为同心圆，前者包含后者。

第一部分涉及正义的底线标准，可应用于所有现代国家，无论其历史、文化或政治制度多么特殊。它在能够适用于所有国家，至少是所有现代国家的意义上是普适的。❶ 特别是在此意义上，即这

---

❶ 沃尔泽频繁使用历史案例引发了现代与过去道德标准之间的关系问题，他没有明确解决这一问题。沃尔泽的目的之一似乎是让我们注意在对善物的社会理解上存在差异，但又不想引起我们评判这些差异的冲动，因为道德批评是一种时代错置。但是，一种不同的、更具批判性的主题也在他的论述中发挥作用。例如，他花费时间探究，但没有最终解决雅典人对待客籍工人的方式是否正义的问题，原因是雅典流行的公民身份观不同于今天。他关注"客籍工人"而非奴隶，因为，他说道，"奴隶制的非正义没有在这些日子引发讨论，至少是公开的讨论"（Spheres，53）。考虑到沃尔泽的一般方法，让人琢磨不透为什么要遵从今天的正义标准。如果他拿问"客籍工人"的相同问题来问奴隶——依据共享的社会理念雅典人是否应认为奴隶制是非正义的——答案是非常模糊的。我认为在对过去做道德评判时，时代错置的危险是实实在在的。批评人们没有达到他们时代全然不知和从未听闻的道德标准违反了这一格言"应该蕴含能够"。如果道德标准在人们的认知范围内，即便人们没有切实掌握，那么道德批评也是合理的。例如，在《权利哲学》中，黑格尔肯定了历史发展的重要性，对罗马法律制度将孩子视为父亲的财产大加批评，因为罗马法律制度的基础是人和物有别的观念，这本应让他们认识到为什么把孩子当作财产是错误的。相反，尽管巴比伦的习俗更不符合现代伦理规范，但黑格尔在相对的道德评判上未置一词，原因可能是巴比伦文明没有为批评这些习俗的立场提供思想资源。

种对正义的理解被承认为特定时空、特点文化和历史的产物。这是"我们"对正义的理解。这里的"我们"是不确定的和开放的，涵盖范围超过特定政治共同体的成员而又没有扩展至全人类。如此一来，我们可以正义之名对一些政策、习俗和制度进行批评，尽管我们知道我们正在批评的政策、习俗和制度的主体没有与我们共享对正义的理解。在《正义与非正义战争》中，沃尔泽有意识地讨论了正义理论的这一部分；但是《正义诸领域》及相关的后续著作有多少可被置于第一环中解读呢，他是否认可呢？

第二和第三部分理论涉及的正义标准，可以多少有些不同的方式应用于现代自由民主国家。第二部分认可的标准在应用时可以不考虑既定国家的特定历史或文化。这些标准来自自由民主原则。这种类型的论证在《正义诸领域》中并不鲜见，不仅用在批评上面提到的对待客籍工人的方式上，也用在讨论金钱、权力、公职等许多部分上。

第三部分认可的标准，与自由民主国家对文化和历史的公共性理解更为偶然地联系在一起。沃尔泽对医保的讨论提供了一个范例。当他关注美国案例的时候，他并没有表明他展现的是美国人特有的理解。（是公共供给的反对者坚持认为美国人对医保持特殊的理解。）沃尔泽呈现的对医保的理解——它是基本的需求，应该由共同体提供给所有人——是一种（至少）为所有富裕自由民主社会共享的文化理念。在这样的社会中，正义要求在经济上可行的地方，医保要作为公共供给向所有公民开放。沃尔泽认为这种关于正义所需的观点是历史和文化发展的产物，与一种对医保的特殊理解紧密相连。

它不必然与自由民主的原则或普适的正义观相联系。

正义理论的第四部分——最里面的同心圆——包含的正义标准，与特定政治共同体的历史和文化联系紧密。融合和乘校车是沃尔泽提供的主要案例。在这个问题上，将我们对正义所需的理解与美国种族主义以及种族主义采取的特定形式剥离开是不可能的。的确，在我看来，威尔·金里卡（Will Kymlicka）的论证是有说服力的，他认为像罗尔斯和德沃金这样的自由理论家忽略了著名论断"隔离本质上就是一种不平等"与美国黑人个案的联结方式，因此没有看到在其他情况下正义不仅允许而且要求针对文化少数的隔离制度。❶

沃尔泽的修辞显示第四部分理论是他正义理论的核心，但实际上《正义诸领域》的论述覆盖了全部四个部分。那么，一个关键的问题就是，各环的大小如何。换言之，在多大程度上我们对正义的理解是普适的，在多大程度上是特殊的？我并非主张精确的量化，而是认为这一点很重要，即分辨清楚我们想给正义不同形式的特殊性理解以何种空间是合理的。提供这种分辨的一种方法是看一看在哪些关键话题上我们对正义的理解有别于他人，看一看我们是否把这些不同的理解视为应该尊重的那一类。

---

❶ Will Kymlicka, *Liberalism, Community, and Culture*（Oxford: Oxford Univ. Press, 1989）. 金里卡与沃尔泽的路数是不同的，他确实拿出一整章批评了《正义诸领域》。沃尔泽看重从不同社会的问题和实践入手我们所能获知的正义，我认为金里卡的论证与此吻合。

性别与民主

那么，考虑一下性别和民主方面的问题吧。我们是如何思考其他国家对待妇女的方式的？当然，在下判断之前我们应该"思考"妇女是如何被对待的。我们不能想当然地认为我们社会视为压迫的形式在其他社会也必然地被视为一种压迫。难道我们应该把"我们的"判断限定在"他们"理解的符合正义要求的男女关系上？这种理解涉及经济机会、教育、医保、公职的获取，等等。假如我们认可正义和性别都是文化建构出来的，我们应如何思考有别于我们的文化建构它们的方式？

我想知道沃尔泽是如何应对这些问题的？他对种姓制度的讨论显示唯一有意义的批评是一种内部批评，但正如我试图证明的那样，其他部分的论述特殊主义色彩就不那么浓厚了，沃尔泽提请我们注意文化差别无疑是正确的，他坚持认为像所有道德那样，正义至少在许多重要方面是文化的创造也是非常正确的。我们太容易走偏了，把我们的特殊理解当作普适规范，误解不同于我们的制度和习俗。作为自由主义者，我们应该有坚实的历史和理论根据警惕这种偏颇行为和误解。现在还有人认可（或复制）19世纪许多自由主义者那种面向亚洲、非洲、美洲本土文化的自鸣得意的优越感吗？另一方面，诉诸差别是任何一个专制政体抗击外部批评的第一道防线："你们不了解我们的情况、我们的生活方式以及我们的人民。"

以女性割礼问题为例，这是许多国家维持的习俗，主要是非洲国家，但中东和东南亚也有，推行割礼的人们来自不同的文化和宗教传统，其中一些属于穆斯林（尽管大多数穆斯林没有遵从这种习俗）。那些反对西方批评割礼的人经常论证道，这种批评是西方文化帝国主义的现代翻版，因此是不正当的。看来有必要区分两种反对西方或外部主义对割礼的批评的类型。一种质疑了外部批评的内在价值，主张习俗的道德地位只能置于维持它的文化价值和理念中来评价。另一种质疑了这种批评的有效性，试图在特定的语境中质疑它的意义和目的。

我对第二种反对抱有些许的同情。化繁为简，这相当于这样一种论证，即外部的批评起的是反作用，会引起人们的防范，使这种习俗维持的时间更久，如果让他们自己内部讨论和协商的话不会如此。注意，这种论证预设了习俗的不合理性，只是声称一种策略比另一种策略优越，而两种策略在废除此种习俗的目标上是一致的。这种论证在一些案例中有效，另一些则不然，我不知道在这一案例中它能发挥多好的作用。

对我的头脑来说，一种更复杂、更具吸引力的反对方式是关注割礼在移民的现代讨论中扮演的象征性角色。❶ 这些讨论常常关注穆斯林移民的"异域"价值引起的问题，特别是性别平等问题。在这种语境中，女性割礼问题经常被用来说明和界定可能的价值冲突的本质。隐含的结果是把西方与文明等同、把伊斯兰世界与野蛮主义等同，进而认为伊斯兰国家的移民是威胁，因为他们是这种野蛮文化的承载者。这些认识是有可能出现的。因为从来没有人提到过

---

❶ 这段的论证归功于迪莱克·西纳（Dilek Cinar）。

在伊斯兰国家内部有大批人依据文化和宗教反对女性割礼，从来没有人提到过移民并没有全盘接受他们选择离开的国家的主流文化传统，所以，也从来没有人提到过西方自由民主国家在性别平等问题上的失败和不足。❶

这种反对适时提醒我们关注这样的事实，特定问题的道德讨论可能有值得我们仔细审视的象征和政治功能。对女性割礼问题的思考使我想起了在小学和中学，我获得的教育当中唯一关于印度的就是殉夫自焚，这是印度教的习俗。按照这种习俗，寡妇要在他们丈夫的火葬仪式上被活活地烧死，后被英国殖民当局宣布为非法。没有殉夫自焚的捍卫者指出我们能从印度文明中学到其他可能更为重要的东西，也没有辩护者指出对这种习俗的关注绝非偶然。

对女性割礼唯一合理的道德批评要立足于遵守这一习俗的共同体的地方性理解中，对此人们可以不予接受，舍此，仍然可以增强反对女性割礼象征性误用的力量。很清楚，女性割礼是承载文化意义的习俗，与特定共同体对性和性别的理解缠绕在一起。但是，我认为这种习俗是非正义的，因为它对年轻女性的身体造成了永久的伤害。基于这一事实，它的地方性意义以及遵从这种习俗的人们接受这种意义的程度就与我无关。

因为它对儿童的身体造成了痛苦、永久、蓄意的伤害，依据地方性理解维护女性割礼是困难的。与女性相关但无身体伤害的习俗又如何呢？这里的答案是模糊不清的。检测一个人的正义理论有多

---

❶ 伊斯兰世界经常出现的一种批评是女性割礼是前伊斯兰传统，因而在伊斯兰教中找不到任何依据。

少落入最外环、有多少落入最内环的一种方法，就是问下面的问题。有没有性别相关的规范和习俗在你看来是正义的？前提是它们被特定社会中的人们作为文化和生活方式的一部分而接受，但这样的习俗因违背公民身份原则在你的社会中被认为是非正义的。

以这种方式提出这个问题，不是说现代自由民主国家已经实现了性别平等。相反，考虑到身体安全、经济机遇、政治权力以及几乎所有其他重要的生活机会，性别明显不平等。但我也认为性别平等（其含义当然是聚讼纷纭的）提供了批判性的正义标准，可用来评估加拿大、美国以及其他自由民主国家的公共制度和习俗。问题是它是否提供了用以评价其他社会公共制度与政策的同一的批判性标准。

我希望沃尔泽在回应论文集中的文章时解决这个问题。坦白而言，我自己不知如何回应。一方面，我感受到了沃尔泽关于文化特殊性的论述具有的力量。另一方面，我无法想象这种性别差别习俗的实际案例，在其他的社会中可为它的正义性辩护，在我们的社会中则不然。我可以通过想象建构这么一个案例，但是于我而言至关重要的是只诉诸现实，而非假想的案例，只诉诸从现代社会中提取的案例，以避免与历史案例伴随的时代错置问题。在道德探究中，我不排斥使用假设。需要注意的是这一点，假如你不能想出许多性别差别习俗的实际案例，在其他社会中是正义的，在你的社会中是非正义的，那么你对正义的理解实际上呈现出了强大的普适形式，而不管留给特殊性的正式空间如何。

浮现的这些问题不仅是如何理解正义的理论问题，更是要求行动的具体问题。例如，中国领导下的几个第三世界国家，强行通过了几个国际人权法的修正案，特别是关于性别的修正案，理由是它们反映了西方自由主义对女性在社会中应扮演的角色的观点。我们应该如何应对这样的要求？而且，尽管在关于移民的讨论中使用女性割礼议题是成问题的，但到达欧洲和北美的移民浸染的各种文化，有别于大部分现有人口忠于的文化，一些涉及性别，一些是作为公共政治议题浮现。现有人口该如何尊重以及如何挑战这些既有的文化信仰呢？假如我们把对正义的探究理解为评价共享理念上相互冲突的解释，当对正义所需的理解出现不一致，而这种不一致又来自根深蒂固的文化传统差别时，我们该说些什么呢？❶

在性别上我提问的这类问题可以扩展到民主观念上。同样，我首先是对沃尔泽抛出这些问题的，期望他能解决，但也是对读者抛出的，在澄清他或她自己对正义的理解上能发挥作用。大体来说，关于正义的问题是这样的：在多大程度上民主理想的规范力量与不同于我们的特定共同体的共享理念耦合？

这一问题有两个维度。第一，我们应该尊重其他共同体内含的共享理念，这种观念本身是不是一种民主的论证，一种经过修正的用共享理念替代其他形式的同意作为合法性基础的同意理论？但是我们是从"我们自己"的传统和理解中获得"那种"论证的，并不

---

❶ 当然，这些深刻的文化差异可能并非来自移民，而是来自人口中久已存在的团体。就像威尔·金里卡指出的那样，在这种情况中，沃尔泽的描述似乎将统治团体置于优先位置，这对共享理念来说是非正义的（参见 *Liberalism*, ch.11）。另一方面，我认为金里卡的文化共同体观过于严苛，低估了不同文化背景的人创造共同政治文化的可能性。

是从其他社会的特定文化中获得的。他们中有些人会分享这种对民主的信奉，有些则不然。所以，基本问题真的不是"他们"认为什么正确，而是"我们"认为什么正确，我们"应该"如何思考才是对的？我们的正义观包含了对文化差别的尊重，却是一种权衡人权和性别平等以及其他价值的正义观。

第二，当今世界是否还有缺乏民主制的国家——说得更直接些，自由民主制度——以道德视之不存在严重的问题？不绕那么多弯子了，现实当中是否还有专制国家没有因为民主制的缺失而被认为是非正义的？假如答案是"没有"——不管原因如何——就意味着远不是许多《正义诸领域》的读者认为的那样，正义为特定共同体的共享理念相对地决定、正义具有文化上的特殊性。如此，第一个同心圆和第二个同心圆之间的区分就消失了。如果答案是"有"，那么面对的挑战是"正名"并说明为什么它并非非正义。

在关于性别的讨论中，我诉诸实际案例。不民主但正义的国家得是真实的国家，而非想象的国家；得是现代的国家，而非历史上的国家。沃尔泽理论方法的一个伟大品质是从真实的道德论证和真实的政治案例入手。一些哲学家严重依赖不合理的假设支撑他们的意图，沃尔泽对他们的批评是正确的。难怪《正义诸领域》的一般原则——特别是关于共享理念的论证——好像为社会制度与现代自由主义格格不入的国家开启了正义的前景，但他一开始给出的现实中的激进案例却是一幅种姓制度中印度村庄的理想画面。这并不是一个国家。印度是一个国家。但这种描述不能合理地运用于印度整个国家。这甚至也不是现实中的村落，没有囊括现实中村落文化具有的全部错综复杂性。假如没有真实的案例来支持这些原则，可能是这些原则本身比看上去更不稳固。

  让我谨慎地做出结论。我不想过分强调前几页中的普适主义。我认为确实有存放地方性正义的许多重要领域，在许多情况下我们尊重其他共同体的共享理念就好了，即便他们与我们的不同。但是在其他情况下，我们不能也不应该尊重这些共享理念。我们如何区分这些案例，依据什么以及我们的区分是否有意义，都是重要的问题。解答它们需要的正是沃尔泽的比较和诠释探究法。但沃尔泽自己没这么说。为了给予特定共同体的共享理解以明显的优势，他止步于此，没有充分展示政治理论更合人心的一面，尽管他的著作已经使我们看到了这一点。

3. 领域正义与全球非正义

布莱恩·巴里

得益于大卫·米勒精彩的导论,我已无须介绍《正义诸领域》❶中的主要观点。《正义诸领域》引发了政治哲学家们关于正义问题的持续不断的争论,这本论文集的存在本身就证明了《正义诸领域》的重要贡献。因此就让我言归正传吧。

社会意义与正义标准

《正义诸领域》中最具特色与挑战性的主张是,社会成员在自己中间分配物品,既定社会需要什么样的正义,可通过向社会成员解释共享物品的社会意义而确定。一旦确定了物品的意义,相应的分配标准也随之确定。现在,我认为有可能找到纯粹的案例,待分配物品的字面意义与社会对其意义的理解是一致的。思考这样的案例:为最合标准者颁奖,而奖品没有固定的价值。(在最极端的情形下可

---

❶ 这一章使用的部分材料首次出现在'Intimations of Justice', *Columbia Law Review*, 84(1984),806–815.(New York: Basic Books, 1983)。

以没有物理对象，甚至连一束玫瑰花或一纸证书也没有，也没有官方颁奖仪式，只是简单地让观众和其他竞争者知道，某人赢了。）让最合标准者得到奖励，无疑是公正的。（不仅仅让参与者相信是公正的，而且事实上也确实如此。）认为奖励标准另有依据是荒唐的，因为奖励依据的标准发生变化后，"那种"奖品就不复存在了。

乔治·西美尔在《金钱哲学》中对荣誉性奖励的论述，与上述内容若合符契。但在接下来的论述中，他指出了这种纯粹案例的局限性：

> 只有在小而团结的群体中，荣誉的承受者才会高人一等，而非低人一等。希腊部分地区因利益而结成一体，奥运冠军的名字会在整个地区传唱。金钱奖励具有个人主义特征，适用于大群体的成员。与小群体的团结相符的非个人主义特征，由下述传统完美呈现：因良好政绩而被雅典五百人大会授予的黄金花环，会被置于神殿中。在规模比较小且封闭的利益群体内，例如，对体育比赛和产业专家来说，荣誉性奖励即使在今天也值得肯定。但现在，群体的封闭性和同质性被开放性和异质性所取代，表彰群体合作的名誉性奖励也难免被金钱奖励所取代，这也意味着表现成为最终的判断标准。社会群体扩大到要求以金钱来衡量价值，因为规模的扩大必然导致个人的原子化。大群体与小群体不同，相同的行为不可能在大群体中唤起相同的情感，大群体的分化要求不同的奖励方式，使荣誉的接受者不再依赖于整个群体的同意与合作。❶

---

❶ Georg Simmel, *The Philosophy of Money*, tr. Tom Bottomore and David Frisby (London: Routledge&Kegan Paul, 1978), 348.

玫瑰花或证书的价值来自奖励依据的标准，金钱奖励的价值既来自奖励依据的标准也来自金钱。我占有属于你的"最佳品种"的玫瑰花没有意义，除非我能说服人们相信那是我的狗赢来的。但是窃取你诺贝尔奖的支票对我来说价值连城，即使把荣誉留给你也值得。考虑到警察会插手此事，金钱对我的吸引力建立在这一可能性上，即奖励的金钱价值和奖励的来源之间的分离。正如西美尔在《金钱哲学》中所强调的，金钱的本质特征在于它的匿名性：无论多少人经手都能保留住原先的价值。

所有这些与沃尔泽论文的契合点在于：在最受推崇的奖励是"夹在小信封中的大额支票"的时代，奖品的意义就不再只是奖励的标准。作为公共荣誉，奖品的意义由产生它的标准决定；作为冷冰冰的现金，奖品的意义就只是金钱的意义。社会对金钱的认识很简单，就是凭金钱可以合法占有商品和服务。的确，金钱来自社会契约，但社会契约本身不会决定金钱分配依据的具体标准。

认为金钱的意义不包含特定分配标准的想法，可能会遭受质疑。沃尔泽早期的一篇文章《捍卫平等》预示了《正义诸领域》的主题，他在这篇文章中说道，自己"被金钱领域内的'结果平等'所吸引"❶。他还尝试提出了一个带有平等主义意蕴的主张，那就是，如果人们收入平均，像帆船这样的奢侈品将"被那些愿意舍弃其他物品和服务，也就是真正想拥有它的人所购买"❷。尽管他没有明确地将之与金钱的本质意义（这个观点当时还未出现）联系在一起，但这么说也一样，

---

❶ Michael Walzer, *Radical Principles* (New York: Basic Books, 1980), 250.
❷ Ibid. 251.

金钱的意义在于它是满足欲望的手段，平均分配是确保满足最迫切欲望的最好方法。果真如此的话，从金钱的意义出发就可直接推演出功利主义的分配原则，进而（通过缩小边际效用）得到一个平均主义的结果，整个过程水到渠成。但很清楚的是，若没有一个实质性前提——商品应当流入最渴望它们的人的手中——发挥作用，那么平等主义的主张就难以立足。不然，人们就会接受货币的约定意义，将其视为对商品和服务的合法占有，同时坚持认为从中不会衍生出分配标准。《正义诸领域》有一章是关于"货币与商品"的，在此章中已不见平等主义的身影，所以沃尔泽已断定平等主义的主张站不住脚了。因此，我们就回到了那个结论，货币的意义不蕴涵正义的分配标准。

借此，可检验沃尔泽的主张，沃尔泽希望并认为自己一直持有强约定主义观——分配标准和物品的意义不可分割地联系在一起。如果货币的意义不蕴涵特定的分配标准，沃尔泽将推断出货币的任何一种分配都是正义的，这也是我们看到的事实。以正义观之，担忧货币分配的唯一理由是，货币越出合理的边界影响其他领域的分配，这是一种持续的威胁，例如，政治权力就应有自己独立的分配标准。但是，按照沃尔泽的观点，并不存在本身就非正义的货币分配标准。

一旦我们阻止了每一个不正当交易，把货币限制在它应发挥作用的领域，我们就没有理由担心市场提供的答案了……有了正确的障碍，就不会发生诸如消费物品分配不公这样的事。从复合平等的角度看，你有一艘游艇而我没有；她的高保真音响设备的音效比他的好得多；再或者我们从希尔斯百货买了毛毯，而他们是从东方百货买来的，等等，这些都不重要。人们或许会关注这些事，又或许不会：那是一个文化问题，而不是分配正义的问题。只要游艇、高保真音响以及毛毯只具有使用价值和个人化的象征价值，对它们的不平等分配就不是要紧事。（*Spheres*，107–108）

在我看来，认为货币分配无关乎分配正义以及不平等的分配无关紧要，真是令人匪夷所思。很明显，分配正义对绝大部分人来说都至关重要，并且理应如此。沃尔泽提到的游艇、东方商场的毛毯和顶级高保真音响设备这些东西并不重要。我拥有上述物品中的两样，作为拥有者我并不想抹杀掉它们的重要意义。但将讨论局限于奢侈品是挂一漏万，因为在市场分配中，人们的生活必需品甚至都无法保障。阻止全部沃尔泽认为应当阻止的交易，一点也不妨碍部分人没有衣食住行方面的消费能力。（我们将看到，他只是明确反对"医保"的商品化。）

　　人们确实会讨论货币分配问题（包括财富和收入），而且是从社会正义的角度展开讨论，这种情况将沃尔泽的分析置于明显的尴尬境地。沃尔泽和哈耶克都认为这种讨论没有任何意义，二者心意相通让人颇感意外。他们都错了。他们把货币越界的问题抛诸脑后，只关注货币满足拥有者购买消费品的"意义"。市场分配会造成购买力上的巨大不平等，为此提供道德合法性论证是成问题的。再者，认为"市场"本身没有问题、是独一无二的制度，属于经济上的无知。市场制度的运作，依赖于精致的法律体系提供的环境，只拣若干主要的法律来说，比如消费者权益保护法、环境法、劳动者健康和安全法以及工会法。需要注意的是,这些讨论围绕各方面的平等性展开,别具特色。

沃尔泽认为货币的"意义"不能决定货币的分配,所以货币分配与正义无关。论及其他物品时,他又期望:善物的"意义"决定正确的分配。我认为这种观点难以成立,无论在何种情形下,为使理论发挥作用,他硬将分配标准建立在意义上。沃尔泽的描述方式使意义和分配标准呈现出牢固的关联性,但并不见得一定如此,因为善物的意义与分配标准之间也是有变数的。讨论正义如何就得知道待分配的善物的社会意义是什么,但善物的社会意义不会排他性地决定正义的分配标准,这是沃尔泽需要做出但没有做出的区分。沃尔泽擅长证明工作、休闲、健康、教育以及宗教救赎等的意义因社会而异。他认为如果不知道不同物品的分配对人们意味着什么,那么讨论社会正义就是无稽之谈,这无疑是正确的。然而,麻烦在于,仅是这样还不足以达到他的目的。沃尔泽需要具备这样的能力,即证明一旦他建构起了意义,正义的分配方式就会呱呱坠地。但这是做不到的。我来做一下说明吧。

在关于"安全与福利"的那一章中,沃尔泽富有成效地论证了什么算作"需求"在很大程度上取决于社会。对古希腊和古罗马公民来说,公共浴室是第一位的需求,但它很难被列入现代社会的基本需求清单。在我们看来,医保是一项需求,但并非一直如此。沃尔泽没有提到的一个原因是,自20世纪40年代以来,发达的医疗诊治才明显占据优势。在那之前的一百年间,重点放在了改进卫生设备和提高免疫这些公共卫生措施上,这是对当时真正起作用的措施的合理回应。

到目前为止一切顺利。沃尔泽现在主张，鉴于医保在现代社会（包括美国）中的地位，应当将其从市场中剥离，只依据病人的需求提供集体医疗。恰好我也这么认为，但我无法理解的是，依据"被需求的物品不是商品"（*Spheres*, 90），他就得出了这样的结论。毕竟食物、衣物和住房（包括供热和能源）是更基本的需求；但沃尔泽并没有论证即使价格合理也不能在市场上销售这些物品。或许（尽管我注意到他并没有这样说过），他在这里认为，应当照顾人们的需求，办法是给那些无力购买最基本物品者提供一定数量的资金，并让他们自由使用这部分资金。但这样的话，就可以对医保做出同样的分析，并将其视为另一种被需求的商品。好的论证可以反驳这种分析，那就是指出医保的特别之处——尤其是监督供应者的困难，这种困难存在于所有付费服务中。但是，使人们认可医保是一种需求而非市场交易的商品，还有很长的路要走。

然而，可以深入探讨这个论点。先不论供应的形式——无论表现为公共服务，还是资金或抵用券——我无法理解的是，如何能从关于需求物的社会认知中直接推演出正义的要求？当然，哪个社会都知道为了生存，人们需要食物——这是最基本的需求——但很多社会还没有认识到要通过集体供应消除饥饿。在我看来，沃尔泽不得不回答说，一个没有强行要求消除饥饿的社会，没有把食物理解为一种需求。我们自然会发现，如果某物被视为一种需求，那么人们就会同意必须把它供应给所有处于短缺状态中的人。过去那种"它是被需求的，所以应被供给"，已被想当然地转变为"它应被供给，所以它是被需求的"。

我认为，相同的思路可以用在对公职、教育诸章的批评上。我简要讨论一下"自由时间"这一章，这是全书写得最好的几章之一。在这一章中，沃尔泽论述了自由时间在不同社会的不同意义，启人深思。他还比较了公共假日与现代私人假日，前者用于宗教或公民庆祝活动。他相当准确地指出，"自由时间"范畴太抽象了，不能用来讨论正义分配，我们必须清楚被分配的究竟是什么。"自由时间没有唯一正义或必然的结构"（*Spheres*, 196）。但我无法理解沃尔泽是如何从中得出结论说："需要得到保护的权利……不被排除在彰显个人占有时空的休息形式之外。"（同上）当然，会有人同意美国的大多数人拥有假期，但这并不意味着他们认同每个人都有或应该有休假的权利。这是沃尔泽施加的限定，但他的平等主义主张——核心权利人人共享——正好使他处在这种限定之外。

正如我们看到的，沃尔泽能从众多物品的意义中得出确切分配标准的唯一方法，就是将分配标准植入意义当中。为了得出自己的结论而强行将意义植入美国人的理解中，就相当于断定美国人在一定程度上已经接受了相应的分配标准。无论沃尔泽多么努力地从既有实践中发掘社会成员目前还未发现的深意，以使自己有施展的空间，在我看来，都是徒劳无益的。此处，应提一下大卫·米勒的观点，他不认为沃尔泽的方法具有内在的保守性。米勒给出的解释是：沃尔泽本人从这些方法中得出了激进的结论。但这就跑题了。问题不在于沃尔泽的想法是什么，而在于他是否有条件去想。

我个人认为，那些接受了沃尔泽方法的人，可以轻松抵制他的激进结论。为了成功说明美国制度在逻辑上指向一种全国性健康服务和工人自治，他不得不证明既有制度缺乏内在融贯的理据。在我看来，这一主张荒谬至极。无论是否乐意接受，非常清楚的是，对医保的国家干预只应出现在市场失灵的地方：为无力支付保险的老弱病残提供庇护；为作为公共善的基础医疗研究提供资助。同样，私人产权观念遍布人心，这种融贯性的理据也要求个人拥有并控制公司。几乎没有美国人相信，对政治民主制的支持要求工人控制公司，因此假如沃尔泽有能力令人信服地证明人们对自己实际想法的理解是彻头彻尾错误的，那将是了不起的成就。这并不是说，不可能树立工人自治的典型案例。但按照沃尔泽的方法无法做到。

正义与共识

《正义诸领域》中的正义理论是什么？认为它存在于两种观念中是很自然的。一种是"复合平等"观：认为正义依赖于诸领域的独立自主，各有各的分配标准。另一种是本文一直关注的：社会成员赋予物品的意义决定了正义的分配标准。然而，这两种观念存在张力——第二种观念有可能推翻第一种观念。要想理解这些，就先要认识到，正义需要的"分离的艺术"只有在对此有共识的社会中才会出现。如果某个种姓、种族或民族团体的成员，设法说服他们社会中足够多的其他人相信，他们命中注定拥有财富、权力、教育、精神统治权以及舒心的工作，那么这就是他们的社会所要求的正义。沃尔泽强烈反对一般理论，但只有这种理论能说出沃尔泽明显想说但又不能说的话：正义具有固定的属性，即便落后社会中的大多数人对正义有不同的理解，也不能动摇正义的固定属性。

认识到沃尔泽没有走向通常所谓的道德相对主义立场是很重要的，或许将其描述为道德怀疑主义更确切一些。他也不赞同，比如说，伯纳德·威廉斯的立场：我们不能任意批评那些与此时此地的我们不同的社会群体，他们的生活方式已经成为过去。❶尽管他说自己的目标是"向（他的）同胞公民解释共享的意义世界"（*Spheres*, p. xiv），但对于公元前5世纪的雅典公民，他也做好了同样的准备，并在此基础上得出雅典公民的正义观——道德的而非历史的判断。最好将他的立场描述为约定主义的而非相对主义的：关于待分配物品的意义，社会成员有共享的理解，这种共享的理解决定了每个社会的正义观（什么是真正的正义，不只是所谓的地方性正义）。既然这些意义是由社会界定的，那么何为正义就是约定而成的。

与之对立的观点认为，"正义"是我们语汇中的一个单词，根据大部分说英语的人使用这个词的方式，说印度的种姓制度正义是不对的——即使印度民众一致认为它是正义的也无济于事。与此相似，基于我们的信念，我们中的大多数都倾向于认为阻止女性追求高等教育和付薪职业是非正义的，即使这种在地方上流行的正义观被产生它的社会广泛接受也不行。如果沃尔泽有异议，他就必须为自己的提议（概括地说）——正义就是不同社会成员认为的那样——做

---

❶ Bernard Williams, 'The Truth in Relativism', *Proceedings of the Aristotelian Society*, 75（1974-5），215-228. 再版于 Michael Krausz and Jack W. Meiland（eds.），*Relativism Cognitive and Moral*（Notre Dame, Ind.: Univ. of Notre Dame Press,1982），175-185，以及 Bernard Williams, *Moral Luck*（Cambridge: Cambridge Univ.Press,1981），132-143。

出普适性的道德论证。但需要注意的是，如果这样做，他就无法诉诸大多数美国人的想法，因为我认为大多数美国人相信人权。（如果他们信仰自己的建国文件《独立宣言》，他们必然是相信人权的。）

据我所知，为了支持自己的强约定主义立场，沃尔泽提出了两个观点。在我看来，贯穿于他某些作品中的一个观点相当令人困惑。那是一种变更主体的煞费苦心的做法，依据局外人的强力干涉是否合法来判断是非。沃尔泽在《正义与非正义战争》❶中明确捍卫了不干涉主义的立场，之后就批评做出的答复更是如此❷。当然，在别国事务上，存在大量反对干涉的巧妙说辞；但几乎没有说辞是受利他动机支配的；即使有，结果可能也是事与愿违。沃尔泽想要突破这一点，主张任何国家都没有权利为增进自身利益而干涉他国。这就更成问题了，但为论证的缘故，我们接受这一主张。这并不妨碍我们认为自己有权用自己国家而非他国的正义标准去评价他国的正义情形。所以，即使我们接受了这个主张，也不能得出想要的结论。

在《哲学与民主》一文中，❸沃尔泽论证的观点是："人民"应当能够在不违背司法限制的情况下，或多或少地做一些愉悦自己的事。很明显，这也是个有争议的观点。但是，让我们再次接受吧。正义于此无所出。很容易发现个别人可能会有非正义的举动，以个人权利视之不存在问题，但站在其他角度看却是错误的。一个群体有机会在权利范围内行不义之举的危害更大。在撰写《哲学与民主》

---

❶ Michael Walzer, *Just and Unjust Wars*(New York: Basic Books, 1977).
❷ 'The Moral Standing of States: A Response to Four Critics', *Philosophy and Public Affairs*,9(1980), 209–229.
❸ *Political Theory*, 9(1981), 379–399.

的时候（比《正义诸领域》早两三年），沃尔泽似乎准备承认，哲学家能合理地形成自己的正义理论，即使他们不应脱离一般政治程序贯彻正义理论。但后来甚至对于政治哲学家独自解释正义理论，他都感到厌烦，我想，这是他将内部干涉观和外部干涉观并置的缘故。也就是说，他现在可能认为，如果"人民"有权根据他们的共享理念立法，那么依据正义的哲学理论批评共享理念就难以立足。

从《正义诸领域》一个被经常提及的段落里，会发现或许是对约定主义的另类辩护。它是为了回答这样一个问题："通过什么特征可以判断我们彼此是平等的？"沃尔泽的答案如下："我们（所有人）都是文化的产物；我们创造并生活在意义的世界里。鉴于大家对社会物品的理解，无法对世界分级排序，我们就通过尊重人们的特殊创造来对实际生活中的男女施行正义……践踏这些理解就（常常）是不义之举。"(*Spheres*, 314)"践踏"和"举动"表明，沃尔泽脑子里仍然想着政治干涉。但我认为，沃尔泽相信他为约定主义的正义提供了独立论证。就是同意创造了正义。应当记起，在《义务》[1]那本相当早的书里，沃尔泽宣称，各种方式表明，我们应当寻找一个以实际的同意而非（就像在大多社会契约理论中那样）假设的同意为基础的政治义务理论。如果正义建立在实际同意的基础上，我们就能理解沃尔泽是如何得出结论说，外部判断是不可靠的。

但对正义来说，实际同意有多可靠呢？沃尔泽告诉我们，大家都是文化的造物。然而，如果这是（如他所说）人类平等的基本方面，

---

[1] New York: Simon & Schuster, 1970.

那么明显的反驳是，一部分人比其他人地位高。沃尔泽拒不研究微观过程，那需要探究信念的形成和维系。在正义诸领域的清单中丝毫看不到沟通方式的影子。如果在报刊发行和电视节目等媒介中消除了金钱的力量，那么如何组织沟通呢？而且，考虑到金钱的影响无所不在，即使沟通后产生了同意，同意又能有什么价值呢？

对沃尔泽来说，这些都是棘手的问题。一旦承认同意会因为——说服资源的不平等分配、缺乏教育、缺乏思考替代选择的机会（或事实上是压制机会）、对自己和他人社会的无知——而失去效力，那么理论就无用武之地。我们或许要补充说，即使这些情况都不存在，在一个事实上不平等的社会，同意还是存在问题的。对于那些相对贫困又看不到任何改善前景的群体，如果告诉他们自己的地位注定如此，还能让他们好受一些。

至此，我还没说到沃尔泽约定主义中最明显的缺点，那就是假设在分配标准上存在共识。如果不存在共识（例如，在美国就没有），那么诉诸共享理念，就只是一种宣传手段，理论家用来推进自己的思考而已。（注意到不同理论家宣称从共享理念中得出了一系列结论以及共享理念回应他们结论的神秘方式后，就更加确信的确如此。）然而，这些论述的关键之处在于，即使我们找到了一个社会，这个社会在某些方面达成了共识，能解释这种现象的最可信的原初假设是，现状的受益者施加权力于沟通方式、教育和教义之上，从而导致了这样的共识。

在这一论证逻辑的引导下，我们会认识到：与正义相关的并不是实际的同意，而是假设的同意。无论一个社会存在共识还是各执己见，问一问导致曲解的源头消失后人们会达成什么样的共识是有意义的。现在，我不怀疑见多识广的民众在平等的条件下进行协商达成的共识之一是：不同物品的分配标准是不同的。这种观点已属老生常谈。它是所有非哲学家的想法，也是几乎所有哲学家的想法。问题是如何证明这样的标准是正当的。沃尔泽诉诸"社会意义"，我认为替代性的方法是先构建正义理论，然后展示如何从中推导出这一标准。

在这里，我做不到这一点，但我可以提供一个这种类型的例子，就是罗尔斯的《正义论》——一本沃尔泽从来没有吃透的书（作此判断的依据是他在《正义诸领域》第5章以及其他地方的评论）。❶罗尔斯与沃尔泽看法一致的地方有：基本的公民和政治权利应当平等分配，工作应当按照机会平等的原则分配，教育应当按照获益能力分配。他还同意有必要防止财富不平等破坏政治平等，而且他讨论了达成这一目标需要什么样的制度，这与沃尔泽的论述旗鼓相当。❷与沃尔泽不同的是，他还有一个收入分配标准，即差别原则。但他完胜沃尔泽的地方在于先建立正义理论，而后依据正义理论对这些标准进行阐释和辩护。

---

❶ 我已在其他地方批评过沃尔泽对待罗尔斯的方式，此处就不再重复了。见我的'Social Criticism and Political Philosophy', *Philosophy and Public Affairs*, 19（1990）,360–373; 再版（添加了若干新材料）于我的 *Liberty and Justice*（Oxford: Clarendon Press,1991）, 9–22. 这里讨论了沃尔泽后来出的两本书，但他对罗尔斯一直以来的误解在《正义诸领域》中就可见端倪。

❷ John Rawls, *A Theory of Justice*（Oxford: Clarendon Press, 1971）, esp. 226–227.

只是联系？

我想联系我的题目——"领域正义与全球非正义"——结束本章。从沃尔泽的特殊主义中可直接得出这样的结论——他乐于接受的结论——不存在国际性分配正义这种东西。沃尔泽认为共同体由一群共享社会物品意义的人组成，就此而言，明显不存在国际共同体。我想指出，如果有正义理论认为这样的世界——贫穷国家的财富净流入富裕国家，美国消耗了全部能源的40%，而全球四分之一的人口没有基本的生活保障——是正义的，那么这样的理论就是在自掘坟墓。如果沃尔泽想知道谁说这违背了正义的要求，我的回答是：我说的，而且我相信，能合理给出一堆这样说的理由。❶

沃尔泽可能会回应说，我对正义的看法即使被我所认为的好理由所支持，也几乎不可能带来我认为必要的全球转型。我当然承认这一点：我怎么能否认呢？我认为对世界上的大部分地区来说，最有可能的未来就是当前趋势的继续，人口过剩、环境退化、文明秩序解体。既然正义在过去的国际关系中从未显现过，也因此从未在大多数国家的国内事务中显现过，为什么我们应当期盼它现在突然开始发挥作用呢？

沃尔泽认为让美国变成工人控制的社会民主主义社会蕴含在同胞公民的信念中，我个人的观察是，他据此推动这一转变的努力不

---

❶ *Theories of Justice*（Hemel Hempstead: Harvester-Wheatsheaf/Berkeley, Calif.: Univ. of Calif. Press, 1989），和 *Justice as Impartiality*（Oxford: Clarendon Press, 1995）发展了我希望捍卫的理论。

会成功。说得严重些，政治哲学家耽于影响力，最好的情况是分散注意力，最坏的情况是腐化。无论不得不说的话是否受欢迎，政治哲学家们都应当说他们认为正确的话。或许他们最终将幸运地拓宽政治思考的边界。但是，如果我们开始迎合观众，告诉他们说如果足够的观众相信同一件事，说他们都错了是没有意义的，那么就连拓宽政治思考的边界都不可能实现了。

4. 正义的经验性研究

乔恩·埃尔斯特

正义研究落入三种主要的范畴：描述性的、解释性的和规范性的。正义的描述性研究旨在甄别社会行动者持有——或遵从——的正义认知。解释性方法试图辨识可解释描述性发现的独立变量。正义的规范性研究旨在确立有效的和立得住的正义概念。迈克尔·沃尔泽的《正义诸领域》❶明显包含这些角度中的第一个和第三个。纵观全书，沃尔泽试图识别和描述诸多不同范围或"领域"内公民"共享理念"与善物分配的关系。而且，在不同的场合，他就特殊的分配实践提出了规范性的批评或建议。就我所知，他没有提供共享理念（换言之，正义认知）的因果解释。图1证明了他解释中的漏洞。

在图1中，窄箭头代表证成（或批评）关系，宽箭头代表因果关系。在关于美国福利制度的论述中，沃尔泽写道："已经建立的供给模式不符合安全和福利领域的内在要求，公民的共享理念指向更为精细的模式。"（*Spheres*，85）这句话揭示了共享理念和特殊领域的逻辑

---

❶ 感谢大卫·米勒对本文耐心并富有建设性的帮助。尽管本文是在比较宽泛的框架内展开的，但目的是与沃尔泽进行持续的对话。（New York: Basic Books, 1983）

如何影响对具体实践的评价。讨论老兵在公务就业中享有优先权的政策时,他首次写道,原则"似乎被广泛接受"但"把公职当作偿付债务的通货是非常错误的"(*Spheres*,154n.):如果我没有理解错,他在此处认定公民的共享理念违反了公职领域的内在逻辑。❶尽管沃尔泽没有提供共享理念的因果解释,我推断他会同意于这些案例中研究未知的 X 是合理之举。换成内在逻辑和共享理念相符的案例,他会觉得索然寡味。

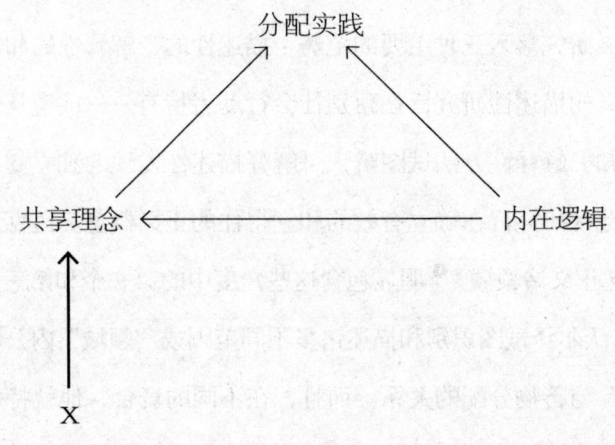

图 1

本章的主体内容用来研磨分配正义的三种研究方法(描述的、解释的、规范的)及它们之间的关系。在此过程中,我能就一些具体问题比较沃尔泽和我的分析。最困难的是经验发现与规范分析的

---

❶ 他可能也宣称这一案例说明了我们共享理念中的一部分(如何回报老兵)是如何与另一部分(如何分配公职)矛盾的。但从这个案例中,很难看出为什么需要调整的是前者而非后者。

关系。对沃尔泽来说，"分配正义的每一种实质性解释都是一种地方性解释"。例如，为批评种姓制度，需要（a）将（可能是受到压抑的）愤怒和愤慨之情置于底层成员中，（b）根据村民的正义认知解释这些情绪（*Spheres*, 314）。假如底层村民没有心怀怨愤，甚至是在被压抑的、潜意识的层次，这种左右他们的歧视性行为就是不可反对的。对我来说，这接近于一种归谬法。但即使我不接受这种经验事实与规范正义观相关的主张，也没有更合理的主张了。若干年前，我着手研究"地方性正义"——机构如何分配稀有物品和必要负担——在这么做时，我多少希望经验发现能最终证明基本的规范问题。因为接下来的理由，那种希望很大程度上落空了。答案仍然是开放的。

描述性研究

总体来说，描述性研究围绕行为或态度展开，既可在真实生活场景中也可在人为场景中进行，如调查或实验（见表1）。我简要地论述和说明一下各范畴。

表 1. 正义的描述性研究

	态　度	行　为
真实生活场景	（A）内容分析	（D）地方性正义；工资决定的公平性，税收，等等
人为场景	（B）调查；实验	（C）实验

据我所知，真实生活场景中的正义态度研究（A）未充分展开。此处，我脑海中的态度不是分配条件揭示出来的态度，而是言语行为揭示出来的态度，这种言语行为"不是为被研究而引出的"。我试

过从这种角度研究《联邦会议记录》和1789–1791年的巴黎制宪会议演讲。❶例如，有可能辨别不同的演讲者如何权衡后果主义和非后果主义价值、条件和无条件权利、个人权利和集体权利，等等。

丹尼尔·卡内曼、杰克·尼奇和理查德·泰勒的著名文章提供了人为场景（B）中规范态度研究的案例。❷他们使用电话调查确定了受访者的市场公平观。他们发现除其他因素外，公民分配观还受参照点效应的支配，参照点效应类似于之前在选择场景中识别出的心理效应。梅纳赫姆·雅里、玛雅·巴尔－希勒尔❸同样著名的文章提供了这种研究方法的另一个案例，他们证明了研究对象在某些善物上倾向于采用功利主义标准，在某些善物上倾向于采用极大极小标准。诺曼·弗洛里奇和乔·奥本海姆的著作比较了罗尔斯"差别原则"和其他分配方案，其著作也属于这种范畴。❹

维尔纳·古兹以及其他人进行的"最后通牒式议价"实验为正义的实验行为研究（C）提供了案例。❺两名实验对象被要求按照以

---

❶ 这项正在进行的工作的一些案例，参见我的'Constitutional Bootstrapping in Philadelphia and Paris', *Cardozo Law Review*, 14（1993），549–575; 'Majority Rule and Individual Rights', in S. Shute and S. Hurley（eds.）, *On Human Rights*（New York: Basic Books, 1993）, 175–216, 249–256; 'Strategic Uses of Argument', in K. Arrow et al.（eds.）, *Barriers to the Negotiated Resolution of Conflict*（New York: W.W. Norton, forthcoming）.

❷ 'Fairness as a Constraint on Profit-Seeking', *American Economic Review*, 76（1986），728–741.

❸ 'On Dividing Justly', *Social Choice and Welfare*, 1（1984），1–14.

❹ *Choosing Justice*（Berkeley, Calif.: Univ. of Calif. Press, 1992）.

❺ W. Güth, R. Schmittberger, and B. Schwarze, 'An Experimental Analysis of Ultimatum Bargaining', *Journal of Economic Behavior and Organization*, 3（1982），367–388.

下程序瓜分（判定）10美元。一名实验对象提议与对方瓜分10美元。假如对方接受提议，即可执行。假如对方拒绝提议，都将一无所获。这些实验的显著发现是：(a)提议者通常把很大一部分留给对方，而且(b)假如没有得到大部分，对方有可能反对这一提议。

分配正义的真实生活行为研究（D）可用于工资形成和收入转移过程。❶ 也可用于机构对善物而非金钱的分配。盖多·卡拉布雷希和菲利普·博比特的《悲剧性选择》❷ 开创了这种类型的研究，《正义诸领域》和我最近的著作《地方性正义》都将此作为核心研究方法。❸ 这些著作中的显著案例包括透析和为晚期肾病患者做移植的肾脏的分配、应召入伍、雇佣和解雇工人、选择高等教育机构的资格、生育权的分配和移民政策。不像工资和税收，这些零散的分配制度并没有被纳入全球体系。相反，就它们独立于其他领域或区域的分配决策而言，它们完全是地方性的。（一个例外是沃尔泽提到的一种惯例，即老兵在联邦工作和大学录取方面的优先权。）它们遵从五花八门的分配标准和机制，包括抽签、排队、需求、努力、价值、效用或者是这些的组合。

显然，可以不同的方式将这些研究方法组合在一起。多少年来，正义实验性研究的支配范式是对等理论，依据的假设是回报应与贡

---

❶ 例如，参见我的 *The Cement of Society*（Cambridge: Cambridge Univ. Press, 1989）第6章，该章讨论了正义观是如何决定工资的。
❷ New York: W.W. Norton, 1978.
❸ New York: The Russell Sage Foundation, 1992.

献成比例。❶ 为验证这一假设，使用了行为和态度分析技术。在解雇行为研究中，使用了比较方法，比较实际行为与意见调查结果，调查的问题是解雇程序的公平性。二战后，为确定应从美国军队中首先遣散哪些军人，军事机构首次进行了调查以确定人们认为哪种原则更公正，接着用调查结果指导实际操作。❷

解释性研究

在因果导向的正义研究法中，解释对象或者是个体的态度和行为，或者是某一机构的分配行为。第二种案例通常包含第一种。假如像我这样把方法论个人主义贯彻到底，说某个机构"做了"这个或那个就没意义了。我们观察到的是机构和环境中的个体都有独属于自己的正义观，互动之下产生了特定的分配方案。鉴于此，有必要分两步解释，第一阶段关注偏好的形成，第二个阶段关注偏好的组合。首先考察对个体态度和个体行为的解释。我区分了已有的六种解释方法。

第一种论证思路是个体有不同的正义观，这种正义观依赖于它们应用的"语境"。因此，莫顿·多伊奇认为平等原则主导朋友之间的分配关系，需求原则主导家庭内的分配关系，对等原则（按贡献

---

❶ 了解这一调查，参见 D.M. Messick and K. S. Cook（eds.）, *Equity Theory*（New York: Praeger, 1983）.

❷ S. Stouffer et al., *The American Soldier*（Princeton, NJ: Princeton Univ. Press, 1949）, ii, ch.11.

取酬）主导职业关系。❶

第二种论证思路根据待分配的"益处"（或者是看重它的原因）解释了优先的分配观。因此，雅里和巴尔－希勒尔发现分配葡萄柚和牛油果优先采用的原则取决于人们认为其价值在于口味还是维生素含量。如果是前者，人们优先选择功利的分配原则；如果是后者，则由平等原则主导。《正义诸领域》的解释更为模糊。沃尔泽主张不同的正义领域由待分配的善物界定，不同正义观支配不同领域。然而，领域与分配原则之间的联系是概念性的而非因果性的。例如，医疗保健的本质决定了其分配"应与病情而非健康成比例"（*Spheres*，86）。同样，"特殊教育必然是才能主导的领域"（*Spheres*，211）在我看来，沃尔泽既没有诉诸我们的"共享理念"也没有诉诸所谓的"内在逻辑"。不如说他论述的许多原则是这些稀缺物品的专业分配者明显持有的那种原则，而不必然为多数人所持有（参见下一段）。

第三种论证思路把优先的正义观与"个体属性"而非语境或善物联系在一起。这种论证宣称年龄、性别和国籍决定着主观正义。追随让·皮亚杰，罗伦斯·科尔伯格认为能够在儿童发育过程中识别界线分明的道德思维期。❷ 另一个著名的案例来自卡罗尔·吉利根，他认为男性与女性有着不同的正义观，男性正义观侧重于一致性和普适性这样的抽象思维，而女性正义观侧重于关怀和痛苦的减少。❸ 上一段暗含了一种不同的论证思路，即专业身份主导着正义直觉。

---

❶ 'Equity, Equality and Need', *Journal of Social Issues*, 31（1975），137-149.
❷ L. Kohlberg, *The Philosophy of Moral Development*（San Francisco: Harper&Row, 1981）.
❸ *In a Different Voice*,（Cambridge, Mass.: Harvard Univ. Press, 1982）.

医生想优先照顾典型病例，而医院管理者想把稀缺医疗资源分配给生存概率可以最大幅度提升的病人。❶

第四种方法根据"问题的措辞"（phrasing of the question）解答关于正义的疑问。从心理"框架"研究中可以明确获知同样的人在同样的语境中对只剩半杯水和还剩半杯水的反应不同。❷例如，对信用卡收取额外费用，人们就不愿使用信用卡，但是换做现金抵扣，抵触情绪就会少一些，即便这两种做法实质上是一样的。注释4提到的卡内曼、尼奇和泰勒的研究，就运用这种思路来解决公平问题。例如，他们发现，假如削减工资采取的形式是减少年金而非直接减少基本工资，那么受访者就会感觉更公平一些。雅里和巴尔-希勒尔也发现使用表面上不同的语言来描述相同的分配问题会引出不同的正义观。❸这些发现质疑了"共享理念"的可靠性和相关性。例如，我认为给萧条工业中的工人以直接的工资补贴是错误的，这属于我们的共享理念，而使用廉价能源维持就业则不是。同样，这两种现象本质上是相同的。

第五种独具特色的方法是根据"自利"来解释正义观的优先选择问题。❹这种论证思路最露骨的版本认为个体赞同的正义分配规

---

❶ Elster, *Local Justice*, 91ff.
❷ 开创性的著作是 A. Tversky and D. Kahneman, 'The Framing of Decisions and the Psychology of Choice', *Science*, 211（1981）, 453–458。
❸ 'On Dividing Justly', 8.
❹ 我此处想到的观念是讨论中的个体真正持有的观念，而非他们公开承认却不相信的观念。自利经常在个体"身后"起作用。

范符合利益最大化原则。❶ 因此，隶属于中央工会的产业工会在协商呈递给中央雇主联合会的工资要求时，低收入产业工人诉诸平等规范，而高收入产业工人诉诸对等规范（按贡献取酬）。❷ 复杂点儿的版本解释了这一事实，即如果行动者让人非常清楚地看到自己唯利是图，那就不符合他的自利原则。❸ 他们赞同的分配正义规范刚好而不是最大符合自利原则。因此特定少数群体的成员宣称代表所有少数群体，或者代表宽泛意义上的弱势群体。❹ 行动者不愿背负唯利是图的指责，因此会赞同利益最小化规范。❺

第六种也是最后一种方法与前面的方法神似，但侧重点不同，认为"道德情愫"要依据对遗传"适合度"的作用来解释。罗伯特·泰弗士开创这项研究后，❻ 罗伯特·弗兰克最近在《理性中的激情》中恢复了这种论证思路。在讨论上文提到的最后通牒式议价实验时，他论述到，如果提议的接收方在这些游戏中顾及公正而拒绝极不平等的提议，那是因为这种行为符合他们的进化优势。"有些人为了自己而关心公正问题，可从这些人身上观察到不同于他人之处。果真如此，关心公正、愿意为公正而非理性地行动，甚至在一次议价遭遇中就能产生物质利益。"❼

---

❶ D. Messick and K. Sentis, 'Fairness, Preference and Fairness Biases', in Messick and Cook（eds.）, *Equity Theory*（see n.11）, 61–94.
❷ 参见我的 *Cement of Society*, ch.6。
❸ 参见我的 'Strategic Uses of Argument'。
❹ 一些案例，参见我的 *Local Justice* 第 4 章。
❺ 参考 *Cement of Society*, 126 n. 95。
❻ 尤其参见 'The Evolution of Reciprocal Altruism', *Quarterly Review of Biology*, 46（1971）, 35–57。
❼ New York: W. W. Norton, 1988, 169–170.

要分两个阶段理解机构分配行为，现在思考一下这个问题吧。❶第一，我们需要解释论及的主要行动者的规范性偏好。第一层级的行动者（政治机构）主要关注如何有效率地使用稀缺资源。❷此外，对再次当选的关注会衍生出对俘获人心类公正问题的关注（见下文）。第二层级的行动者（分配机构的职员）既关注地方性效用也关心各种非工具性的规范。欲理解地方性效用理念，要考虑肾脏移植这样的稀缺医疗物品的分配。第一层级的行动者关注全球效用，他们主张优先照顾能继续工作的病人，以减轻社会负担。相反，地方性效用要求优先照顾排斥反应最小的病人。就像上文指出的，这种关怀会与"同情规范"这样的非工具性规范相冲突，依据"同情规范"肾脏应该移植给最严重的病人。就像上面解释的，第三层级的行动者（稀缺物品的潜在接受者）分配观的形成容易受自利原则影响。因此，选择要解雇的工人时，资格较老的工人认为以自下而上的资历为序解雇工人是最公正的程序。最后，公共舆论关系到公正问题的亚类。有明确需求的个体不能获得稀缺物品或人们通过玩弄标准（例如，通过入学躲避军役）获得益处时，就会出现丑闻。

这一进程的第二阶段就是这些规范性偏好汇聚成一个最终的方案。两种核心机制讨价还价，形成联合。可从工人和雇主就解雇程序进行的协商中观察到一种纯粹的议价机制，前者主张把资历作为主要的留用标准，后者主张把能力作为主要的留用标准。结果往往

---

❶ 接下来的大部分内容，参见我的 *Local Justice* 第5章。
❷ 第一等级和第二等级行动者的区分源自 G. Calabresi and P. Bobbit, *Tragic Choices* (New York: W. W. Norton, 1978)。

是在两者之间达成妥协，资历用来打破平等能力工人中产生的平局或用来选择达到最低能力要求的工人。有时，议价的结果是积分制度的采用，积分制度下，产生分数的标准反映了不同方面的要求，分数的比重反映了他们的议价能力。因此，在分配肾脏的美国方案中，分数既来自捐献者和接受者共享的抗原数量也来自在移植清单上等待的时间。前者依据的是地方性效能标准；而后者体现了对公平的关怀，确保那些带有罕见抗原类型的病人，如黑人和其他少数团体成员，也有机会获得移植。有迹象显示，依据这些标准确定的分数比重反映了各相关医生群体的议价能力。我怀疑荷兰医学院独特的录取制度背后也有议价机制，它们依据加权彩票制来选择申请者，加权时考虑的是申请者的高中成绩。成绩更好的申请者更有可能被录取，这一事实满足了精英价值的倡导者，而每个人（满足基本的要求）都有机会被录取满足了看重平等的人。

一般情况是程序由多种原则决定，因此原则之间会产生联合。服膺不同正义原则的不同行动者会就具体案例中采取的程序达成一致。当境况最差的个体也是那些从稀缺资源中获益最多的个体时，需求－效用的联合就会出现。例如，灾难发生时，由于消费品边际效用递减，在物品的分配上就会形成这种联合。（但是，就像上文表明的，考虑到稀缺医疗资源的分配，需求和效用可能指向不同的方向。）由于许多应得制度具备优良的激励属性，就有可能产生效用－应得的联合。当工人们主张资历较老的工人应该保留他们的工作时，雇主有时会同意，理由是资历会创造一种离职的反激励机制，从而有助于工厂的稳定。用等待清单上的时间作为分配肾脏的标准由于下述三者的组合而得到支持：（a）鼓励有利于黑人的平权行动，（b）有人想用坏中找好的医疗运气补偿病人，还有（c）有人相信排队的内在公平性。

规范性研究

认为规范、哲学的正义观需要经验支撑的观点是有争议的。解决此问题的一种方法是区分正义的"硬"理论和"软"理论。硬理论从第一原则出发并接受所有的推论，不管它们多么的反直觉。杀害随机选取的个体并移植他们的器官能拯救更多的生命❶，假设能够证明这种行为会使社会总福利最大化，一个死脑筋的功利主义者将不得不推荐这种行为。思维柔和点儿的理论家会将这种推论视为反功利主义的归谬法。对他们来说，理论为特定情境中何种行为是公平的或公正的直觉所限制。面对他们的理论有不可接受的后果这种指责，功利主义者当然有自己的回答。他们常常答道：虐待婴儿或随意杀人会使总体效用最大化这种情况从未出现。❷尽管在特定情况下这种回答貌似有理，但功利主义者强烈感到有必要予以回应，这本身就证明非功利的良心令功利主义者感到内疚，他们正试图抚平这种感觉。伊丽莎白·安德森令人信服地证明功利主义者诉诸"神秘的数字"——大胆地诉诸各种各样的远隔效应，实际上却没有进

---

❶ J. Harris, 'The Survival of Lottery', *Philosophy*, 50（1975）, 81–87.
❷ Peter Singer（'Utility and the Survival Lottery', *Philosophy*, 52（1977）, 218–222）对第 29 个注释中提到的文章的回应就是一个例证。

行计算——显示他们确实被非后果主义的关怀所驱动。❶

同样，沃尔泽诉诸低等印度人"被压抑"的怨愤，这仿佛是一种神秘的数量，引入它的目的是隔离肯定直觉推论的理论。他在讨论种姓制度时流露了一种（完全可以理解的）不适感。这种不适感来自这种观念，即低等村民卑微的从属地位和让人怜悯的痛苦是公正社会的组成部分，与其他公正的社会别无二致。"现在假定"，他写道：

> 印度村民们确实接受支撑种姓制度的教义。来这个村子的访客也许仍然试图说服他们——一种十分可敬的行为——那些教义是错误的。例如，他可能争辩说，男女生而平等，他们不是许多不同的化身，而是在这个范围内完全平等的。假如他成功了，许多新的分配原则将会出现。（ *Spheres*, 314 ）

这里使用的词汇——"错误""争辩""说服"——引申出了跨文化的通约性和论证，沃尔泽的框架没有为这种论证留多少空间。

认真对待直觉，不要试图用神秘的方法掩盖它们，我们就直面罗尔斯在《正义论》❷中提出的"反思平衡"法。哪种句子符合语法，我们是有直觉的，理论语法要受这种直觉的框定和限制。同样，具体情境中的正义要求我们做什么，我们是有强烈直觉的，正义理论也得将这种直觉算作参数。但是，就像罗尔斯解释的，直觉并非科学意义上的参数。当我们感到直觉因情境而异时，我们精心构建的

---

❶ *Value in Ethics and Economics*（ Cambridge, Mass.: Harvard Univ. Press, 1993 ），69.

❷ Cambridge, Mass.: Harvard Univ. Press, 1971, 48—51.

用于解释我们直觉的理论也会引导我们放弃这些缺乏根据的部分。❶

根据罗尔斯，这些直觉建立在简单的内省基础上，而非任何经验导向的道德社会学基础上。❷社会中有多少人相信——比如说——堕胎是一种道德错误，这一信息与道德或正义理论建构无关，认为两者之间有相关性是一种根本的错误。因为如果两者相关，依据理论对偏见进行修正的观念会失去意义——除非每当有人提出可能影响人群态度的反对意见时就进行新的调查。而且，即使新开展的调查发现既有偏见胜过理性批评，也不能使批评归于无效。

我认为，在罗尔斯看来，讨论正义偶然性的一面比讨论正义的经验支撑更合适。偶然性——多重反思平衡带来的可能性——的产生有两个原因。第一，起初创立的制度依赖当时的历史和文化环境。没有理由相信所有的创制（可能也没有理由排除这种可能性）都聚集在相同的反思平衡上。第二，修正一套既定的制度依赖我们选择的理解它们的理论。一位功利主义者通过放弃原初制度中的一部分而获得平衡，同时，一位平等主义者通过放弃另一部分而达至平衡。尽管罗尔斯注意到了这些可能性，但在我看来，他止步于此是明智的。在能够有效地进一步对比不同的平衡之前，我们还需要下大力气解决一些实质性问题。

然而，另一种罗尔斯式的论证的确诉诸经验事实。他施加于可接受的正义理论的一种限制是正义理论应具备心理上的稳定性，植

---

❶ 理论对数据的影响不应混同于一般意义上较为合理的主张——即使在自然科学中，数据也是"负载理论"的。与我们讨论的案例不同，这种主张不认为数据是被我们建构的解释它们的理论修正的。

❷ *Theory of Justice*, 50.

根于道德心理学中。罗尔斯规定哪种理论具有稳定性的知识属于一般事实，"原初状态"中的人们将一般事实纳入他们的协商中，他还断定其他条件相同时，他们会接受更为稳定的原则体系。❶他继续论证道，比起功利主义，他的正义观更为稳定——减少憎恨和歧视感。当然，这些不是唯一的选择。就像我们看到的，"节制的功利主义"更易被接受——比罗尔斯的差别原则更省力，比功利主义更公平。而且，即使是差别原则和功利主义之间的双向比较也比罗尔斯想象的困难。如果在大费周折和不公平之间做选择，人们未必会压倒性的选择前者。也就是说，罗尔斯没有提供指导，当其他条件不平等的时候——当然从未如此，该如何将发现的稳定性纳入协商中。

我也认为正义的经验性研究与规范性研究是相关的，但原因有所不同。没有人怀疑道德直觉相差悬殊，即便是见多识广和思想深邃的观察者。就像上文提到的，原因可能是不同的理论方法对原初共享的直觉体系进行了不同的修正。但是我们也可以参考前一部分通过调查得出的各种解释，这些为道德哲学家质疑自己一开始持有的直觉提供了一系列不同的依据。如果结果显示他的某些见解与个人属性或自利相关性强，他应该勉为其难地进一步探查自己是否为偏见和不相干的影响所左右。我绝非主张相关性证明可取代论证。即使证明一个人的直觉是由自利或个人属性引起的，这本身也不能使直觉失去效力。但是，生命短暂，一个人不可能以相同的仔细度质疑自己全部的直觉。因此，我所主张的只不过是用决定主观正义

---

❶ *Theory of Justice*, 455.

因素的经验性发现作为一种启发，帮助筛选哪种直觉遭到了最密集的审查。以这种方式，在开展规范性研究时经验发现就能发挥作用，即便是微小的作用。

但是，可能有人对经验性研究的作用寄予厚望。在最近的著作《选择正义》中，诺曼·弗洛里奇和乔·奥本海默宣称依据经验反驳了沃尔泽的差别原则——认为社会应该这样安排，使受惠最少的人获得尽可能最大的利益。他们发现大多数主体非常愿意选择"节制的功利主义"——总体福利的最大化受制于个体福利的最低保障——而非差别原则和无限制的功利主义。在雅里和巴尔－希勒尔的研究中同样出现了对差别原则和功利主义的双重反对。概言之，前一种理论耗力过多，后一种理论难容同情，因此都无法成为一种被完全接受的正义理论。

就弗勒利希和奥本海默的主张，我有两点想法。一方面，在我看来，正义理论能被实验驳倒的想法是一种毫无希望的幼稚。另一方面，节制的功利主义压倒性地成为最受欢迎的正义观，这一事实提供了思考的材料。但我认为这种描述性研究的功能类似于解释性研究的功能。尽管它们不能代替论证，但它们能够影响论证的结构和关注点。有趣，也可能是让人吃惊的事实是节制的功利主义实际上没有引起哲学家的注意。沃尔泽略有提及，但轻易放过了它，依据是个体福利的最低保障不能由一般理论原则决定。❶ 但我确实认为，一种具有广泛吸引力的原则应该引起更多和更仔细的审视。可

---

❶ *Theory of Justice*, 316–317.

能到最后，这一原则还是会被抛弃，但却不再是一种轻率之举。

上述内容依赖的观点中规中矩、容易出错。我们应该认真解释那些非职业哲学家的观点。我们应注意我们的看法中潜藏的偏见。正义的描述性和解释性研究能使我们更好的注意这些问题。但是，再说一次，这些程序外在于理论自身。尽管经验性研究在最终版本的规范性正义理论中发挥的作用是有限的，但它们有可能成为我们阐释理论时建造的脚手架的一部分。

结　论

本章主要内容关注的是调查和分类。但我想概述我称之为"常识正义观"的研究议程，以这种不同的解释来结尾。这是那些认真思考过正义问题但并非职业哲学家的人持有的一种正义原则。我特别希望大量律师、经济学家和政治家秉持这种观点，他们是专业的、世俗的、各种问题的解决者。为了最后这部分结尾处概述的目的，我认为应该特别注意这些人持有的观点，因为他们有丰富直接的经验。这些常识正义观位于普遍性和抽象性的中观层次。它们不是特定案例中的直觉，比如虐待小孩的不道德感，而是"高位直觉"（high-level intuitions），比如认为分配应看重抱负而非天赋。

我把自己限定在福利问题上。❶ 我认为在强帕累托最优原则上存在广泛的共识：一项政策展现出了提升所有人福利的前景，即使

---

❶ 在 Local Justice, 214ff. 中，我也展示了权利和公平的常识观。

它没有以相同的数量或比例来提升所有人的福利，人们也不应错过这种政策。在弱帕累托最优原则上几乎存在同样强烈的共识：如果一项政策在改善部分人的境况的同时没有使其他人的境况更差，那么人们不应错过这种政策。事实是，在许多案例中，公共舆论或利益团体迫使解决问题者背离了这些原则，但这并不代表他们实际上不主张这些原则。

当福利问题被表达为保护穷人时，就像之前表明的，节制的功利主义是最好的原则就会成为常识。然而，人们不愿无条件接受对穷人的转移支付（特殊原则主导着对残疾人的援助）。人们普遍认为一种让能找到工作的人可以选择依靠无条件资助而过活的制度是一种剥削的制度。可以说，对最少受惠者的罗尔斯式关怀不仅必须被功利主义者对效能的关怀所中和，还必须被德沃金的主张——我们不应补偿不思进取的人——所中和。❶ 但也能以不融贯来批评德沃金的立场。❷ 如何为不思进取和高比率的时间折扣不是社会和遗传运气的产物这种观点辩护呢？如果是，为什么它们就不能作为补偿的依据呢？

现代福利国家嵌入政治民主制中，建立在包括公共性在内的诸多条件上，这一事实开启了对这一问题的回答。告诉一位公民因为他不对自己的选择负责而有权享受福利实际上是不融贯的。不能一边把个体的优先选择视为一种证明补偿合理的残疾行为，一边还把

---

❶ R. Dworkin, 'Equality of What? Part 2. Equality of Resources', *Philosophy and Public Affairs*, 10（1981），283-345.

❷ 尤其参见 J. Roemer, 'Equality of Talent', *Economics and Philosophy*, 1（1985），151-188。

他们视为政治过程的合法输入；也不能一边把他当作被不受控制的物质力量驱动的人，一边还把他当作理性的接受论证的人。可以向第三党证明这样做的合理性，依据是比起排除他们引起政治动乱，还是让不负责的个人有途径进入政治过程好。但是，在民主社会中，如果一项政策不能融贯地解释讨论中的个体，那么必须拒绝这项政策。通过抑制物质利益，人们保护关怀和尊敬这样的关键价值。那些有能力却不愿工作的人不应获得资助，那些有能力工作却不愿节约的人也不能因他们的挥霍而获得补偿。

这种朴素的原则只是答案的开始。应用于现代社会，人们普遍认为这种原则是不公平的而且这种看法是正确的，因为维持自主选择的经济和社会手段的分配是很不公平的。在任何社会都会有个体因为个别的原因对激励充耳不闻，在更严重的情况中，也有人不得不依靠国家的资助。但是，以公平为背景条件的社会，不会把资助作为补偿来提供；而且受到资助的个体，像心理疾病患者，或多或少地随机分布于所有的社会群体。大多数现代社会不符合这一条件。它们包含大量的群体，其成员因贫穷和缺乏就业机会而受到全面地妨碍，没有形成对自己的行动负责的精神态度。在对待他们时假装背景条件是正义的，告诉他们失败只能归咎于自己，是极大的不负责任。只要财富带来的专制真实地存在着并未被消除，正义就要求我们把这类影响算作道德上的专制;清除这些影响后,专制才算消失。

那么，常识福利观可由四种主张来确定，每一种都修正了之前的主张。(1)总体福利最大化。(2)如果有必要确保所有人都获得最低水平的福利，就从第一个目标上撤离。(3)如果一个人是因为自己的选择而跌至最低水平之下,遇到这样的案例时,从最低福利水平的要求上撤离。(4)如果(3)确定的人没有事先计划和对激励做出反应的原因是因为严重的贫困和剥夺,那么从不资助这些人的原则上撤离。

尽管沃尔泽和我在"保障"[上文第(2)条主张]的重要性上有广泛共识,但考虑到评价和适用这一价值的语境,我们之间有很大的不同。具体来说,我的方法与《正义诸领域》有三点不同,涉及第(1)条、第(3)条和第(4)条。第一,我对"效用"的关注程度要强烈得多,这种观念实际上从沃尔泽的著作中消失了。第二,我对待个体"选择"观念要认真得多,实际上主张社会没有义务为落在人们身上的可避免的疾病提供补偿,前提是这种疾病是他们自由选择行为的可预知的结果。第三,我视"自主"为人们对自己行为负责的条件。这些价值可能不是我们"共享理念"的组成部分,但我相信它们对那些努力思考过这些问题的人来说至关重要,因为他们反复面对做出艰难选择的需要。

5. 跨领域的正义

艾米·古特曼

迈克尔·沃尔泽写道，复合平等"要求……反映社会物品多样性的多样化分配标准"[1]。每一种社会物品或每一类社会物品——如安全和福利、金钱和商品、社会职位、自由时间、教育以及政治权力——构成了一种正义领域，每一领域的支配性标准都来自这一物品或这类物品的社会意义（Spheres, 10）。存在许多正义领域以及"'内在'于每一种正义领域"的正义原则（Spheres, 19；强调是作者后加的）。

一个正义社会在分配物品时，是不是依据沃尔泽提出的复合平等标准呢？我认为，正义社会在分配物品时尽管没有依据独大的原则，但也没有依据复合平等标准。社会正义比复合平等观认识到的还要复杂，有两方面的原因。第一，某些物品的社会意义是多重的，多重意义时有冲突，我们不得不通过道德考虑予以裁决。这些道德考虑导致我们的研究范围超出物品社会意义的"真正"领域而扩展至外部领域。第二个原因是与之相关的许多道德考虑横跨多个分配

---

[1] *Spheres of Justice*（New York: Basic Books, 1983）, 18.

领域。个体责任不独属于任何物品的社会意义，它与多种分配相关。当我们调动手中全部道德资源时，我们发现正义是复合的，但并非一种正义对应一种领域。

我分三部分展开论证。第一，我支持复合正义，并将其与领域特殊性（sphere-specificity）观念区分开来。第二，当物品的意义冲突时，我将证明分配原则不会被物品的一种（或一类）社会意义所激活。在当今美国，生产性雇佣的若干意义相互冲突，对其进行思考有助于理解这一问题。第三，我认为存在跨领域的道德考虑，在决定如何分配一种社会物品时应把这种道德考虑算在内。在分配医保时，个体责任和平等公民身份都是要考虑的因素，两者都是跨领域的。沃尔泽在论述医保的分配时，自己就倚重平等公民身份，从而提供了另一个原因，促使我们考虑修正复合平等，为跨领域标准留出空间。

复合性的案例

沃尔泽以体现社会正义复合性的案例为起点，我们也是如此。复合平等反对一种原则独大，这种原则占据了全部的社会意义，决定了所有社会物品的分配。沃尔泽认为正义是复合的，因为它包含多种分配原则，多种原则决定多种物品的分配，互不冲突。不存在独大的原则，我们就能获得一致且融贯的正义理论。

考虑一下按需分配的原则吧。在诸多不能按需分配的物品中，就有工作、政治权力、荣誉和名声。"会很奇怪，"沃尔泽写道，"要求一个招聘医院院长的招聘委员会依据应聘者的需求做选择"

(*Spheres*，25）。但是，（至少大致上）按需分配医保、安全和其他福利物品就具有道德意义了。把需求这一分配原则应用于所有的社会物品，就会在社会中确立起一种专制，一种需求的专制。把需求原则应用在有限的领域——福利领域——它就能促进正义，而非专制，因为在这个领域内，物品的社会意义要求按需分配物品。

其他分配原则也是如此。不妨想一想，当今社会，自由市场分配原则在现实中最有可能造成跨领域专制的威胁。禁止政府按需分配所有物品的原因是一般的，同样适用于市场，不能让市场分配所有的物品。"完全的自由放任主义经济就像是一个极权国家，"沃尔泽写道，"侵蚀了剩余的所有领域，支配着剩余的所有分配过程"（*Spheres*，119）。把市场理解为一般的分配原则，就会确立起财富而非需求的专制。市场应在复合社会正义限定的领域内运作。正义的社会推崇施加于自由市场的限制，为适合非市场领域的多种分配原则留出了空间。例如，绝对不能让企业家赚的钱多到可以购买政治权力，因为政治权力是独立的正义领域，支配该领域的原则应是平等公民身份和说服（*Spheres*，ch.12）。复合性确保了没有领域会被置于外部标准的帝国主义统治之下。

按照沃尔泽的说法，正义不只是复合的，对诸领域来说还是特殊的。"社会物品有社会意义，通过解释这些意义，我们发现了通往分配正义的道路"（*Spheres*，19）。物品的社会意义决定着它的分配（*Spheres*，8）。市场交易分配标准适于跑车和珠宝这类商品的分配。当我们知道某物是商品的同时，我们也知道它应由市场分配。医保和警卫这类的福利物品应该按需分配，它们是必需品，为我们的生活和（几乎）所有类型的体面生活所需。大卫·米勒在这本论文集的导论中写道，每一种物品的社会意义都"激活了特定的分配原则，我们认为它适用于所有这类物品"。

这幅分配正义的图画既有道德吸引力也有误人之处。吸引力很明显。社会正义是复合的。构成复合正义的多元原则组合成了融贯的理论。只有不怕一种原则独大带来的危险时，才会忽略《正义诸领域》的深刻洞见。一种原则独大，要么将外部领域置于统治之下，造成专制；要么无法决定不同社会物品的分配，关键时刻掉链子。

"效用最大化"原则一枝独秀，就说明了这一问题。比如，当被直接用于分配爱、教育或政治权力时，效用就会带来专制。很少有功利主义者主张将效用直接应用于这些（或许多其他）领域。大多数功利主义者倚重二级原则，其中许多与沃尔泽的领域特殊性原则没什么不同，但功利主义者认为它们能带来效用的最大化。尽管无法从效用最大化律令中推出这些二级原则，但却是这些二级原则在分配中发挥着真正的作用。一些功利主义者甚至认为功利主义是一种自我抵消的原则：个人或社会不试图最大化效用时，效用才更有可能最大化。不管效用最大化原则能否在理论上站得住脚，作为一种指导实践的分配原则，它往往适得其反。

还存在抽象的理念，既合复合平等之意又不一枝独秀。自由、平等、自主以及其他类似的抽象理念与社会正义的复合性相符，前提是它们不冒充一般的分配原则。用对地方的话，自主理念有助于表达对人格的理解，而不管领域特殊性分配原则是在维护还是在损毁人格。它有助于我们判断多元化分配原则是否与人类幸福的融贯性理解相一致。用错地方的话，决定多种社会物品分配的更为具体的原则就会被自主理念强行取代。

意义的多重性

文章剩余部分的内容不会偏离对正义的复合性理解。正义的复合性由多元化的原则构成，它们并非源自抽象的独大原则。沃尔泽社会正义理论中成问题的部分不在于其复合性，而在于其领域特殊性，即认为每一分配领域都由"内在"于它们的原则构成、社会物品的社会意义反过来激活了这些原则。依据不独属于各领域的原则分配物品是否正义呢？所有的分配原则都内含于社会物品的社会意义吗？领域特殊性只反映了部分真理，如果将其视为社会正义或必要或充分的标准就会出错。部分真理指的是，我们在制定日常生活中的分配原则时有必要关注社会物品表达和提供的各种价值。但仅仅关注还远不足以让我们把它当作律令来遵从，不是所有社会物品都要依据其社会意义来进行分配。

要通过解释某一物品的社会意义来探究其分配原则，那就以美国的生产性就业为例展开研究吧。当我们发现物品不只一重意义且多重意义激活的分配标准相互冲突时，该怎么办？沃尔泽注意到了这样的事实——我们社会将许多工作视为一种唯才是举的职业。❶ 如果被理解为职业，就应该分两步来分配工作，首先平等考虑所有合格的应聘者，其次选择最佳的应聘者，自由裁量权在整个选择过

---

❶ 我们社会中的大部分工作都被沃尔泽称为"社会公职"："公职是指与政治共同体整体利益相关的任何职位，政治共同体选出公职人员或规定选出公职人员的程序。"（*Spheres*, 129）当作为整体的政治共同体关注工作时，可以想见，意义之间的冲突就变成了政治纷争，就像美国、印度和许多其他现代社会那样。用得到公众认可的标准分配它们就越发具有政治上的重要性。

程中都是不可避免的。如果被理解为职业，工作就构成了有别于福利的分配领域。依据复合平等的标准，按需求分配工作就是专制的。

但是人们"需要"生产性就业以过上社会认可的体面生活，体面生活包括同胞公民的尊重和平等对待。对许多美国人来说，社会地位和尊严依赖于拥有生产性工作。依靠福利（现金、食物和针对低收入健康成年人的住房援助）——不会起到这样的效果，甚至都不能保证最起码的平等公民身份。❶ 长久以来，选举和赚钱都被视为"美国公民的特质"❷，至少对许多无其他资源维持社会地位（比如继承的财富）的人来说是如此。当生产性就业被理解为平等公民身份的一般前提时，它激活的原则是按需分配工作。否定健康人享有工作的权利就是非正义的。

在充分就业的经济中，需求和质量标准互为补充、相安无事。但在就业率严重不足的经济中，两种标准常常相互竞争。也许社会中技术最差的成员就应该失业，以充分体现工作分配的质量标准。但以这种方式协调这两种分配原则是否正确呢？如果是的话，原因也不可能是生产性就业的社会意义。在一个非理想型的社会中，多重意义会带来道德问题。假设在符合基本工作要求的应聘者中，条件差一些的应聘者是弱势少数群体的成员。他们对工作的需求更强烈，因为如果没有工作他们的社会地位会严重降低，超乎条件好的

---

❶ David T. Ellwood, *Poor Support: Poverty in the American Family*（New York: Basic Books, 1988），5. 艾尔伍德细致论述了美国的福利问题，支持了朱迪丝·N. 施克莱的观点——维持生计是社会地位的前提，参见 Judith N. Shklar, *American Citizenship: The Quest for Inclusion*（Cambridge: Harvard Univ. Press, 1991），1-23, 63-101。

❷ Shklar, *American Citizenship*, 3.

应聘者的想象,在这种情况下,给予他们优先照顾难道错了吗?解答这一问题并不容易。抛出这一问题只是想表明就业的两种意义提出了必须要回答的问题,否则我们不能确定分配社会就业的正确原则。

我们社会中的生产性就业还有另一层意义。把工作分配给历史上的弱势群体也是打破歧视循环的方法,这种循环运转不息,部分原因在于工作中的种族歧视陋习。例如,工作的分配可用来帮助黑人获得平等的机会,在我们的社会中,黑人群体几乎被完全从高质量的就业中排挤掉了。但工作的这层意义还是与其他意义冲突。要打破我们国家工作中的种族歧视陋习,就不能不顾种族,只把工作分配给最具资格的人或最需要的人。雇工时优先考虑种族,就意味着不能严格按照对质量的理解来雇佣最具资格的应聘者,不能严格按照对需求的理解在亟须工作的公民中平分工作机会。是为克服种族歧视才在补充社会公职人员时优先考虑种族的,工作中的种族歧视已嵌入了我们的社会结构。优先雇佣是实现理想社会的临时手段,在理想社会中优先雇佣不再必要。❶ 期望将来有一天,雇佣最具资格者不会恶化种族歧视陋习。这种陋习来自奴隶制,一个多世纪的

---

❶ 优先雇佣使得优先选择弱势群体(此处指的是黑人)中基本符合要求的人而非优势群体中更符合要求的人成为必要。

种族歧视令其运转不息。❶

等哪一天工作充足、美国社会不为奴隶制历史和种族歧视所累时，我们面对的冲突就不复存在了。工作稀缺，许多工作又存在社会非正义带来的种族歧视陋习，所以就业的三重意义相互冲突。人们应该竞争无技术要求的工作还是有技术要求的工作？进一步说，是尽可能地把工作分配给最具资格的申请者？❷还是优先照顾亟须工作的人？最终的结果将是把无技术要求的工作分配给基本符合条件的应聘者，因为没有工作这些人的社会地位和生活机会得不到最起码的保障。可以肯定，这不是我们社会的正统标准，但它不像沃尔泽设想的案例——依据应聘者的需求选择医院院长——那样奇怪。优先照顾基本符合条件又亟须工作的应聘者，之后对他们进行工作培训。为打破工作中的种族歧视陋习，是不是就应该优先照顾美国黑人呢？一些美国黑人不像美国白人那样亟须工作，但雇佣黑人却能起到消除种族歧视的作用，种族歧视的非正义性在美国社会中非常刺眼。在这样的背景下，我们的社会催生了三种不同的工作意义，

---

❶ 优先雇佣并非期望将来每一职业领域中都有相应比例的种族群体，它只是期望将来历史上的种族歧视不再释放这些工作不欢迎黑人的信号。非歧视雇佣不足以克服工作领域中的种族歧视陋习——至少在短期内这么认为是合理的——有两方面的原因，一方面，很有可能募工者没有意识到自己的选择受到了种族歧视陋习的影响；另一方面，黑人甚至都不考虑应聘这样的工作。种族歧视不一定以个人或选择委员会偏见的形式呈现，它们拒绝符合条件的黑人应聘者。它经常以非制度化的形式出现。由于过去的种族歧视而被白人占据的职业释放出负面的信号，接收到信号的黑人知道不必尝试。公职人员一方没有任何的歧视行动，这些职业潜移默化地让公民认为黑人不适合这些职位。

❷ 即便应聘的都是无技术要求的工作，但应聘者的条件是不一样的。有些人比其他人努力、劳动效率高。

它们反过来激活了三种相互冲突的分配标准。

哪种标准在道德上最优？我们社会中工作的"真正"含义并不能帮助我们回答这一问题。❶ 它不是解决措施，而是问题所在。工作的"真正"含义既包括唯才是举的职业也包括美国人的平等公民身份，稀缺条件下，两者冲突。工作的含义还包括打破种族歧视陋习的循环。第三种含义不怎么受欢迎——它承认了种族歧视和偏见的历史至今犹存——但是它也有权主导此时此地的工作分配，资格毫不逊色。❷（在我们的社会中，工作还意味着赚钱，但多重意义带来的问题已经很明显了，不必画蛇添足。）挑出一种真正的意义，并把它视为唯一适于就业领域的意义是一种专断行为。假如这就是复合平等所要求的，它就不符合沃尔泽为反驳优先雇佣政策而做的实际论证。

沃尔泽认为就业领域的冲突可因两种政策而避免。一种是"财富和资源大规模的再分配（比如，为了保证全国性充分就业的实现）"（*Spheres*, 154）。❸ 另一种是"偿还而非保留"公职。沃尔泽说道，这"更有利于补偿过去遭受虐待的美国黑人"（同上）。在充分就业的经济中，工作可被划分成两个意义有别的领域，互不冲突。可把工作

---

❶ David Miller, Introduction, 5-6.
❷ 有人认为在诸多相互竞争的社会意义中，最受欢迎的那种社会意义应当支配某一领域的分配，沃尔泽反对这样的观点，此举是正确的。有人认为流行的意见决定社会意义，沃尔泽反对这样的观点也是正确的。他不仅打开了"理解"社会意义的大门，还打开了"道德争论"的大门，争论的对象是哪种社会意义作为分配标准具有正当性。
❸ 沃尔泽明确反对配额制，并非反对优先雇佣本身。两者常常一同出现。优先雇佣优先照顾弱势群体中基本符合条件的应聘者，而非优势群体中更符合条件的应聘者。优先雇佣有可能依赖配额制，尽管没有配额制，优先雇佣也行得通。

同时理解为唯才是举的职业和福利物品，如此一来，既可把工作分配给最具资格的应聘者，又不会剥夺任何人的工作，后者对想过体面生活和享有平等公民身份的人来说是必需的。在充分就业的经济中加入补偿政策，优先雇佣就因失去必要性而变得非正义。这是一种巧妙的安排，但它遇到了两个不同的问题，这两个问题揭示了两个不同的原因，可用来说明为什么诸领域不能像复合平等要求的那样保持分离。

第一个问题是优先雇佣的替代品——充分就业——短期内无法实现，而优先雇佣可以。有人反对把优先雇佣作为临时政策，他们要回答一个关键的问题：在就业不足的情况下，为什么是美国黑人承受最重的负担？在就业不足的情况下，如果没有优先雇佣政策，最重的负担就会落在美国黑人头上。美国黑人已经是美国社会中受惠最少的群体了，还要比白人遭受更多的苦难。这是不公平的。职业，因为是职业，所以应根据才能而非需求分配，这种复合平等的主张不足以解决不公平问题。我们要为复合平等主张增加重要警示：所有的物品都应根据它们的社会意义来分配，但前提是重叠的社会意义互不干扰。

沃尔泽认为优先雇佣是最后而非首先诉诸的原则（*Spheres*, 153），上述警示与此一致。假如它"是"最后的选择，假如我们尚未找到政治上行之有效的途径促进充分就业，那么（延伸沃尔泽的逻辑）在我们今天的社会中，优先雇佣的正当性就可得到证明。❶

---

❶ 彻底捍卫优先雇佣政策还必须应对这样的批评，即优先雇佣政策事与愿违，实际上并不能满足美国黑人的需求。

在反驳优先雇佣时,沃尔泽也打开了证明优先雇佣正当性的大门,因为他揭示了正义是跨领域的,不能被他阐释的复合平等完全涵盖。假如非正义可能在某一领域盛行,那么就需要(暂时地)调整重叠领域的分配标准以解决非正义问题。理想中的正义标准并不总是适合于非正义的社会。不同领域分配的不同物品经常会有某种程度的通约性。不构成同心圆的诸领域可能会重叠,就像包含就业或者说由就业构成的各领域那样。许多工作既满足需求"又"体现为一种职业,理想中这些领域是彼此独立的,现实中只有综合考虑才能确定主导这些领域的分配原则。某一领域的非正义会影响另一领域的正义。

可将此称为诸领域间的补偿性正义。它不是正义的理想型,但却是此时此地的正义,是沃尔泽致力于捍卫的那类正义。❶ 当福利、收入、财富和教育领域中的非正义分配剥夺了美国黑人享有的公平份额时,作为一种提高他们幸福感的方式,优先雇佣的正当性就可得到证明。可以确定的是,基于沃尔泽在《正义诸领域》中探讨的各种原因,优先雇佣在道德上并不完美,但它仍旧是最合理的方式,值得一试。❷ 我们捍卫优先雇佣政策,是因为它能为诸领域提供补偿性正义,不是因为它是理想的分配原则。它不是为正义社会而设计的。它最多算是针对非正义社会的道德合法性救济。

我对就业领域中产生理想型正义的可能性不抱希望,或许是我

---

❶ 参见 Michael Walzer, 'Justice Here and Now', in Frank Lucash (ed.), *Justice and Equality Here and Now* (Ithaca, NY: Cornell Univ. Press, 1986), 89–107。
❷ 如果不是作为最后的手段,沃尔泽是反对诉诸优先雇佣的,参见 *Spheres*, 151–154。

过于悲观了。那么，不妨假设美国实现了充分就业。如此一来，我们就面临着第二个问题，对此，复合平等仍无力解决。（我怀疑对于制定补偿就业政策的可能性，我们"过于"悲观，但即使有可能，补偿和充分就业的结合照样不能解决问题。）社会公职的两重意义依然冲突。我们社会中的高端工作仍带有种族烙印，此乃历史歧视的结果，将来很长一段时间也不会改变。因为许多社会职位带有种族烙印，雇佣最具资格的应聘者仍然有可能恶化对黑人的歧视，短期内尤其如此。带有种族烙印的工作释放给年轻美国黑人的信号是他们缺乏竞争力，这些工作的环境对黑人来说是不友好的，因为它们被大量白人占据。❶ 在破除工作中的种族烙印上，优先雇佣政策要比平等考虑政策迅捷，因此优先雇佣政策可能是短时期内实现非歧视目标的最有效的方式，非歧视目标指的是平等考虑应聘者。对优先雇佣政策的捍卫不会走向极端，以至于要求每一类工作中黑人和其他弱势群体都应有相应比例的代表，否则的话就是歧视。它的目标是在不久的将来实现就业上的平等对待，途径是快速克服工作类别带来的歧视，这类工作因几个世纪的非正义而烙有种族歧视的印记。

　　优先雇佣政策的反对者否认对美国黑人的特殊照顾能打破种族歧视陋习的循环，使黑人获得平等地位，支持者则予以肯定。工作的这两重相互冲突的社会意义代表两种相互竞争的论证，目标是如何实现社会职位上共享的非歧视理想。跨领域的非歧视理想涵括了

---

❶ 就这一论点而言，黑人在职业领域中有相称的比例之前就应终止优先雇佣政策。目的是雇佣足够多的黑人打破工作领域中的种族歧视陋习。工作领域中的相称原则对于实现这一目的来说是不必要的。

社会职位上两种相互冲突的意义。社会正义不在于在诸意义当中做选择，而在于评估反面论证的细节。在这里我只能说这么多了。

有一种反对优先雇佣政策的观点认为，公开招聘程序以及开放大量岗位足以在可接受的时期内清除种族歧视的遗产，包括工作中的种族歧视。即使在很长一段时间内这些措施不能保证结束种族歧视的陋习，优先雇佣政策的道德成本也太高，得不偿失。还有一种批评优先雇佣政策的观点认为优先雇佣政策会恶化它旨在克服的种族主义历史，原因是它会让白人觉得黑人滥竽充数。

支持优先雇佣政策的人持相反的观点，他们宣称确保美国白人不会遭到歧视的措施并不足以确保美国黑人不受歧视。优先雇佣政策对于打破工作中的种族歧视陋习来说是必不可少的，几个世纪的歧视使白人占据这些工作。尽管优先雇佣政策不要求工作领域中各种族都要有相应的比例，但也不再是每一工作领域中只雇一两个黑人这样的表面功夫。把足够比例的黑人送入各种职业领域，以打破白人在职业上的压倒性优势造成的倾斜效应，由于有了优先雇佣政策，有望在不久的将来在这些职业中落实平等考虑政策。支持者认为更严重的道德错误是延长针对黑人的歧视，因为美国黑人整体上比白人处于劣势当中。

相互竞争的社会意义使复合平等独具特色，但现在看来这更像是道德上的诸神之战，仅仅思考就业领域是无法平息战争的。此时此地，哪种政策的道德风险更大，平等考虑还是优先雇佣？这是一个难以回答的问题。复合平等宣称平等考虑是社会职位的真正的——或理想的——社会意义，以此逃避这一问题。至少在这一案例中，我们看到主导的社会意义（唯才是举）服务于主导的群体（白人），显然，相反的意义被用作打破白人统治循环的手段，职位上的平等考虑政策维持了这种循环。（说平等考虑是主导的意义，没有支持或反对的意思。）冲突中的任何一方都不反对把唯才是举的职业作为理想标准。双方都认可平等考虑和非歧视并行不悖的社会。但是，为解决冲突，双方都必须走出社会意义的范围，关注道德论证。看看哪种政策的道德风险比较小？如果歧视最少受惠者群体在道德上更不易被接受，考虑到优先雇佣政策短期内可得到贯彻，那么其正当性就可得到证明。❶这一论证主张在道德冲突中优先提升最少受惠者的生活机会，横跨了若干个正义领域。

跨领域的标准

在非正义社会的背景下，复合平等不足以描述正义的跨领域特性，从而限制了我们的想象。仅仅依据复合平等不能确定正义社会的支配原则，这也是有原因的。在非正义的背景中，一些跨领域的

---

❶ 一项裁决成功地为优先雇佣政策设置了终止日期，这项裁决被称为"我们国家历史上影响最大、意义最深刻的民权裁决"。"美国平等就业机会委员会诉美国电报电话公司案"，365 F. Supp. 1105（1973）at 1108. 引用人为 Robert K. Fullinwider, 'Affirmative Action at AT&T', in Amy Gutmann and Dennis Thompson (eds.), *Ethics and Politics: Cases and Comments*, 2nd edn. (Chicago: Nelson-Hall, 1990), 211. 在与美国平等就业机会委员会达成的大量协议中，美国电报电话公司同意一项给予妇女和少数族裔雇佣和晋升优先照顾的计划。这项计划涵盖面广，时间超过6年。这项计划实现了其打破性别和种族歧视的目标，按期终止。现在，美国电话电报公司在雇佣和提拔人员时采用平等考虑的政策。更多的细节，参见上面提到的书，第211—218页。

道德考虑获得了道德上的力量，但随着社会越来越正义，其他考虑所占的道德分量越来越重。个体责任理想就是这样一种考虑。它不独属于某一领域。社会物品的社会意义相互冲突，对之进行调解不会带来个体责任。它是我们社会公共文化的一部分，但并非源于任何物品的意义。在诸多领域中它都是一种活生生的道德存在，因此不能与复合平等的要求无缝对接。个体责任与医保分配之间的关系揭示了正义社会背景下复合平等的局限性。

在当今美国应如何分配医保？理想的分配方式是什么？我们社会中医保引人注目的社会意义是什么，我们的思考就从这里开始。医保满足了多数美国人（还有许多其他人）健康长寿的基本生活需求，这种需求是合理的。关于医保的意义有着比较复杂的解释，沃尔泽自己支持这种复杂解释，我们应该拐回头来思考一下这种解释。比较复杂的意义提出了一般的问题，沃尔泽对复合平等的解释面对着这一问题，我们从比较简单的解释入手同样会面对这一问题。

如果医保的社会意义在于使我们过长寿健康的生活，那么——根据复合平等——医保应该按照个体需求分配。[1]假设我们接受医保的社会意义是需求。仍然有很好的理由质疑这样的推论，即医保应该像复合平等要求的那样严格按照需求分配。有一种与医保分配相关的道德考虑没有被包含进医保的社会意义，这种道德考虑也是我们共享文化的一部分：人们应该为自己的生命承担某种重要程度的责任。我们要对自己的自愿行为负责。我们不把行动的后果归咎

---

[1] David Miller, Introduction, 5.

于别人，我们也不希望社会为我们行动的代价提供补偿，在不影响高质量生活水平的前提下，我们能避免这样的行动。个体责任的理想可应用于许多领域，包括教育、自由时间、奖惩、神恩和政治权力。我们奖励学生时要综合考虑他们的努力和成绩。伤害他人的行为是不负责任的，对这样的个体要予以惩罚。要通过让人们知晓什么是犯罪使其负起责任。要负责地使用自己的自由时间，即便因虚掷光阴感到沮丧甚至痛苦，我们也不（至少不应该）期望因此获得补偿。等等。

我们能把所有这些关于责任的声明转化成关于物品社会意义的声明。但这种转化是牵强的，这暴露了把分配标准建立在领域特殊性意义上的不足。社会不应补偿不好好利用自由时间的人。自由时间领域内的这种分配正义主张在道德上相对而言没有争议，但这种主张并非来自自由时间的社会意义。不管我们如何使用自由时间，都与自由时间本身无关，从自由时间的"意义"中得不出补偿或不补偿的结论。至少在我们的文化中，它的意义是在不违法的前提下以我们认为合适的方式自由活动。（横跨若干领域的道德考虑决定了什么合适、什么不合适。）一则是自由时间的社会意义，一则是把额外自由时间作为补偿政策的社会意义，把两者等同，只会给个人带来不利的后果。可以像使用自由时间那样随心所欲地使用额外的自由时间。这种主张荒唐到让我震惊，不是因为它与自由时间的社会意义相冲突，而是因为它连底线道德都违反了，最起码个人要对自己的自由生活负责。

在接受医保的社会意义足以决定其分配之前，我们同样应该驻足思考一下个体责任这一底线观念。医保符合基本需求,但在分配医保(或其他福利物品)时,需求不是唯一相关的道德考虑。人们期待社会满足这些需求令我们感到担忧,不知其是否正确,因为这些需求源自他们甘冒的不必要风险。我们认为人们应该对他们自愿的行动负责。鲁莽行为导致的医疗需求过于昂贵,如果社会予以满足,就不能满足其他人的需求,后者敢作敢当,但仍遭遇不幸。鼓励人们不对自己行为负责的社会,会直接伤害那些为人处世更有责任感的人。

对责任的担忧带我们走出了医保的社会意义。说得更一般些,个体责任的标准不内在于医保或福利的意义。一种观点认为医保和其他福利物品在我们社会中扮演着满足需求的角色,在分配时就应考虑需求。多数美国人认为医保满足了我们过长寿健康生活的需求,"即使我们的所作所为不以降低对医保的需求为目的"。抽烟且能戒烟的人,酗酒且拒绝治疗的人,自愿爬山、滑翔、跳伞、飙摩托车的人,因为自己的行为而罹患威胁生命的疾病,他们与类似病情的人有完全一样的需求,但后者避免了这些危险对健康的损害。收紧获得医保的途径,让甘冒不必要风险损害自己健康的人付出更多的成本难道不应该吗?❶ 这么做就会超出依据需求分配医保的领域特殊性原则,承认在分配医保方面需求不是唯一相关的道德考虑。

假如责任与医保的分配相关,那么正义就不独属于某一领域,这也就违反了复合平等的主张。如果在决定如何分配医保时不把责

---

❶ 为了验证个体责任与医保分配在原则上的相关性,我们假设:(1)医保资源是稀缺的;(2)以非歧视的方式施加成本限制。

任考虑在内，我们就毫无道理地压缩了相关道德考虑的空间。在决定如何分配医保才称得上正义时，我们应该问一问社会是否必须提供同样多、同样不受限制的医保给不同的两类人，一类人枉顾健康、甘冒风险，另一类人因明显的不可抗力而需要医疗。

把个体责任作为相关的考虑算在内不会解决应如何分配医保的问题。人们应对自愿的行为负责，这一关切促使我们要问一问：为什么拒绝对自己的生命负责的人（也推卸应该承担的社会责任）有权与那些因不可抗力遭遇不幸但愿意负责的人（愿意工作但没有能力就业）获得同等水平的福利？一种与我们对责任的关切相符的回答是加重貌似自愿的行为的成本的政策有可能对非正义社会中已经处于弱势的群体造成歧视，或不成比例地加重他们的负担。然而，在一个正义的社会中，对抽烟或吸毒的人收取更高的健康保险费基本上不可能对其他情况的弱势群体造成歧视。因此，在正义社会的背景下，关于责任的考虑起着更大的作用。❶ 不管我们最终认不认为责任的道德主张在重要性上超过我们社会中的其他考虑，我们都应该认识到作为一种相关的标准，它既不独属于单一领域，也不内在于我们社会对医保的理解。❷

---

❶ 一种怀疑论的观点批评个体责任原则会使自愿和非自愿行为之间的区分变得不可证明。这样一种怀疑主义涵盖的范围远超医保领域，延伸至刑法中对个体责任标准的依赖。不可能"证明"人们的行为是自愿的，但是几乎没有人愿意忍受取消自愿与非自愿行为之分带来的实际后果。

❷ 我们当然可以说为自己的健康负责是我们社会中医保意义的一部分。但是这么说就扩大了社会意义概念的外延，把相关的道德考虑也包含了进来，而不管相关的道德考虑是不是真由特殊物品的"意义"激活。沃尔泽反对扩大社会意义概念的外延，因为外延过宽的话，社会意义概念就会失去吸引力。这一观点值得肯定。

要在医保领域区分负责和不负责的行为,即使我们不能为我们的社会证成这样一种分配原则,我们也不能落入需求的窠臼,把它当作分配标准。一个社会不应倾其所有满足成员的医疗需求,最多是个体倾其私人资源于医保。满足所有美国人的医疗需求会截断所有其他的福利物品,福利物品会截断所有高质量生活所需的物品。最终的结果是,我们的社会和生活会更糟。对某些社会来说,将满足医疗需求作为一种分配原则或许不无裨益,但是现代医学维持生命的耗费是如此之大,以至于会吞食其他有价值的社会和个人目标。对大多数美国人来说,满足需求或许就是医保的意义所在,但是它不能成为充分的分配原则。

沃尔泽也想到了需求不能成为医保或其他福利物品的分配原则。"显然,我们不能也不必,"他写道,"在同等程度上满足任何需求和在最终程度上满足所有需求"(*Spheres*, 66-67)。他引入了另一项道德考虑——平等成员身份——来制约需求原则(*Spheres*, 84)。但他把平等成员身份视为领域特殊性考虑,实际上却不是这样。如同个体责任,平等成员身份是横跨多个领域的道德考虑,仿佛是在藐视复合平等。

沃尔泽认为承认潜在的平等成员身份是福利领域分配正义两重意义中的一重(*Spheres*, 84)。"必须依据需求将物品提供给有需求的成员,但在这么做时也必须以维持他们的成员身份为目的"(*Spheres*, 78)。在自由民主制中,成员身份意味着平等公民身份和个人尊严。但不只是福利物品必须以维持平等公民身份和个人尊严的方式提供。收入、社会职位、辛苦的工作、自由时间、教育、公共荣誉和惩罚也必须如此分配。这些领域中的任何一个都不足以单独维持平等公民身份或个人尊严，但是全部加起来就可以。如果医保在美国意味着平等成员身份，那么最低收入保障、生产性就业、些许自由时间、公共荣誉和高端职业的非歧视分配、法律下的正当程序、选举权以及一系列其他的公民和政治自由也是如此。尽管平等成员身份不能直接分配给美国人，但这些物品对于平等公民身份的实现是必不可少的，可以也应该把这些物品直接分配给美国人。❶

如果统一的医保供应不充足，那么美国平等成员身份的维持就不可能，判断是否充足依据的是我们社会广泛接受的（合理）标准。平等成员身份标准不能告诉我们多少医疗物品和服务是充足的，但它能告诉我们民主社会判断充足的标准——必须所有社会成员都能支付得起。美国的医疗保障没有覆盖贫穷工人显然是不正义的，但是到底要给每个人提供多少医疗保障也是不清楚的。沃尔泽引入民主说服和决策——平等成员身份的另一种表现——来决定充足的标准。（民主决策程序在道德上是最优的，这种最优不必依赖结果的正当性。）民主说服和决策是一种横跨多个领域的道德标准，作用是划

---

❶ 尽管这些物品能够被直接分配给个体，但是，对维持平等成员身份来说什么才算是充足的分配，取决于社会认知（就像大卫·米勒在第9章中谈到的）。除非人们视彼此为平等的，否则平等公民身份不能完全实现。但对许多其他物品来说什么算是正义的分配，社会认知也是不一样的。在某些社会中，生产性就业的统一分配对于平等的福利和成员身份来说是必要的；在其他社会中，最低生活保障是可靠的替代物。尽管社会可以把生产性就业和收入直接分配给个体，这些物品能否有助于社会正义至少部分取决于共享的社会理念。

定特殊领域的边界并巡查越界行为。❶

一旦所有成员的医保需求都得到了充分的满足，只要这种受到限制的医保市场没有妨碍收入不同的所有公民获得充足的医保，为什么人们不应自由使用自己的收入购买更多医保呢？复合平等激活的领域特殊性答案——因为医保不是一种商品，所以从市场上购买是不正义的——具有深深的误导性。假设医保的意义能够解决这一问题，就会使我们忽视道德和经验思考的复杂性，但即便只想获得一种暂时的答案也不能忽视这些。

设想一下正义的社会，在其中，收入和财富的分配远比现在平等，能够确保每个人都能获得优质教育、住房、医保、警卫以及其他福利物品，充足的标准是见多识广的公民达成广泛共识后制定的。支持这种共识的公民也会认可个人购买超出社会定额医保的自由，前提是受限的医药市场不会损害社会为每个人提供充足保障的能力。在收入和福利分配是正义的背景条件下，为什么社会保证其成员自由购买额外医保就不正义呢？额外医保与跑车、珠宝和滑翔有什么

---

❶ 依据沃尔泽的说法，宪政民主制中的政治权力"意味着"民主说服和在宪法的框架内决策，这一含义证明了跨领域地使用合宪的政治权力是正当的。（参见 *Spheres*, 281–311）如此理解政治权力，就使得政治权力不能与两种更宽泛的道德考虑——平等公民身份和平等地位——相区分，平等公民身份和平等地位在许多其他领域象征着分配正义。就像沃尔泽所说的，主导政治权力的分配原则是跨领域的，但原因不只是它的社会意义。

不一样呢？❶

复合平等的答案是：医保不是商品，但跑车、珠宝和滑翔是。（依据复合平等的标准，整容手术也是一种商品，可在市场上买卖。）购买额外医保的自由隐约展现出了增进健康和延长寿命的前景，在不妨碍所有人获得充足的医疗的前提下，使一些公民比其他公民有更高的概率获得更健康长寿的生命。但是，现在我们需要问一问，假如一些人有更多的机会满足他们更多的需求，甚至是他们最强烈的需求是正义的，那么为什么一些人在不剥夺别人充分需求的满足的情况下获得满足自己更多需求的更多机会就不正义呢？依据医保不是一种商品不足以说明这种情况是不正义的。我们已经证明了物品的意义并不决定它的分配。复合平等失败了，它不能解释为什么正义与受限的医保市场不相容，特别是在这样一种情况下：(a)收入和财富得到公正的分配；(b)所有社会成员都获得了被广泛（且合理）认为是充足水平的医保。假如满足了这些条件，那么不允许人们使用自己的收入购买超出社会确保的充足水平的医保可能就是不正义的。毕竟，购买更多医保的自由至少与购买商品的自由具有同等的价值，而复合平等的提倡者也认为阻止人们购买无害的商品是不正义的。复合平等的主张不足以阻止受限的医疗市场。

---

❶ 同样的，假如背景条件是正义的，为什么人们能够自由购买让自己高兴的奢侈品，却不能自由购买超过法律规定的安全水平的家庭和汽车防盗装置呢？隐藏在复合平等中的道德论证似乎是这样的：一些人比另一些人更有能力满足自己需求的状态是非正义的，而一些人比另一些人更能够满足自己的欲望则并非如此。假如一些人比另一些人更长寿是不公平的，那么至少一些人比另一些人更能享受生活不也是不公平的吗？这样一种普遍的不公平意识不能转化成这样一种正义要求——阻止人们在社会保障水平之上以不同的方式娱乐或满足自己的需求。

什么样的社会会把下述内容当成一种原则，允许人们购买跑车、珠宝、滑翔和整容手术，却禁止人们购买超出社会确保的充足水平以上的额外医保？这种社会是因为自己的缘故使所有人的生活机会平等化的社会，它不是为了个体的幸福。或者是这样一种社会，不相信在社会提供的关怀水平之上，人们能照顾好自己的需求。或者兼而有之。尽管国家不能满足所有成员的所有需求，但一旦超出了集体供应的水平，国家就可以宣布所有福利物品市场非法。使任何需求都不能从市场上获得满足，这样一种安排符合复合平等领域特殊性的推理方式。它也剥夺了我们满足自己需求的个体责任，这种需求超出了集体为我们提供的保障水平以及我们彼此之间提供的保障水平。我们担忧在这样的社会中，我们不会认为自己是负责的个体，这进一步质疑了领域特殊性推理的正义性。❶

沃尔泽认识到诸领域之间的完全自主是不可能的。他写道，"一个分配领域发生的事情会影响其他领域发生的事情"，因此"我们最多只能期待（领域间的）相对自主"（*Spheres*, 10）。在本章中，我阐释了不应寻求诸领域中可能存在的最大程度的自主。有重要的道德考虑——像是社会中的最少受惠者成员、个体责任、平等公民身份和人的尊严——横跨多个领域。尽管沃尔泽在论述细节时，多少注意到了这些考虑，但这些在他对复合平等的解释中并不占据突出的位置。

---

❶ 或者，具体而言，我们能认为自己是负责的，但只是在"集体"负责"集体"命运的意义上，而不是在个体负责自己任何方面的福利的意义上。我们也要问一下，为什么民主制社会不允许在公民集体为彼此提供的福利物品之外建立自由的福利物品市场？

这些考虑在复合平等理论中占有什么样的位置呢？在规制分配时它们扮演什么样的角色呢？公平、个体责任、平等公民身份和人的尊严并不构成特殊物品的社会意义。它们不足以被构想为偶然的文化事实——我们恰好持有它们、随我们的集体意志轻易地改变它们。它们不是主导型的原则，要求支配所有领域特殊性分配。因此，把它们放在复合平等理论框架的哪一位置看起来都不合适。然而，公平、个体责任、平等公民身份、人的尊严，诸多考虑合理地影响着我们思考不同物品的分配方法。在众多社会中，它们都是有意义的道德思考，表征着我们的自我意义和我们的社会意义。它们不会带来专制的威胁，也不会指向简单平等。在某些情况下，它们使许多领域更少自主性，但它们不打破边界。恰恰相反，它们指向了一种复合的社会正义观，但这种复合不是领域特殊性的复合。这样一种观念对于此时此刻的我们来说是适用的，将来也是如此。

6. 政治与性别复合不平等

苏珊·穆勒·奥金

迈克尔·沃尔泽把正义理论解释为复合平等，以此为根据，我于本章探究当代自由民主国家中女性在政治生活领域中的代表问题。自由民主国家需具备三个标准：全体成年公民拥有投票权，常规选举（或者，在新兴民主国家，常规选举是其目标），至少有两个政党参与竞选。从多个方面看，这都把民主制的界定标准降得很低，我会予以证明。本章处理的主要问题如下，男女在政治代表上的极度不平等是如何成了一个不公正的问题，以及为何这是一个重要的问题？为何在几乎所有的自由民主国家中女性在立法机构中的代表如此不足，很少受命担任高级职位？迈克尔·沃尔泽的"复合平等"以及"正义诸领域"概念如何能够帮助我们理解、批判并解决这些问题？

复合平等与性别不平等

一开始，至少要略述一下"政治的"两种含义，这是很重要的。

在过去的 20 年里，第二波女权主义者已经将性别这一概念——我指的是"性别差异的社会制度化"——提上了政治科学和政治哲学的议程。几个世纪以来的政治思考和写作对女性视若无睹或者"理所当然地"认为她们处于从属地位，我们已经质疑了这种做法。在这么做时，我们对政治理论中的许多传统概念提出了质疑并重新构思，包括什么是政治的。20 世纪 60 年代的那句女权主义口号——"私人的就是政治的"——一针见血地指出了应扩大政治领域的涵盖范围。我们已经讲明，当政治和私人或者家庭生活被看作是二元对立的时候——正如它们在概念上和实际上都是分立的那样，许多事情将被忽视。第一，女权主义学术研究已经表明私人生活、家庭生活和性生活中含有大量的权力关系以及并不鲜见的剥削或者虐待。第二，关注点已经被引至这个事实，即正是在被认为是非政治的生活领域中我们成了现在的自己——认识到这一事实后，我们走出（或无须走出）家庭，进入工作和政治公共领域。第三，已经证明，私人领域中性别间权力、资源和责任的不平衡是历史事实，而法律和其他政府行为——以及不作为——仍在许多方面引起和维持着这种不平衡。第四，与此相反，女权主义者已经清楚地表明，性别间的私人的或者家庭的权力差异是如何反过来影响男女在公共领域能做什么和不能做什么的，包括政治生活。❶因此，作为一名女权主义理论家，我通常拒绝把"政治的"限定在其传统的狭义范围内。但因为我在本章中多数时间关注的是上述第二点和第四点，所以我将经常在狭义上使用"政治"这个词语，指涉政府、政府成员以及他们如何成为掌权者的。

正如大卫·米勒在导言中指出的，在沃尔泽对正义的解释中，平等公民身份观起着"关键的作用"。但"平等公民身份"指的是什么呢？我们怎么知道平等公民身份标准何时被满足？众所周知，在几乎所有的自由民主国家中，几十年来女性已经享有了平等公民身份——投票权——这一最重要的权利。1893年，新西兰成为第一个给予女性选举权的国家。1971年瑞士最终加入到了其他自由民主制国家的行列，授予女性投票权。但是，正如女权主义者一直以来指出的那样，形式上的平等公民身份并不会促成实质上的平等公民身份，而且在绝大多数自由民主国家中，女性远远没有和男性一起分享同等的政治权力。明显的事实——虽然并不是唯一重要的，因为在那些受命担任高级政治职位的人中，同样是男性占据压倒性优

---

❶ 感谢大卫·米勒对本章初稿的有益评论，感谢金伯利·尤拉科（Kimberly Yuracko）为本研究提供的珍贵协助。'Gender and Political Equality' in *Norms, Values, and Society*, ed. Herlinde Pauer-Studer, 2/1994（Dordrecht: kluwer, 1994），本文在这篇文章的基础上做了较大的修改。

更完整的讨论参见 Susan Moller Okin, *Justice, Gender, and the Family*（New York: Basic Books, 1989），128-133; Frances Olsen, 'The Myth of State Intervention in the Family', *Univ. of Michigan Journal of Law Reform*, 18/4（1985），835-864; 以及 Carole Pateman, 'Feminist Critiques of the Public/Private Dichotomy', in Stanley Benn and Gerald Gaus（eds.），*Private and Public in Social Life*（London: Croom Helm, 1983）。

势——少有女性议员当选。鉴于平等公民身份观占据沃尔泽正义理论的中心位置,这样一种理念能被有效地应用于实质不平等这种情形。

不过,在此之前,我想要指明"代表不足"或者"不成比例的"代表这个普遍问题不仅仅是女权主义者的议题,这有助于说明为何我们可以有效地使用并不专属于女权主义的理论帮助我们思考。在《正义诸领域》中,沃尔泽将政治权力视为所有社会物品中最重要的一种,政治权力这一章甫一开始,沃尔泽就那些掌握政治权力的人写道:

> 表面上,他们代表我们,甚至是以我们的名义(经我们同意)行事。但在大多数时间的大多数国家里,政治统治者的功能实际上是由丈夫和父亲、贵族家庭、学位持有者或资本家完成的。国家权力被财富、才能、血统或性别侵占;而一旦它被这些东西侵占,就很少受限制了。❶

这无疑是正确的。在多数自由民主国家以及缺乏代议制度的政府中,选任的公职人员,甚至没有代表占多数的人口。比如,行走在美国多数地区的街道上,人们能非常明显地感受到这是一个多民族、多种族、有阶级差别的社会。当然,这也是一个两性分化的社会,有些人可能会说是多性分化。但(在 1992 年大选前更是如此)谁在参议院、众议院、最高法院和内阁中看到过他们?占据这些机构的是专业富有的中老年白人。虽然他们是被选举出来的,且人人享有投票权,但选举进程中的各种操作以及我稍后提到的其他因素,使这

---

❶ *Spheres of Justice*(New York: Basic Books, 1983),282.

些所谓的人民代表根本没有代表我们,尤其是考虑到所有的人口分布变量。沃尔泽提醒我们,很久之前,伯利克里就宣告,"我们的普通公民,尽管忙于生计,仍然是公共事务的公正法官"。这一观念发生了变化?❶

现在让我们简单地看一下在一些自由民主国家中——包括那些资本主义色彩浓厚的国家和经济更为混合的国家——女性在国家层面上被代表的程度。国家立法机构中女性议员的百分比全部来自 20 世纪 80 年代晚期或 90 年代,并且,对于实行两院制的国家,数据来自有更多民意基础的议院。日本的女性议员数最少,2.3%;往后数是法国,5%(自 1946 年法国赋予女性选举权起,这一数据就一直未变,引人瞩目)。接下来这组国家,包括澳大利亚、印度、以色列、巴西、智利以及相当多拉美小国家,女性在立法机构中的比例为 6% 到 8%。美国和英国也处于这一区间直到 1992 年大选,从那时起这一比例在美国增至 10% 多一点,而在英国接近 10%。接下来,可明确地将加拿大、意大利、西班牙和哥斯达黎加归为一组,这组国家的女性议院比例在 12% 到 15% 之间。在新西兰,为 16.5%。在澳大利亚、德国、冰岛和荷兰,略高于 20%。在前两个国家里,近几年,比例猛增。在澳大利亚,女性议员的比例在 1986 至 1990 年间翻番,虽然其中的原因尚不清楚。在德国,女性议员比例猛增的可能性原因至少部分地得益于统一,因为东德(GDR)的比例高出西德很多。

---

❶ Walzer, *Spheres*, 287, citing Thucydides, *History of the Peloponnesian War*, tr. Richard Crawley(London ,Everyman, 1910),123(ii. 40). 应该指出尽管伯利克里的民主概念看起来是具有包容性的,但他无意将"女性"包含在他对普通公民的界定内。

然而，这可能让人难以置信，因为处于共产主义治下的东欧国家，女性在政府机关中的比例远远地高于现在。也有人认为出现这种倒退因为两个原因，既是因为现在废除了保证包括妇女在内的诸多群体被代表的配额制，也是因为东欧国家的议会比之前更有实权：不幸的是，议席重要性增加的同时，女性越来越难以成为议员。

接着是引人瞩目的北欧国家（除了冰岛，它在我目前提到的所有国家中比例最高）。在丹麦、挪威、瑞典和芬兰，女性议员比例介于33%与近40%之间。因此，这些国家实际上非常接近这一水平，即女性议员的比例与女性人口的比例是相符的。但是在大多数自由民主国家中，女性在议会中的比例远低于她们在人口中的比例。

沃尔泽在《正义诸领域》中的一些论述，有助于思考为什么一直以来女性在政治上处于不平等地位。正如米勒所言，沃尔泽为复合平等所做的全部论证可被"理解成一种平等公民身份观"。❶ 毋庸置疑，沃尔泽认识到了"政治"权力的重要性。"政治，"他说，"总是统治的最直接方式，而政治权力（而非生产方式）可能是人类历史上最重要的，但无疑也是最危险的善物"（*Spheres*, 15）。因此需要约束政治垄断，通过制约与平衡达到限制的目的，需要广泛地分配政治权力。然而，沃尔泽没有过多地论述如何将最相关的理念——"分离的诸领域"与"复合平等"——用于解决女性政治代表不足问题。对此，我将展开论述，并证明对一个公正分配政治权力的社会来说，满足沃尔泽的标准还"必须"直面性别问题。我的结论是，一个正

---

❶ Miller, Introduction, 3.

义社会必须致力于降低并最终根除基于性别歧视的劳动分工；在此之前，也必须利用一些机制改善目前的候选人选举办法和投票制，使女性政治代表的数量有根本的改观。

沃尔泽的《正义诸领域》为我们提供了许多思考政治领域内性别不平等的有益途径。我会避开这本书明显的社群主义取向——正义原则应当建立在各种文化的"共享理念"上——我在其他地方给出过解释，站在女权主义的视角，这一点问题多多。❶撇开这一点，我集中注意力于沃尔泽提出的其他正义标准——"分离的诸领域"或"复合平等"，这要求任一领域内的不平等都不能延伸至其他领域。现代主流正义理论对妇女和性别问题置若罔闻，沃尔泽的作品与众不同。在《正义诸领域》中，他大量使用无性别歧视的语言，主张家庭构成了一个重要的"正义领域"，特别提到了性别间的权力不平等和歧视。此外，把沃尔泽的"分离的诸领域"这一框架从他的"共享理念"论证中分离出来，我认为是相当可行的；对女权主义者来说，这是一种强大的批判武器。罗尔斯坚持认为政治自由包含公平价值，❷与此类似，"分离的诸领域"隐含着对自由民主制中女性代表不足问题的批判。

在"亲属关系与爱"这一章中，沃尔泽既阐明了女性（和孩子）

---

❶ 关于男女之间的关系和不平等，不仅不是常被共享的社会意义，反而有着深刻的分歧。即使在那些它们貌似被共享的领域，这也通常是一些集团支配另一些集团的结果，后者被要求保持沉默、被排除在融贯性考虑之外或被更有权力的人指派。更为充分的批评，参见 Okin, *Justice*, 62–68。

❷ 关于这一点的讨论，参见 Okin, 'Gender and Political Equality', *Vienna Circle Yearbook*, 2/1994。

在家庭中经常受到压迫与支配,也阐明了女性被许多其他社会和政治领域排除在外,这就是他说的"支配性"——不平等从一个生活领域转到另一个生活领域。沃尔泽认识到家庭"强加目前所谓的'性别角色'于与性完全无关的大量活动中",并且这些性别角色在大于家庭的外部世界里重复出现(*Spheres*, 240;散见 239-242 页各处)。虽然沃尔泽严重低估了性别角色对女性家庭地位的影响,但他确实没有忽视性别角色在家庭之外的影响。"家庭本身,"他写道,"必须改革,以使得它的权力不再延伸进公职领域"(*Spheres*, 239)。

我由衷地同意这个结论。在美国,它的紧迫性已在最近的"佐伊·贝尔德/金巴·伍德"事件中突显出来。在这起案例中,两位有孩子的已婚女性相继被考虑担任克林顿政府总检察长一职。在贝尔德被任命前,她透露说她和她的丈夫正找人照顾他们的孩子,此前曾非法雇佣过一对非法入境的移民夫妇做家政工。当这件事情公之于众后,极端负面的公众反应很快见效,她被取消了担任国家最高法律职务的资格。在我看来,对于贝尔德的反对多少是合理的;她和她的丈夫周旋于职业与父母责任之间,承受的压力大于许多父母,但他们也远比大多数父母富裕,确实没有必要为了让孩子得到细心的照顾而违法。然而,应当指出,作为高级行政人员的贝尔德,假如是名男性的话,远不可能像她现在这样需要大量的家政服务(因此不诉诸非法渠道的话,找起来便有困难),尤其考虑到配偶是一位工作时间有要求却不乏"弹性"的学者(正如她这样)时。正如安东尼·路易斯在他的纽约时报专栏中对整起事件评论的那样,"这是

性别歧视,笨蛋"。❶

然而,这一事件中真正的性别不平等体现在接下来的这一幕:法官金巴·伍德,排在第二位的候选人,也曾雇佣无注册记录的移民照顾孩子。重要的差别是她只是在法律允许的时期才这么做的。尽管如此,当局害怕围绕被称为"保姆问题"的事件再出现负面报道,很快终止了对伍德的任命。克林顿总统确实兑现了他的承诺,最终任命一位女性出任总检察长;但值得注意的是,珍妮特·雷诺是一位从未结过婚也没有孩子的女性,因此才免受"保姆问题"的困扰。

这个令人遗憾的故事与我们要处理的问题有什么相关性呢?正如沃尔泽在"公职"这章所认为的,公职要求的资质都有一个合适的范围,正义要求选择委员会不必在意不相关的因素:"无法运用到工作中的能力,与表现不相干的个性,还有超出公民身份之外的政治背景和团体身份。"(*Spheres*, 145-146)但是伍德因为自己的性别和母亲身份,被剥夺了公平竞争公职的机会,这是她的奋斗目标;她的相关优点被"负面报道"的可能性淹没,这种"负面报道"不值一提。她(以及贝尔德)在照顾孩子上遇到的问题是一个典型的问题,寻求政治(或者其他)职位的妻子或母亲都会遇到这种问题。专业的高收入女性丝毫没有免受家庭劳务不平等分配的影响,这一点我稍后会讲到。同样是谋求政治职位,作为丈夫和父亲的男性,远比女性有可能找到贤内助,贤内助倾其所有——物质的和非物质的——帮他们实现抱负;因此他们很少被"保姆问题"所累。而且,

---

❶ *New York Times*(2 Feb. 1993),A15.

不同于那些渴求高级公职的女性，他们的形象通常会因他们已经是"有家室的男人"而得到提升。"他们"极少被问及，是如何能够既拥有家庭又拥有位高权重的事业的。❶

我提到过，沃尔泽清楚地认识到了这一问题，我们的社会存在性别歧视，这一问题并不鲜见。在某处，他指出了女性在某种程度上仍被排除在"当下建构的承认领域"之外；并且，正如我已经提到的，他呼吁按复合平等的要求改革家庭，使家庭中的权力不平衡与公职分离（Spheres, 252, 240-241）。可惜的是，他没有详细论述该如何做。他拒绝其中一种可能的解决方案，认为这是"可耻的"，而不那么看重平等的思想家或许会寻求此道，即出得起钱的人可雇佣家庭帮佣照顾自己的家庭和孩子，从而使女性进入专业领域，包括政界；不然的话，女性就得担负很多这样的劳务。他也不赞成日托服务（daycare），认为这是"将孩子丢弃给官僚豢养"，还特别强调对幼儿的公共看护"有可能导致爱的大量流失"，除非在一个像基布兹这样小而紧密的社会共同体中（Spheres, 52,179-180, 233n.,238）。❷

现在家庭劳务几乎完全由女性承担，假如存在一个致力于维护两性间正义的社会，那么接下来的问题是，沃尔泽如何看待家庭劳务的分配呢？他在这个问题上花费的时间很少，但说的东西却相当

---

❶ Emily Stoper,'Wife and Politician: Role strain among Women in Public office', in M.Githens and J.Prestage（eds.）, *A Portrait of Marginality*（New York: Longman, 1977）,320-338.

❷ 这一段及下面一段的部分内容在我已有论述的基础上修改而成，参见 *Justice, Gender, and the Family*, 114-117。

有启发意义。第一，社会的累活，特别是脏活，应被共同分担——"至少在某些局部的和象征的意义上，我们所有的人都得干"，而且他特别强调了这种分担对于家庭的重要性。第二，虽然只是在脚注里，但他认为没有理由认为父母们不应当共同照顾孩子（*Spheres*, 174–175, 233n.）。尽管我很不赞同沃尔泽贬低日托服务的价值——我认为日托服务的质量与单个父母提供的照顾相差无几——但他紧接着提出了解决方案，借此确实能部分消除家庭性别结构的非正义性。诸领域的分离是沃尔泽为正义设定的标准，若要满足这一标准，若要防止家庭内的不平等进入其他领域，包括至关重要的政治权力领域，那么他建议的这种分担——充分且真实的，而不只是"局部的和象征性的"——就是必要的（虽然不是充分的）。但有鉴于两性的历史，我们明白不管是在家庭内部还是在家庭之外，性别间的平等都是几乎不可能实现的。只有法律的、政治的和社会的变革才能够带来性别正义。

女性为何必须出现在政治中？

女性应在政治职位——既包括任命的也包括选举的——中占有一席之地，她们不仅应该是女性，还应该是这样的女性——其中的许多人"亲力亲为"，有过育儿经历，至少部分人在缺乏大量付费帮助的前提下有过周旋于带薪工作和家庭需求之间的经历，眼下我思考的是为什么这是一个如此重要的正义问题。❶ 我们首先要思考，一般来讲，具备什么样的条件才能真实有效地"代表"他人。由政治学者们提出的这个问题已经有了许多答案，虽然直到最近他们主要关心的并不是所谓的代议机构的实际成员，而是谁需要"投票"权，以使立法机构具有代表性。毕竟，迟至20世纪，大多数的国家才放弃了中上阶层选出来的议员能代表工人阶级利益这种迷思。尽管如此，即便是那些无法接受一个阶层能由另一阶层选出的成员代表的人，通常也不认为当下女性被男性议员代表有什么问题。❷

如今，很少有人会为这种立场辩护，即某些类型的人能在不享有投票权的前提下被充分代表。20世纪晚期，欧洲大陆多数民主国家拒绝授予长期定居的"客籍工人"公民权以及连带的政治权利，自然，沃尔泽在《正义诸领域》中谴责了这种情况，认为这是难以接受的。他写道："一帮排外的公民对侨民和客人做出决定（或主人为奴隶做决定，男人为女人做决定，白人为黑人决策，征服者为被征服者决策）不是共同体的自由，而是压迫。"（*Spheres*, 62）随着代议制的首要问题——"谁需要投票权？"——的解决，接下来的问题是："谁能够当选？"拥有投票权，甚至事实上投了票，也可能只

---

❶ 当然，理想状态是也让这样的男性担任公职，他们是育儿过程的平等或主要参与者，但目前这种男性是十分稀少的。

❷ 詹姆斯·密尔在《政府论》(1820)中认为，扩大选举权是必需的，因为人性如此，无论何时，只要可能，人们便倾向于剥削彼此，因此政府必须具有广泛的代表性。他接着说道，女性能够安全地被男性代表，因为丈夫和父亲是可靠的，会保护女性亲属的利益。托马斯·杰斐逊同样认为"妇女"选举权是一个完全与民主无关的问题，他在美国建国时说："如果我们的国家是一个纯粹民主国家的话，妇女仍将被排除在我们的考虑范围外；为防止道德腐化和模糊视听，妇女不应当胡乱掺和男人的聚会。"

是被卷入了选举过程，并不确保选民的确被代表了。正如我们已经指出的，目前许多自由民主国家的通病是：全体成年公民，无论男女、无论上层、中层还是底层，都拥有投票权，但是他们选出的立法机构却被相当或非常富有、受过高等教育的中老年白人男性压倒性的占有。

由于议员和其他公职人员们的阶级身份，许多现代自由民主国家的激进批判者指控他们成了事实上的寡头集团。但是，其中的多数批评家却不曾对他们政府中少得可怜的女性成员数量说过只言片语。这些不认为一个阶层的成员能够充分代表另一阶层的思想家们，通常不会把相同的推理逻辑应用于性别上。有时是因为挥之不去的憧憬，认为家庭只有单一的利益。在某些情况下，这种迷思使人们认为女性代表不足没有少数种族代表不足问题严重。最近，我发现一篇评论瑟古德·马歇尔的文章比较了马歇尔与露丝·巴德·金斯伯格法官以及二者对交由最高法院处理的各类问题的看法。后者最近才接到最高法院的任命，是最高法院史上的第二位女性成员。金斯伯格的大部分职业生涯致力于对抗性别歧视，就像马歇尔的职业生涯是在对抗种族歧视一样。但是尽管他们都致力于对抗歧视，这位评论家仍说道：

> 和其他的法官一起围坐在会议桌前，她将比马歇尔更有可能从相同的基本假设中推论出社会该如何良性运转。而且，相比于马歇尔的议题，最高法院更易对女权主义议题产生真正的同情：每位法官都和女人有着血缘关系（现在其中的两位是女性），只有一位法官

与黑人有血缘关系。❶

这篇文章怪事咄咄。一是令人不解地忽略了这样一种现象，有时团体成员很少或不会为团体的主要利益着想，稍后再谈这点。目前唯一在任的黑人最高法院大法官克拉伦斯·托马斯通过记录在册的系列案例快速表明了自己的立场，认为他支持美国黑人可就大错特错了。他的司法推理保守主义政治立场鲜明，与其他黑人的"血缘关系"相形见绌。第二点对本章的主题来说更重要。大量的历史证据告诉我们，男性与女性有着家庭联系这一不争的事实，使许多男性试图倾尽全力牢牢地把控女性，推动实现女性的利益也以不损害男性的潜在利益为前提。可仰仗男性同情并充分地代表女性，因为他们是女性的儿子、父亲和丈夫，这种观念是一个谬种流传的神话。果真如此，女权主义者就不必大费周章了。

性别的复合不平等

汉娜·皮特金说过"以被代表人的利益行事，以某种方式回应（被代表人）"对代表来讲是必需的。❷可给出有力的证据证明生活经历大相径庭的人不能充分代表彼此——这适用于生活在性别差异显著的社会中的男男女女。有时是因为他们根本没"看到"在他人看来很明显的事；有时是因为看待方式十分不同。我对此深信不疑的部

---

❶ Nicholas Lemann, 'The Lawyer as Hero', *The New Republic* (13 Sept.1993), 36.
❷ *The Concept of Representation* (Berkeley, Calif. : The Univ. of California Press,1967), 209.

分原因来自我的经历,我是一名学者,也是一名女性;我是一位女权主义者,也是两个孩子的母亲。自古希腊至今,几乎所有政治理论家和哲学家都同时夺取和忽视了女性所做的几乎所有工作,不然就认为劳动分工和性别不平等理所当然。当我发现这一点时,我和许多其他女权主义学者一样,关注了这个问题。但是一代又一代的男性学者们,甚至还有那些偶尔被男性认可的女性学者,却根本不,或者选择不,给予任何关注。❶ 这种漠视可能是无意识的,但在我看来明显有悖代表所需的"回应性"。

为何正义要求当选政治公职的女性比例或多或少应与女性在人口中的比例相称,现在我尝试系统地予以解释。有三个原因,在解释的过程中,我既会指出对立看法,也会评论这三个原因在多大程度是有效的以及为什么。❷

首先,由于政治权力对我们生活的其他领域的巨大影响,所以在政治领域中性别代表的不平等分配是特别不公正的。正如沃尔泽

---

❶ 学术上对女性工作的忽视绝非过去才有的事。我最近刚刚读到一篇关于离婚后家庭经济状况的文章,这篇文章的假设是比之于双亲和双子女家庭,单亲和双子女家庭可用于维持生计的收入更少。照顾孩子代价高昂,要么费时间要么费钱或兼而有之。双亲家庭可以选择让一方在家照顾孩子而另一方赚钱养家,或者双方都工作,然后从两个人的收入中抽出一些钱雇人照顾孩子。单亲家庭的处境非常不同:为了赚钱,他或她(通常)必须为日托服务付费,这可能会消耗掉她收入的相当大部分。为了不花钱照顾(也即考虑到花费)孩子,她必须放弃带薪工作。因为她的家庭少了一个成员,它需要更多的收入,因为就工作——有偿的或无偿的——而言,家庭中的每个成年人,至少潜在地都是一项资产;而每一个孩子,考虑到经济和时间,都是一笔开支。这只是一个小而典型的例子,许多领域都会出现这样的错误。这些错误起源于同时存在的对女性所做的大量工作的篡夺和忽视。

❷ Anne Phillips 在 *Engendering Democracy*(Cambridge: Polity Press, 1991)一书,和 Helga Maria Hernes 在 *Welfare State and Woman Power*(Oslo: Norwegian Univ. Press, 1987)一书中有过论述,接下来几段借鉴了这些论述。

所讲的那样，政治权力"不仅仅是男人和女人追求的众善中的一种；作为'国家权力'，它也是调节所有不同追求——包括对权力本身的追求在内——的手段"。在对我们所有人都至关重要的生活领域里，那些掌握政治权力的人能够（且在）允许或禁止，支出或扣留，规制、再次分配、推动或阻碍物品或物品交易。❶因此在几乎所有的自由民主国家中，政治权力各层级中的女性代表严重不足构成了一种显著的非正义。表面上看，显然易见的是：假如女性和男性的投票权相当，并且她们也刚好有和男性一样多的利益（将自我利益和他涉利益都计算在内），那么当她们以比男性小得多的比例获得高级政治公职时，复合平等就被侵犯了。正如安妮·菲利普斯所说："拒绝给予特定人群选举机会的障碍物正如那些曾将她们排除在投票权外的法律一样不民主地挡在路上。"❷

在回应此类针对非正义的指控中，一些人争论说女性在各种各样的职业——包括政治——中的缺席或相对缺席，或许只是女性的偏好问题，她们乐于做其他事情，但若干事实削弱了这种理论。第一，正如我已经讲过并在稍后还会讲到的，女性承担的家庭责任是她们获取并守住高级政治公职的一个相当大的障碍。第二，众所周知，女性为竞选公职而筹款更困难（这个事实对美国这样的国家来说更重要，因为其他国家在控制竞选开支方面做得比较好）。❸第三，在

---

❶ 沃尔泽认为政治权力是"最关键和最危险的一种权力形式"，参见 *Spheres*, ch.12, esp.pp.281–285。

❷ *Engendering Democracy*, 65.

❸ 例如，参见 'Women's Campaigns Fueled Mostly by Women's Checks', *Congressional Quarterly Weekly Report*（17 Oct. 1992），3269–3273。

鲜活的记忆里，女性仍然被排除在许多重要的职业之外，或者无法参与必要的教育和培训项目。❶ 第四，在专业领域和其他传统的男性职业领域——通常是成功的政治生涯的跳板，仍然存在大量针对女性的歧视。这四点因素极大地削弱了这种论断，即认为女性只是"偏好"在实权职位之外进行选择，不管是在政治领域还是其他领域。在这两种情况中，非正义，而不是选择，要承担重责。女性在家庭和工作领域中的弱势地位正在削减她们在政治领域中被公平代表的机会，这有悖复合平等。

其次，女性的形象——还有她们的利益——受到了官职中女性代表严重不足的影响。正如弗吉尼亚·萨皮罗写道的："女性和男性都继续将政治视作一个男性的领地，因为此刻的经验事实就是——政治'是'一个男性的领地。男女双方都认为由女性统治是奇怪的、非比寻常的、惊人的，甚至是不合适的。"❷ 看来，如果立法机构或最高法院实质而非象征性地出现一些女性的话，感知和对待女性的某些方式有可能会改变。沃尔泽略述了这种主张，认为是为政治权力民主分配而作的"强论证"——可以称为基于尊重的论证。他说："事实上，有一个关于民主的谨慎观点：即如果所有群体的所有成员都分享政治权力的话，不同的男人和女人群体最可能得到尊重。"（*Spheres*, 284）即使担任公职的女性并非完全与大多数女性相似，她

---

❶ 突出的例子是哈佛法学院，直到 1953 年才接受女生，直到 1989 年才允许所有人都可在业余时间学习；还有剑桥大学，二战后才正式授予女性学位。关于这一主题，可参见 Virginia Woolf, *Three Guineas*（London：Harcourt Brace Jovanovich, 1938）。
❷ Virginia Sapiro, 'When are Interests Interesting? The Problem of Political Representation of Women', *American Political Science Review*, 75（1981），701–716.

们作为女性,在公共领域崭露头角,就可能减少这样的广告场景——女性的言行滑稽可笑,主要被当作性目标,等等,难道不是吗?身为高官的女性,与其他身居要职的职业女性一样,对其他女性起着重要的示范作用,否则其他女性就可能会认为追求此类职位是毫无意义的,难道不是吗?同样地,正在上演的这一幕也违背了复合平等,违背到这种程度——政治领域中女性代表的不足影响了许多其他生活领域对女性的认知。

第三点也是最激进的一个论点是,"男女存在冲突,把男性视为女性的代表很荒唐",安妮·菲利普斯提到过这个论点。❶ 和菲利普斯一样,我认为这一主张过于激进,容易产生误导。但我同意它的一种改良版。这种激进的形式有两点严重的缺陷。第一,断言男人和女人在"每件事"上都有冲突,既过于简单也与事实不符。显然,有这样一些"女性议题",对此一些男女和另一些男女之间存有严重的分歧,其中最明显的是堕胎。在此类议题上,说只有女性可以代表女性是毫无意义的,如果是从"代表全体女性的观点或意见"这层意义上讲的话。这种"完全冲突"论的另一缺陷是,政界高层有一些男性,热情支持女性的权益,是可信赖的人;反观一些女性高官,她们很少或不关心对许多女性来说意义重大的议题。(玛格丽特·撒切尔身为教育大臣却决定停止为小学生发放免费牛奶,这就是一个显著的例子。)

女性成比例地"亮相"于政治生活各领域的重要性在于:当女

---

❶ *Engendering Democracy*,63.

性政治家是一撮少数群体时,她们往往不愿"为女性"说话,也不愿与她们认为的"女性议题"扯上关系。一个原因是这样一些女性孤注一掷地去吸纳男性准则,有时被称作"汤姆叔叔主义"。几年前,美国参议院仅有的两位女性之一,南希·卡斯鲍姆说,她认为自己"不是一名女性议员,而是一名美利坚合众国的议员"❶。一些女性政治家不愿去支持女性议题(或者,就像在这个例子中,甚至不认同自己的女性身份),当她们脱离一撮少数群体时,情况就会朝着积极的方向改变。再者,男政治家也好,女政治家也罢,在一些议题上的立场都不鲜明,即便是那些只与女性相关的议题,但可以看出,在这些议题上女性比男性更易赌上政治资本。最近,美国国会中就出现了一个相关的案例。在该案例中,支持自由堕胎的女议员组成的两党小组,拥护克林顿总统的医保改革,改革措施包括政府援助堕胎费用、平等对待男女对健康的关切。❷一些赞成自由堕胎的男议员表达了支持,但立场并不坚定。很有可能存在一个"数量阈值(numbers threshold)",超过这个阈值女性才愿意为性别利益辩护。❸用菲利普斯的话做总结是明智的,"为使女性受益的政策成功,更多

---

❶ 引自 *Radcliffe News*(summer 1992),4-5。不幸的是,这种行为并不是不合理的,因为"有证据显示,如果一位女性说自己作为女性代表参选,那将成为竞选政治中的一个瑕疵。在最近的实验性研究中,一位支持平等权利的男性以 28% 的优势击败了一位反对平等权利的男性,但一名对该问题只字未提的男性却以 32% 的优势击败了一位参加竞选的女性代表"。参见 Sapiro,'When are Interests Interesting?',711。

❷ *San Francisco Chronicle*(14 Sept. 1993)。

❸ *Engendering Democracy*, 70。

女性当选是必要的条件，无疑也是不充分的条件"❶。

这一主张——男女之间的冲突使得把男性视为女性的代表变得"毫无意义——的改良版本就是：女性需要在政治高层中"亮相"，不能简单地让男性代表她们的利益，既因为她们身为女性有特殊的利益，也因为她们看待许多问题的视角不同于男性，这是性别经验不同导致的。❷ 极少有男性日复一日地照顾幼、病、残、老，从而积累起丰富经验的；很少有男性被强奸或遭受过严重的家庭暴力；至今没有男性怀过孕，不管他们是否乐意；很少有男性像许多女性那样挣扎于养家糊口和为人父母之间；很少有男性是单亲爸爸（尤其是居住在贫民区的单亲爸爸）；相对而言，也很少有男性遭受过性骚扰。当然，这个清单可以列得更长。议会、最高法院和政府行政分支每天就大量的议题做出决定，关键之处是大部分男女对此的体验相差悬殊。所以如此，的确是"因为"这些决定出自政治领域。当然，由于阶级、种族、职业和性取向上的偏见也存在于大多数自由民主制中，如果不是全部的话，那些爬到政治权力顶端的女性受制于上述的某一方面，不能代表"全体"女性。但至少在某些方面，她们比男性更有可能也更有能力代表女性。总之，我们甚至不需要精确定义"代表"，就能证明在大多数自由民主制中女性远没有被平等地代表，由此可见复合平等被严重地侵犯了。

---

❶ *Engendering Democracy*, 70. Sapiro 也得出了相同的结论，参见'When are Interests Interesting？'，712。

❷ 菲利普斯的作品或明或暗地讨论过这一改良版本，有几次则非常明确地提到了这一改良版本。Phillips, *Engendering Democracy*, see e.g. pp. 65-66. 关于女性的特殊利益也可参见 Sapiro, 'What Makes Interests Interesting？'，703-704。

为什么女性代表如此不足以及该怎么办？

如何确保女性在政治领域中有相应比例的代表，用沃尔泽的话来说，就是如何缓解政治生活中男权的非正义性？我们已经看到在大多数自由民主国家中，复合平等对女性来说是一个遥远的梦想，不平等会越出其他生活领域，不加掩饰地向至关重要的政治权力领域扩张。在详细论述复合平等时，沃尔泽没有教给我们很多应对复合平等受到侵犯的方法。我们是否要在领域之间竖起屏障，以防止支配权越过边界？如果这一举措失败了，或被证明行不通，我们是否要从领域内部实施干预，尝试减少或根除那些有扩张倾向的支配权？让我们看一下，作为削减男性对女性政治支配权的方法，每一种策略的潜能如何。

首先，应该强调的是我认为没有任何简易或快速的解决方案。我们需要采取两种基本的方法，因为有两个主要的原因导致了目前女性代表的不足：私人领域和家庭生活中的性别角色扩展至工作和政治领域，女性争取政治权力面临特殊的"政治"阻碍。应对第一个问题要求干预领域内部——理由是领域内的不平等具有扩张性。应对第二个问题的方法更像是一种补偿措施，通过补偿措施改善政治权力竞逐中女性所处的不利地位，从而阻止不平等在领域之间的扩张。

正如我们已经看到的，私人领域和家庭生活中的性别角色是一个阻碍女性平等政治代表权的主要因素。这包括女性的社会化、看护角色、时间要求，以及在特定职业中缺乏代表，人们认为这种职业会使人具备获得政治职位的"资格"。它包含这种普遍的期待,为了丈夫的事业她们要随遇而安,否则就是有悖常理。它包含着公众(特别是媒体)对事业型母亲尤其是从政母亲的态度,等等。相比男性,已婚妇女,特别是那些有孩子的已婚妇女,不太可能从事持续的或者全职的带薪工作;但是大量研究已经显示,至少在美国,在双方都是全职工的异性恋家庭中,女性做了平均至少两倍于男性的无报酬的"家庭工作"。❶

在这里,指出这一点是很重要的,女性不仅没有充足的时间,显然,充足的时间对高级别的政治参与来说是至关重要的,比之男性,她们还缺乏可预测的时间,尤其是因为照顾子女、老人和病人占据了女性的时间。即使在实行弹性工作时间的职业中,几乎可以完全不管不顾的人与需要马上离开处理紧急事务——不管是孩子病了还是管道破了——的人之间,有着巨大的差别。许多男性政治家的妻子要么是全职的家庭主妇,要么可以为了丈夫的政治生涯调整自己的工作时间和其他工作安排。但极少有女性政治家有幸嫁给这样的丈夫。看到美国参议员戴安·范斯坦在纽约时报上声称自己无法阻止丈夫将湿毛巾丢在地板上,读到这里,确实让人揪心。❷ 当然,

---

❶ 参见,比如:Barbara Bergmann, *The Economic Emergence of Women* (New York: Basic Books, 1986), ch. 11; Suzanne M. Bianchi and Daphne Spain, *American Women in Transition* (New York: Russell Sage, 1986), 213–240; Philip Blumstein and Pepper Schwartz, *American Couples* (New York: Morrow, 1983), 144–148; Kathleen Gerson, *Hard Choices: How Women Decide about Work, Career, and Motherhood* (Berkeley, Calif.: Univ. of Calif. Press, 1985), 170; Arlie Hochschild, *The Second Shift: Working Parents and the Revolution at Home* (New York: Viking, 1989).

❷ Marion Burres, 'Even Women at Top Still Have Floors to Do', *New York Times* (31 May 1993), A11.

她"本能够"予以制止；如果她从不捡毛巾，那么她丈夫就会接二连三被绊倒，并最终发现没有任何可以擦干自己的东西。但这是女性长久以来的不幸负担之一，她们还是常常无缘无故地认为自己有责任照顾其他人，而这些其他人完全有能力（虽然他们不完全愿意）照顾自己。

家庭内部的性别实践和期许（gender practices and expectations）是不平等的，它建立在性别差异的传统观念之上，转化成工作领域和政治生活领域的不平等，大大抑制了自由民主国家中女性本来能在这些领域获得的平等的程度。我在《正义、性别与家庭》中展开过论述，有一个循环过程在发挥作用，它强化着男性对女性的支配：从家庭到工作场所再到政治领域，进而从政治领域返回家庭，只是再次开启了这一过程。在诸多女权主义政治理论家中，安妮·菲利普斯和卡罗尔·佩特曼二人推进了这一论点。❶女性在政治中的意蕴已被英国政治家雪莉·威廉斯充分论述过，她说直到"在分担家庭责任、照顾孩子和培养孩子上有一个彻底的转变"，才不会"只有一小撮女性……选择一份像政治那样有要求的工作"❷。

为解决女性政治不平等的这部分问题，我们需要不断尝试打破性别间的劳动分工，重新思考和调整（如果不是根除的话）公私领域的二元对立。当然，不同自由民主国家有不同的公共政策——尤其是那些需要处理此类事务的国家，比如儿童保育供给、工作时间

---

❶ Phillips, *Engendering Democracy*, esp. 95-101; Pateman, *The Sexual Contract*（Stanford, Calif.: Stanford Univ. Press, 1988）, esp. ch.6.
❷ Elizabeth Holtzman and Shirley Williams, 'Women in the Political World: Observations', *Daedalus*, 116（1987）,25-33.

以及家庭法的各方面细则——这使得一些国家的公民较易改变传统的劳动分工，另一些国家则不然。

但这里有一个"鸡生蛋还是蛋生鸡"的问题。如何使这些改变发生，直到有更多的女性——包括生活经历具有典型代表意义的女性——拥有政治权力？但是在进一步削减家庭生活领域中的不平等之前，怎么会有更多女性获得官职呢？掌握政治权力需要各种资源，如今，资源分配上的不平等固化了公私生活中的不平等，反之亦然。复合平等明显正在遭受侵犯，但家庭生活中可能减少侵犯的那些改变却完全没有紧跟着发生。这个问题已经使一些女权主义理论家，尤其是艾瑞斯·马里恩·杨和安妮·菲利普斯，寄望于更直接的"政治"方式来提升女性的代表权。❶

政治障碍，说出了许多自由民主国家政治领域女性代表不足的另一个原因，是从较传统的意义上使用这个词的。它包括选举程序，以及那些被安妮·菲利普斯称为"守卫政治生活大门的男性选举人团"❷。认识到这些问题就会支持特定的解决措施，尽管一些国家认为这些解决措施是富有争议的——几乎难以想象，但在另一些国家它们在实践上已经取得了某些成功。我指的是完善阶段性选择和选举过程中的各项机制，把性别间现存的差异和性别不平等考虑在内，

---

❶ Phillips, *Engendering Democracy*, esp.ch.3; Iris Marion Young, 'Polity and Group Difference: A Critique of the Ideal of Universal Citizenship', *Ethics*, 99（1988-1989），250-274, and *Justice and the Politics of Difference*（Princeton, NJ, Princeton Univ, Press, 1990）.

❷ Phillips, *Engendering Democracy*, 80.

从而"确保在政治决策领域实现新的性别均衡"❶。菲利普斯对这些措施的支持，源自她基于大量研究的信念，即政治因素本身严重影响了女性在政治中的表现。然而，她清楚地表示采用这种机制是一种过渡措施："我认为对性别差异的强调是必要的，但却是过渡性的，因为我不想要这样一个世界，在其中女性不得不一直作为女性发声——或者听任男性作为男性而发声。"❷ 事实上，她最终的目的和我一样，就是实现这样一个世界，在其中性别差异基本上没有政治或社会意义。

各种机制助力女性选出团体代表，在研究这些机制能否起到改善作用之前，提一下团体代表的两个问题是很重要的，团体代表观已被普遍接受。一是人们归属于很多团体，有多个方面的认同——性别、阶级、信仰、种族，等等——单一方面的认同能否界定这个人常常是不清楚的。即使能，仍有理由担心这些团体代表有可能认为他们"只"代表所属团体。我们难道不期待，或至少希望，我们的代表在代表我们的同时，所思所行也能顾及他人？正如菲利普斯所说，顾及他人对女性来说不成问题，在大多数自由民主国家中，女性人口居多而且女性的意见和利益纷繁复杂，代表一小撮人的特殊利益团体无法与之相比。❸ 并且，女性们的利益通常和孩子们的利益紧密联系在一起，因此她们代表的是多数人口的福利，多数人口举足轻重。❹

---

❶ Phillips, *Engendering Democracy*, 7.
❷ 同上，然而她补充道："我们每个人都知道（这种过渡）将持续到我们生命的尽头。"
❸ Phillips, *Engendering Democracy*, 69.
❹ 关于此，也可参见 Okin, *Justice, Gender, and the Family*, esp. chs. 1, 7, and 8.

既然如此,哪一些具体的政治机制有助于增加女性代表的比例呢?一种是比例代表制,具体形式各有不同。❶非比例代表制中的单一选区制,促使人们认同"低风险的"选择——司空见惯的政治家。但在复数选区制下,可以选出多名代表,人们更有可能做"高风险"的选择;否则的话,正如菲利普斯说,"当选的人都一模一样这种看上去很怪的事情就会开始出现"❷。相同情况也可能发生在政党名单比例代表制中,在复数选区,政党列出供选民选择的候选人名单,选民选择的是一个政党而非一个人。所有其他条件都相同,特别是政党在选择和排列两性候选人时不偏不倚,就能增加当选女性的数量。它有助于增加立法机构的代表性,其他方面也一样——种族、宗教、民族、阶级和性取向。❸

回顾我之前提到的一些数据有助于我们认识比例代表制和"女性"代表比例之间的强相关性,尽管不是绝对的相关性。在一些没有实行比例代表制的国家——比如加拿大和新西兰,女性议员的比例要大大高于一些实行比例代表制的国家——比如以色列。不过,皮帕·诺瑞斯针对 24 个自由民主国家进行了跨国研究,这项发布于

---

❶ 值得注意的是,最近的一本书将各种比例代表制和其他的选举制作了比较,却没有为阶级、种族、宗教信仰、民主、性别或者女性提供任何的索引条目。它不仅没有关切此类团体的成员在不同的选举制下如何被充分代表,反而专注于政党被成比例地代表的程度,以及其他的问题,比如政府稳定性。Rein Taagepera and Matthew Soberg Shugart, *Seats and Votes: The Effects and Determinants of Electoral Systems* (New Haven, Conn.: Yale Univ. Press, 1989).

❷ Phillips, *Engendering Democracy*, 80.

❸ Ibid. P. Norris, 'Women's Legislative Participation in Western Europe', in S. Bashevkin (ed.), *Women and Politics in Western Europe* (London: Cass, 1985), E. Vallance, *Women in the House* (London: Athlone, 1979).

1985年的研究显示：与其他因素——如对性别平等的态度和两性间的社会经济差异——相比，女性当选的概率与比例代表制的相关度高得出奇。❶ 而且，所有女性议员占比高的国家都实行政党名单比例代表制，看来这种制度为议会性别比例的均等化留出了更宽广的空间。虽然其他问题与比例代表制形影相随，比如政治不稳定，但正如安妮·菲利普斯总结的：“就反映人口比例的'镜像'效应而言，……某种形式的比例代表制轻而易举地胜过了简单多数制。"❷

在斯堪的纳维亚国家，女性在国家政治生活中有非常多的代表，这些国家不仅实行比例代表制，而且大多数政党采取了配额制，在所有选举产生的党内职务以及地方和国家选举政党候选人名单上，女性都要占据一定的数额（通常是40%）——非常像德国社会民主党（SPD）最近做出的承诺。何以解释只有个别国家如此？已经给出的若干解释有：可能与社会民主党内女性组织的力量有关，与斯堪的纳维亚国家的女权主义者比许多其他国家的女权主义者更关注传统的政治权力有关。又或许部分地因为这个事实，即二战以来斯堪的纳维亚国家强大的社会福利体系已在某种程度上打破了公私之间的二元对立，女性地位问题突显，引起了公众更多的关注；早在成为公共政策的主要制定者之前，女性就因人数众多成为公共政策的对象。❸ 斯堪的纳维亚国家的福利系统也减轻了女性对男性的依

---

❶ Norris, 'Women's Participation'.
❷ Phillips, *Engendering Democracy*, 81.
❸ Helga Maria Hernes, 'The Welfare State Citizenship of Scandinavian Women', in K. B. Jones and A. G. Jonasdottir (eds.), *The Political Interests of Gender* (London: Sage Publications, 1988). 这篇文章讨论过这一点。

赖，这很可能使她们在私人生活领域中获得了更多的权力。❶

之前，我们考虑过解决女性代表不足问题的两种措施，斯堪的纳维亚国家政治生活中的女性代表高出其他国家许多，很可能是这两种措施混合作用的结果。第一，在这些国家中，社会承担了更多的福利责任，特别是照顾孩子的责任，有助于瓦解公私间的二元对立，还有与之相伴的性别不平等。第二点已经提到过，部分地由于第一点，女性的政治力量增强，具体的政治机制已经生效，通过阻止其他领域存留的各种不平等扩展至政治领域，增加女性代表以实现性别平衡的努力取得了很大的成功。

我们来自自由民主国家，在我们国家，政府高层中的女性数量与女性的实际数量仍然不成比例，在大幅提升女性政治地位方面，斯堪的纳维亚国家能给我们什么启示呢？ 坏消息是下述前景十分渺茫：美国或英国放弃现在的选举制度，采纳比例代表选举制；两国的主要政党采纳斯堪的纳维亚国家的模式，为女性候选人设置定额。❷ 在美国，连平权修正案都无法通过，更别提改变选举制度的宪法修正案了，舍此，无法实现男女官职数量上的平等（也无法使国会及时"反映"其他方面的人口构成）。在这些国家，似乎很少有人关心当选的官员是否反映民意。但好消息是，即便没有任何此类变化，事情最终也朝着正确的方向慢慢转变；尽管我挂在嘴边的所有障碍仍然存在，但女性正赢得更多国家层面的选举。公共领域中

---

❶ 参见 Okin, *Justice, Gender, and the Family*, ch.7, 论述了家庭中权力和经济依赖的关系。
❷ 英国工党最近已经采取了一项政策，在挑选议会选举候选人时，全部优势微弱选区的候选人名单一半要由妇女组成。然而，这项政策即使在党内都仍存争议，而且它是否能有效增加女性议员的数量仍有待观察。

的性别不平等是最为明显的，它与许多不那么明显的性别不平等紧密的勾连在一起，这种情况终于有了起色。如果在家庭责任中，目前这种极为缓慢的转变持续下去，那么我们最起码可以期待严重影响女性政治地位的复合不平等会减少。

7. 货币与复合平等

杰里米·沃尔德伦

《正义诸领域》中有专门一章来探讨货币，但是它的重要性弥漫于整部书中。[1] 因为货币瓦解复合平等：这是一种制度，使人们能够跨越迈克尔·沃尔泽在不同的分配领域区分出的所有边界。

对这些边界而言，货币并不是唯一的威胁。裙带关系是另一种威胁：在裙带关系盛行的共同体中，家族成员资格的分配，被允许决定职位或雇佣的分配。但是，首先是货币表征着各种物品之间边界的坍塌（或缺失），一种物品的含义渗入其他物品的含义。因为货币不仅仅象征着"这种"物品或服务将会用来交换"那种"物品或服务的可能性；一旦人们了解交易的概念，这种可能性就会出现。货币将如下观念制度化：任何事物都可以被用来交易，既定的交易双方甚至无须记住他们最终想要拥有或享受的具体物品，作为他们目前正在发起的交易流程的结果。出售某种事物以换取货币，就使自己未来能够与任何手中可能持有被需求物品的人打交道，前提是这样一个人也渴望在这个充满潜在交易者的世界上与其他人打交道

---

[1] Michael Walzer, *Spheres of Justice* (New York: Basic Books, 1983), ch.4.

的机会（换言之，前提是他有理由接受货币）。❶

换一种说法就是，货币是对交换价值的一种"抽象"度量——大略是从特定物品或许具有的任何具体用处中抽象出来的，或者是从一种特定物品在其中起重要作用的任何具体交换中抽象出来的。就其自身而言，它以一种彻底轻蔑的姿态站在沃尔泽的边界旁，因为它具体化了它们跨越边界的原则。货币的确是通行世界的勾引者——一位狡黠的无所不能的中间人，根据沃尔泽的描述，擅长在正当而言彼此互不相关的不同领域的物品之间进行非法交易。❷

---

❶ 用马克思·韦伯的话来说，结果是"可能交易关系之领域的惊人扩展……货币计算意味着，物品估值，并不仅仅依据它们在特定时间地点仅对特定某人作为有用物的直接重要性。毋宁说，物品多多少少被体系化对比，无论是用于消费还是生产，带有所有潜在的有用和赚取回报的未来机会，包括它们对无数在身为潜在买主的范围上能够被拿来对比的其他人可能的用处……" *Economy and Society*, ed. Guenther Roth and Claus Wittich, 2 vols. (Berkeley, Calif.: Univ. of Calif. Press, 1978), i.80–81。

❷ 参阅 Georg Simmel, *The Philosophy of Money*, tr. Tom Bottomore and David Frisby, 2nd enlarged edn. (London: Routledge, 1990), 385："货币比任何其他的价值形式，能够更加使交换的隐秘性、不可见性和静默性成为可能。将货币压缩为一张纸，将它塞入一个人的手中，可以使他成为富裕之人。货币形体无定而且抽象，这让将之投资于最为多变与远方价值并由而完全摆脱邻人的觊觎成为可能。它匿名，没有颜色，这不会揭露出它是从哪里来到当前拥有者手中的；它并不像很多所拥有的具体物品那样，无论掩盖多与少，都会拥有一种来源凭证。"（这些评论的直接语境是 Simmel 探讨贿赂问题。）根据沃尔泽的看法，这种狡黠性与隐秘性，是一种不诚实的标志。这种不诚实出现于所有对不同物品诸领域的违背行为（*Spheres*, 98）。Simmel 关于匿名的看法，部分为卡尔·马克思预见，见 *Capital*, i, tr. Ben Fowkes (Harmondsworth: Penguin Books, 1976), ch.3, p.205："由于每一件物品在变为货币的时候都会消失，因此不可能从货币本身得知它是如何到了拥有者手中的，或什么东西变成了它。没有臭味（*Non olet*），管它从哪里来呢！"

货币的社会意义

我们必须注意我们如何描述货币对特定物品的意义的冒犯。我的主张之一是,《正义诸领域》中的叙述,曲解了货币与社会意义的完整性不相容的本质与范围。(另外的主张是,以这种不相容为据来盲目"毁谤"货币是错误的;对以下事实有理由进行庆贺,而不是悲叹:货币的兴起,代表沃尔泽所珍视的诸种意义和只有在其中它们才可以得到维系的原始的社会、经济与政治条件的消逝。)

依沃尔泽看来,货币的危险在于,它往往会成为他所称的"支配性"物品——拥有这种物品,能够使拥有的个体大范围地掌控其他物品(Spheres, 22)。拥有金钱的人,能够买到更好的房子,异域的假期,昂贵的汽车以及缝制精良的衣服;而他也能够确保他的孩子受到更好的教育,在私人保护的社区中买下一处住所,影响选举的结果,改变报纸的编辑格调,以及捐赠大学教席。在市场经济中,诸如此类的权力与享受的分配,并非依据它们自身任何的内在意义,而是以模仿货币既有分配的方式进行。多年前,在对这种模仿的批评中——我将这种批评理解为对沃尔泽复合平等观的启发——伯纳德·威廉斯谈到诸如医疗等物品的意义与分配是如何因货币的影响而遭到扭曲的:

且不论预防性药物,医疗资源分配的合理根据是病患:这是一项必要的事实。现在在很多社会,病患可以用作接受治疗的必要条件,但是它并不作为充分条件,因为这种治疗花费金钱,并不是所有患病的人都有钱;据此,拥有足够的金钱,事实上成为真正接受治疗的一项额外的必要条件。然而更加过分的是，纵然没有任何医疗需求，金钱自身可以用作充分条件，在这种情况下，接受这种物品真正行之有效的理由，恰恰完全无关于它的本质。❶

在后种情况中，比如说美容手术，医疗行业的艺术出卖给找不到其他奢侈品来挥霍财富的那些人的突发奇想。在前一种情况中，对比而言，有真正需求的人，即被疾病或伤害所折磨的人，发现他们的条件压根不再被当作一种医疗的根据；关键总是"你能付多少钱？"

只要货币处于支配地位，那么谁拥有货币便是极为重要的。沃尔泽的看法似乎是，如果货币限定在它自身的领域，不决定其他任何事物的分配，我们也无须担忧财富在富人与穷人之间的分配不当（Spheres，107）。富人可能会像沃尔特·迪士尼的史高治舅舅那样沉湎于金钱与钞票，而穷人会依据其各自的意义而享用多种社会物品，对于这种享用而言，他们在货币上匮乏与否，几乎根本没有差别。我不会尝试将此评估为关于社会正义的论题；本书的其他贡献者探讨了这个问题。❷ 相反，我想讨论一下支撑沃尔泽看法的货币概念。

沃尔泽相信将货币限制在它自身的领域内是重要的，不容许它决定谁获得其他物品。然而原则上来讲，当货币被用于购买某事物，这"不应"被当作一种不安分的冒险。货币的社会意义，倘若它拥有社会意义的话，精确而言是它可以换回其他物品。这是货币的用途。

---

❶ 'The idea of Equality', in his collection *Problems of the Self: Philosophical Papers 1956–1972* (Cambridge: Cambridge Univ. Press, 1973), 240. 也参见 *Spheres*, 9 and 323 n.7.

❷ 例如，参见 chs. 5 and 10.

的确，因其自身而陶醉于货币（尽管它拥有自身内在的意义），而不是将之用于购买事物，从社会意义的角度而言应当被视为怪诞与异常的。

这枚硬币（姑且如此来说）的另外一面是，将货币视为与食物、医疗、教育、政治职位等一样的"物品"（即作为"物品"之一），或许是一种错误。我认为货币应当被视为其他物品的意义与价值的可度量性的代表，而不是自身拥有意义或价值的一种物品。

需要承认的是，这个问题是复杂的。❶ 货币的历史存在于以下惯例的逐步兴起：将特定物品仅仅视为交换价值的象征，忽略或贬低任何与这些物品本身相关联的固有效用。直到最近，这个过程尚不完善；就其不完善的范围而言，货币－物品拥有与货币能购买到的物品的意义在逻辑层面相同的自身意义。如果惯常将银币也用作珠宝，那么在这种范围上，它作为货币的状态是未充分发展的，它涉及的每一笔交易都保留着物物交换的元素。在这种情况下，用银子购买政治职位，会直接掺和上公职与饰物的社会意义，只以一种具体化货币交易的间接、抽象和象征性的方式来进行则不会如此。

然而今天，在货币经济中我们远逾于此。对于我们来说，硬币和钞票几乎没有内在价值，除了抽象代表潜在交换性外，它们自身没有任何意义。我认为，一个人可以将便士用作压舱物，或者卷起20美元的钞票来吸可卡因。但是当我们将它们用作"货币"的时候，它们的功能仅仅是交换价值的标志。的确，由于金本位制的解体，

---

❶ Simmel, *Philosophy of Money*, ch.2: 'The Value of Money as a Substance' 中有精彩的探讨。

它们甚至不再是任何特定事物的交换价值的标志。❶

当然，货币是一件具体的物品；现代市场经济中电子证券的某些发展，正在带我们走向将货币作为抽象价值的一种抽象代表（与作为抽象价值的具体代表相反）的方向。但是除了在以下限度外，它的具体性是无趣的：其具体特征（"TWENTY DOLLARS"印记）和出处（联邦储备银行主办下制造）将之与作为官方制度的现金联系起来。❷最终，对我们而言重要的是制度的具体性和它得以发行的担保物的安全性，而不是钱币或钞票本身。❸

在一个地方，沃尔泽承认，说货币像其他物品一样应被限制在自身的领域是错误的："最起码在理论上，自由交换创造了一个市场，在这个市场，所有物品都能够通过货币这种中立媒介转换为所有其他物品。"（Spheres，21）然而他认为，事实与这种相当乐观的提议极为龃龉："据认为是中立媒介的货币，在实践中是一种支配性物品，它被拥有议价和交易的特殊才能的人所垄断——资产阶级社会的绿色大拇指。"（Spheres，22）我相信沃尔泽注意到就社会意义而言货

---

❶ 然而卡尔·马克思否认货币曾经不再是独立的一件物品。货币－物品必然拥有"双重"使用价值："它作为商品具有特殊的使用价值，如金可以镶牙，可以用作奢侈品的原料等等，此外，它又获得一种由它的独特的社会职能产生的形式上的使用价值。"（《资本论》，i，第2章，p.184）一方面，马克思坚持认为，货币特有的便于交换的特性是一种"社会的"使用价值；另一方面，他相信只有凭借着货币是一种独立的价值物这种情况，并在此基础上允许私人所有制，社会的交换功能才能够在资本主义经济中成为私有化的。（同上，参见第3章，p.229。）

❷ 对于沃尔泽的陈述，以下必然是重要的：货币或至少是纸质货币，是一种公共制度，由国家发起和维系。

❸ 由此当 Georg Simmel 写到"个体之间的交换活动体现为具体、独立和某种程度上隐秘形式的货币"（Philosophy of Money，176）时，他指的是制度的稳定性，而非钱币的硬度或纸张的弹性。

币并非"中立"是正确的。但是他错误地将之归结于货币作为独立物品的支配性。他所批评的"中立性理论"肯定是难以置信的。可以推论出,"中立性"应该意味着源自市场交易的分配将会反映而非削弱被交换物品的社会意义:

> 对于每一起讨价还价而言,交易、出售和购买要为知晓这种含义是什么的男人与女人所自愿同意,他们实际上是它的缔造者。因而根据定义,任何x都绝不会落入拥有y的人手中,仅仅是因为他拥有y而不考虑x对社会其他某位成员实际上意味着什么。市场在运行与结果上是极端多元的,对个体赋予物品的意义极其敏感。(*Spheres*, 21)

这种"中立性"视角之所以没有希望的原因,已经为沃尔泽后面的几句话所表明,他写道:"自由交换使分配完全掌握在个体手中,社会意义并非或并不总是服从个体男女的解释性决定。"(*Spheres*,22)这正是关键所在:货币并非开始支配其他物品的一种物品,而毋宁说体现着个体逾越其他物品边界的习惯。货币直接或必然腐蚀沃尔泽所认为的社会意义,这并不是一种物品支配另外一种物品的事情,相反的情况是货币待在自己的意义领域内。它是社会意义被全然消除的情况,随之被消除的是使沃尔泽关于支配性与垄断的论述站得住脚的领域与边界。

商品与公共物品

断言当沃尔泽谈到"货币恰当领域的边界"(*Spheres*,98)时想到的是沉湎于钱币而忘记消费的史高治舅舅,当然是一种讽刺。相反,沃尔泽想到的似乎是某些物品能够并且应该出售或交换,而另外一些不能够和不应该。

货币的恰当领域是什么?什么样的社会物品适合市场化?明显的答案也是正确的答案;它向我们指出一个可能总是可以市场化的物品范围,无论其他物品是否已经市场化:所有并非由公共供给、个体发现有用或令人愉悦的对象,商品也好,物品也罢,抑或是服务,比如说街市、商业中心和贸易站的普通股股票。它包括并且可能总是包括奢侈品和U形钉,漂亮的物品以及功能性和持久的物品。即使是原始而简单的,物品归根结底也是商业性的;它们是舒适、温暖与安全的来源。……毫无疑问,每一种文化都有自己独具特色的商品系列,取决于其生产模式、社会组织和贸易范围。但是每一系列的商品数量通常是巨大的,将它们进行分类的标准方法是市场交换。(*Spheres*,103-104)

我们要如何理解这些分类?首先,如果每个社会存在一个超大系列的物品(称之为"商品")能够在市场上自由交易并由此来回换作货币,那么这些物品对沃尔泽如下的普遍性论点必然是一种例外:所有物品都赋有特定的社会意义。我们已经承认沃尔泽的以下主张:市场交换消解社会意义之间的区隔,因为它是"一种物品的社会意义"这个概念的一部分,所以并"不"任由市场经济涉及的那类个体决定的摆布。因此商品必然存在于超越意义的一个领域中;或者毋宁说,根本不存在于一个领域中,而是存在于一种真空之中,这种真空是意义相互之间保持安全与距离的那些物品的领域的补充。关于货币的领域、市场的领域或商品的领域的探讨，仅仅是刻画这种补充的一种方式。

沃尔泽关于商品与带有自身领域的物品之间的对比所说的话，部分有益于阐明他对社会意义的看法。商品大部分是个体化的占有物，是物质事物；而且，

> 事物是我们在世界上的坐标。但是尽管我们所有人都需要被置于坐标中，我们所有人却并不需要相同的坐标。我们的爱好不同；拥有不同的品味与渴望；我们用非常多样化的事物将我们自己围绕起来，穿上衣服，装饰居室；我们使用、享受并展示我们拥有的非常多样化的事物。(Spheres, 104)

意蕴是，一旦存在差异，即一旦一种文化允许"个体的男女为自己选择他们发现有用或令人愉悦的事物，定义自我并在他们共有的（社会）成员身份之上塑造和符号化他们的认同"(Spheres, 106)，"社会"意义便是不恰当的。一旦存在个体差异，商品便处于支配地位。

沃尔泽更加巧妙地说到，市场关系意味着某些物品不通过它们的社会意义而属于任何"特定的"个人。尽管这样的事物是私人物品，即是说尽管它们在给定的时间属于某位特定的人，它们具体属于谁其实不重要。沃尔泽将此发展为一种关于这种物品分配方式的复杂实体：

> 商品来的时候，并不像百货商店的包裹那样带有所属的恰当名称。拥有这种事物的恰当方式是制造或扩展它们，或者以某种方式为其他商品提供它们的现金等价物。……市场道德（比如说洛克式

的）是对物品匮乏、制造、拥有和交换的一种庆祝。它们的确是广为需求的，若要拥有它们就要制造它们……只有通过劳作才能拥有事物；劳作似乎提供权利，或者最起码是原初的权利；一旦它们被拥有，它们也能够被交换。因此匮乏、制造、拥有和交换是捆绑在一起的；可以说，它们是商品的模式。（Spheres, 104-105）

这里的比照对象是社会或公共生产的物品。个体生产的东西，即"所有并非公共供给的对象，商品也好，产品也罢，抑或是服务"（Spheres, 103），可以说适合进行交换。然而，对一种物品的公共供给，具有公共意义或社会意义。这种意义必须受到保护和维护，防范个体、市场和货币的变化无常。社会意义的完整性以及伴随的不受个体交换决定侵犯的特性，对应于它们的社会起源。"我们"共同生产的事物具有"属于我们的"（即本质上是社会性的）意义（分配的命运亦是如此），它不应因任何个体交易者的骄横而受到削弱。只有私人生产的物品，才可以任由交换进行支配。

不幸的是，共同体供给的事物（带有社会意义的公共物品）与个体提供的事物（纯粹是商品，超越意义的领域）之间的这种对比，是无效的，原因有三个。第一，在当代社会，公共供给很少独立于私人供给或私人物品在其中流通的市场与商品形式。纪念性建筑、国防、艺术品捐赠、道路、地震救济和福利，所有这些公共供给之所以可能，是因为政府对私人部门的经济活动"征税"。国家的开支（常常以与市场上运行的私人公司签订合同的形式进行）表现为货币；国家能够花费这种货币，仅仅是因为它征税和增加贷款金额（仍然是在金融市场）；公民以货币形式支付税收；它们的范围和发生频率，依据它们参与的市场交易的范围而校正(营业税、所得税)。货币和货币附加于其上的市场活动,在从头到尾的公共供给过程中被复杂化。

沃尔泽举出内战征兵的例子——富人花300美元可以买到豁免——来说明让人用货币而不是实物的形式来免除公共服务是多么令人厌恶。"在一个共和国中,这是一笔不划算的生意,因为它似乎消除了'公共事物',将兵役(甚至是在共和国处于危急关头的时候!)变成私人交易"(*Spheres*,99)。但这是证明规则的一种反例。战时兵役——或许连同陪审服务——实际上是国家通过从公民那里征收服务而非货币来执行其功能的唯一例子。现代伊始,国家即大多依赖货币而非实物的贡献。这也是具有社会意义的一件事:有能力为国家提供货币而非实物的支持,其重要性是现代国家脱胎于封建主义所不可或缺的。❶

接下来就是,国家为保持供应公共物品的能力,必然汲汲于市场经济的健康。撇开对选民个体繁荣与福祉的关切不说,政治领导人知道私人经济的萎靡能严重限制他们生产公共物品与服务的能力。

其次,某些公共供给依赖公民的服务而非货币,就此而言,公共层面也很少会耗尽这种情况涉及的意义。因为物品或服务包含个人层面的意义,是个人的贡献成就了这些物品和服务,或者说最起

---

❶ 韦伯在《经济与社会》ii.964中指出,货币经济对维持法律/官僚行政和其中涉及的领域区分(比如说职位与财产之间的区分)是不可或缺的:"依照历史经验,倘若没有货币经济,官僚结构很难避免经历实质性的内部变革,或者事实上转变为另一种结构。对来自地主军械库或他当前收入的实物型固定收入的分配——这是埃及和中国实行千年的规则,在罗马帝国后期中发挥着重要作用——很容易意味着走向官员分配税源和把剥夺品作为私人财产的第一步。"

码他们的贡献对他们而言有意义。一位年轻的以色列人不得不服义务兵役，所付出的时间和精力对社会而言或许具备某种意义；但是以色列很少有年轻人如此一根筋地爱国，以至于官方的意义完全与"他们"所付出的时间与精力的意义相一致。

国家观念的狂热者或许会抗议说，在这种情况下，公共意义也代表着物品的内在意义。然而，对于这种情况，我们可以像罗伯特·诺奇克回应伯纳德·威廉斯关于医疗的原初看法那样进行回应：

> 威廉斯说（如下是必然的事实）：医疗资源分配的唯一恰当标准是医疗需求。因而推测来讲，理发服务分配的唯一恰当标准是理发需求。但是为什么活动的内在目标必须优先于，比如说，人执行活动的特定目标？……如果某人成为理发师是因为他喜欢与各色人等交谈等等，他将他的服务分配给他最喜欢与之交谈的那些人，难道不是正当的吗？❶

诺奇克的观点是，我们所称的活动的"内在目标"，不应必然优先于参与活动的个体的偶然目标。个体为他们的生活与力量而创造自身的意义。既然几乎所有国家活动都依赖个体活动，无论是实物的还是通过货币——顺便而言，这是一个不会被相反命题的真实性所削弱的观点——那么接下来便是，几乎任何公共供给的形式，都可能

---

❶ Robert Nozick, *Anarchy, State and Utopia* (Oxford: Basil Blackwell, 1974), 234. 沃尔泽在《正义诸领域》中仅仅是部分回应这些看法。他认为（p.88n），或许存在这样的社会，在其中理发如此重要以至于以理发需求为基础的理发服务的公共供给，在道德上会是必要的。但是他并没有就这种供给对理发师可能具有的独立意义而发表看法。

涉及以下二者之间那样的意义冲突：公共供给本身寻求的目标和发现自己不得不以某种方式致力于这些公共目标之实现的个体所孕育的目标。

我并不是试图提出认为为社会意义而践踏个体意义总是错误的保守主义或自由主义观点。服兵役的社会意义是为国家自卫做潜在的贡献，个人意义是18—21岁三年的兵役期能够满足有抱负的以色列年轻人的野心，或许，前者"应当"压倒后者。尽管我并不想承认，但只有政治争论而非清晰法令才能够解决这些冲突。我认为，沃尔泽恰恰忽视了这一点。尽管他承认，有时候要做出艰难的选择，却仍然相信，某些个人物品和服务只是作为社会定义的事物而"属于"社会。"在某种税收水准下，如果不必然是在盛行水准下的话，不能说政治共同体入侵了货币的领域；它仅仅声明对自己领域的权利。"（Spheres, 120）我并不认同以下这种自信：在某些点上，社会与个人意义脱离，接受简洁而明确的分配原则。

刚刚提出来的看法，关乎一个人对公共供给的贡献的特征。第三点与被供给物的意义有关。有时，以国家或公众之名集体提供的物品，有别于市场提供的物品。它们或许是偶然的公共物品，比如说道路、纪念物和国防；它们或许是固有的公共物品，如文化或语言。❶ 尽管，不用说全部，甚至大部分由政府提供都是不真实的。现代政府供给的很多物品算是私人物品，即实践中（事实上是通常）可以由私人生产和享受或消费的物品。比如说，如果政府为贫困家

---

❶ 关于偶然而固有公共物品的观念，参见 Joseph Raz, *The Morality of Freedom*（Oxford: Clarendon, Press, 1986），198-203。

庭提供房屋，为他们提供的物品，正是大部分人以市场活动为基础私自提供的物品。人们不需要自我供给这种物品，这并非房屋供给的社会思潮的一部分。（甚至当代社会主义者也没有以不信任的眼光看待私人房地产业，而某些社会主义者是以不信任的眼光看待私人教育的。）相反，福利供给，尤其是在美国，基础也是建立在以下希望与预期上的："大多数"家庭能够基于市场来自我提供这种物品，现在接受公共援助的人不会长期需要它，临时的公共供给是必要的，最多只是确保每个家庭以"某种"基础或其他方式而拥有房屋。

如果这是真实的，那么必须放弃我们在这一部分考虑的一般主张——关乎公共供给物品的独特意义和这种社会意义与分配原则之间的联系。在房地产业的例子中显而易见的（我认为在福利供给的大部分其他例子中也是这样）是，"我们"寻求某种程度的"集体"分配的事实——即为每个家庭提供房屋——与以下任何观念都不匹配：谈论中的物品，比如说房屋，"不得不"具备公共而非市场特征。在这样的案例中，我们推崇的分配原则，更多地取决于我们对人们"需求"的感知，涉及提到的各类物品，而非对物品本身意义的感知，或以下情况：这种意义应该决定物品被供给的依据。

阻止交易

到目前为止，我已经批评了沃尔泽对"货币的恰当领域"的抽象论述。当呈现一张关于他称之为"阻止交易"的具体清单时，他似乎站在更坚固的基础上；这些事物不应当被用来交易换取货币，

如其所言，对"财富支配地位"的"限制"(*Spheres*, 100)。❶

其社会意义据说排除其被交换以换取货币的物品清单，包括如下各项：（1）人口；（2）政治权力；（3）司法裁决和法律服务；（4）基本的自由，比如说言论、出版、宗教和集会的自由；（5）婚姻与生育权；（6）离开政治共同体的权利；（7）免除兵役、陪审义务和其他形式的共同体要求的工作的权利；（8）政治职位和职业地位；（9）基本的国家服务，比如说警察保护和初等与中等教育；（10）绝望状态下交换的任何事物；（11）奖品和荣誉；（12）神恩；（13）爱与友谊；（14）出售、存在或拥有为非法的任何事物。❷

难以想象任何人读到这张清单的同时会怀疑吉尔伯特·赖尔关于"分类错误"的观念。❸ 它应当是一张"物品"的清单，每一种物品拥有自身的社会意义和一种伴随的分配原则，如果允许将之交换以换取货币，这种分配原则会受到扭曲或削弱。然而，把许多这样的物品理解为权利更好。在这种情况下，沃尔泽在他讨论的这部分的开始提出，权利或许绝不应被出售以换取货币：权利"独立于金钱关系之外"并且"能够防范买卖"(*Spheres*, 100)。但是他并不是将此作为一种一般主张。"不可剥夺的权利"并非画蛇添足；财产权是明显的例外；法律理论家花费大量时间研究哪种权利放在市

---

❶ 更加有帮助的讨论参见朱迪斯·安德烈撰写的第8章。
❷ 清单见于《正义诸领域》，100–103。沃尔泽特别指出（p.100），在很多方面，它映射了本书其他章节的主题。
❸ 参见他的 *The Concept of Mind* (London: Hutchinson, 1949)。

场上处理以及哪种不能。❶我想我们可以认为，他想要指涉宪法权利。但是尽管他将美国权利法案描述为"一系列阻止交易"（*Spheres*，100），但是肯定更加合理的是，将之直接视为一张政府不应执行的行为的清单，无论这种执行是否由货币诱发。毕竟，第一修正案的措辞并非"国会不应当接受金钱作为剥夺言论自由的诱因"；措辞是"国会不得制定剥夺言论自由的法律"。（我会在下一部分回到这一点上。）

有时候，一种物品出现在沃尔泽的阻止交易清单上的含义是，某些不可想象的权利，尤其是某些霍费尔德特权（Hohfeldian privileges），不应当产生。比如说，当沃尔泽说"不可购买到一夫多妻制的许可证"（*Spheres*，101），他的要点肯定不是一夫多妻制的许可证自身具有社会意义并且必须依此进行分配，毋宁说是不应存在一夫多妻制的许可证。同样，当他说到"免于兵役、陪审义务和任何其他形式的共同体要求的工作的权利不能够出售"（同上），他并不是在说这些物品（豁免）可以通过其他方式获得，（比如说）获取爱和友谊的方式；毋宁说是大体而言这些豁免压根不应存在。

相反，对于清单上的一些其他物品而言，要点并不是某些事物不应买卖，而是必须确定一个最低供应的水准。这肯定是沃尔泽的

---

❶ 四种路径以不同方式证实权利可市场化这个问题的复杂性，参见：Guido Calabresi and Douglas Melamed, 'Property Rules, Liability Rules and Inalienability: One View of the Cathedral', *Harvard Law Review*, 85（1972），1089-1128；Richard Tuck, *Natural Rights Theories: Their Origin and Development*（Cambridge: Cambridge Univ. Press, 1979）；Diana Meyers, *Inalienable Rights: A Defense*（New York: Columbia Univ. Press, 1985）；Margaret Jane Radin, Market-Inalienability, *Harvard Law Review*, 100（1987），1849-1937。

意思，比如，当他说辩护律师的服务不可出售时，或他在清单上列出警察保护或教育时。

最起码在一种情况中，物品或权利的本质、意义或存在毫无争论。对"绝望的交易"的禁止，推测而言适用于"所有"物品；禁止的触发因子是交换业务的精神与动机，而不是探讨中的物品的意义。我并不质疑以下观念："最后诉诸的交易"需要特殊审查，可能是强制性的；但是发现它们出现在应该具备自身领域的物品清单上是奇怪的，或许沃尔泽想要指涉可能成为绝望交易标的物的生计物品。但是在这里，我们遇到我在前一部分提到的要点。诸如食物、衣服和居所这类物品，对大部分人而言，已然在市场上获得，并且以这种方式获得颇为恰当。只有当某人处于绝境中时，我们才担心她为了获取这些物品而可能做出的交易。市场而外，物品本身并不拥有领域。

沃尔泽清单上最后一个标题是"刑事出售"，这尤其是一种让人困惑的标题。在这个标题之下，我们得到诸多互不相干的例子：勒索、海洛因、欺骗性描述的物品、掺假的牛奶、枪支、不安全的汽车、谋杀合同。这种归类没有任何目的。有时候所指涉的是某些做生意的方式（欺骗性描述的物品）；有时候是质量问题（不安全的汽车，掺假的牛奶）；有时候是真正的违禁品（毒品，枪支）；有时候是禁止性行为（谋杀合同）；有时候是其逻辑操作对于这些目的而言仍为学术争论问题的操作（如勒索）。

第（14）项唯一贯通的原则似乎是，讨论中的"物品"的边界由法律巡逻。这引发一个更宽泛的问题：清单上的"其他"交易又如何阻止？主要清单掩盖了一系列尴尬的答案。甚至对于并非归类到（14）标题下的物品，有时候答案也是法律（推测而言，还有法律反映的社会规范）——比如说，禁止买卖奴隶或政治恩惠。

在其他例子中，法律阻止似乎毫不相关："性用于出售，但是出售并不产生一种有意义的关系。"（*Spheres*, 103）这里的要点似乎是，无论是否存在对卖淫的法律禁止，都"不可能"买到爱或友谊，是在某种社会心理学意义而非规范意义上使用"不可能"这个词。现在如果要点是它不可能直接完成，那么仍然搞不清楚的是，尝试到底出了什么问题以及为什么某种约翰逊式驳斥——"我们认为它不可能完成，但是看，结果是能完成"——会被排除。人在通过交换来寻求他们自身的意义性标准的时候犯了什么错误？

回应是共同体生活要求人们共享特定的社会和文化意义。比如说，试图以金钱求爱会表明，一个人并不理解他与所追求之人共同拥有的世界。当然，结果"或许"是这样。然而我关于约翰逊式驳斥的要点是，事实上我们生活在一个共同体中，它的很多意义与边界远未确定，由此我们常常无法先验地说什么能够（令人满意地）交换什么，直到我们尝试交换并经历由此产生的享受或关系的品质。看待金钱的方式是，将之作为进行这些尝试的媒介。金钱远未腐蚀性消解之前存在的意义领域，它可以被设想为一种工具，我们在当代世界用它来进行交易中的试验——探索并测试物品间的哪些边界是可穿透或打破的，哪些不是。尝试某种宣称的阻止交易后，我们或许想要得出结论，结果是可怕的，绝不应跨界。但是，这并不是唯一的前景。我们或许自我惊奇并发现，物品的完整，事实上在浸没于市场后仍然存在：想一下通过约会服务而遇到真爱的那些人。或者我们或许会发现，交易改变了我们认为我们正在处理的物品的特征，但是改变并不必然是朝着坏的方向去的；新的物品或许正好是"不同的"。我们知道，物品和它们的意义改变了，这或许是产生活力的一种方式。我希望沃尔泽提供了对这些选项的某种检查。不幸的是，在《正义诸领域》中，这项任务献祭给了一种完全人为的、其清单所传递的感知，即一种给定的物品，静态而明确地要么是可以用来交易以换取货币，要么不是。❶

禁令与阻止交易

现在我想回到我之前当讨论权利时提到的要点：区分对某事物的明确禁令和某种物品或服务不可以拿来交换以获取货币的规则，是重要的。比如说，考虑一下如下两种阻止交易：（A）谋杀换金钱，即合同杀人；（B）性换金钱，即卖淫。两者有天壤之别，不仅是因为性和死亡存在区别，而且在交易可以说是"阻止"的意义上存在区别。在阻止（A）类型上，一场交易被阻止是因为正在进行的交易是被禁止的。谋杀是非法的，因此以金钱获取谋杀更加是非法的。交易遵循禁令。对比而言，在类型（B）的情况下，阻止的恰恰是交易，而不是活动本身。在不赞成也不禁止通奸的自由社会中，成年人甚

---

❶ 一种尤其敏感的讨论——这是信守社会复杂性与社会可能性的一种讨论——参见 Marjorie Maguire Shultz 对代孕父母的论述，'Reproductive Technology and Intent-Based Parenthood: An Opportunity for Gender Neutrality', *Wisconsin Law Review*（1990），297–398，esp. pp.336–337。

至陌生人同意性交也无伤大雅。受谴责的只是用金钱来获得双方同意的性交;"自由"恋爱是很好的。的确,这个例子是理想类型。禁止卖淫的社会难以避免不涉及金钱的乱交的可能性。但是我们可以想象在其中这种情况是真实的一个社会。逻辑而言,在这种情况下禁止卖淫,与(A)情况所呈现的境况颇为不同:因为在(A)情况中,免费谋杀(甚至为爱谋杀)是被禁止的。

沃尔泽的讨论通常被认为是集中在第二种类型的情形上,即类型(B)的阻止交易。由此理查德·阿内森写道:

> 我将以下情况作为共识道德的一个论据:我们应该可以自由地按照意愿来参加某些活动或不参加,而不应该因价格而参与。类似地,有些物品,如果愿意的话,我们应该可以自由地转移给他人,而不应去买卖。在这些方面,应当存在对市场交换活动可允许范围的限制。❶

他对沃尔泽的引述,犹如我们挑选的段落一样,使这一点特别突出。事实上,令人惊奇的是,沃尔泽阻止交易的清单上,实际上适用这种描述的条目少得可怜。

一些明确属于(A)类型。沃尔泽归类到(14)条中的"一长串刑事出售"(*Spheres*,103)属于此类:一个人不能出售作为杀手的服务,因为即使是免费的,谋杀也是非法的;一个人不能将秘密出卖给敌人,因为任何类型的间谍行为,即使不受收买和为原则献

---

❶ Richard J. Arneson, 'Commodification and Commercial Surrogacy', *Philosophy and Public Affairs*, 21(1992), 133.

身的间谍行为，也是被禁止的。

其他物品属于（A）类型是因为它们实际上意味着一项没有商量余地的禁令。权利是一个恰当的例子。一个人基本的宪法权利，正如沃尔泽本人所强调的那样，是享有消极自由的权利，即不受阻止而进行言论、崇拜、脱离共同体的权利。它们本身意味着一项必要条件，即政府不应执行某些行为（即阻止言论、崇拜、脱离共同体等等）。现在如果一位官员受限于这样一项明确的必要条件，他就不能在是否遵守禁令上讨价还价，试图附加条件。因而，在这些情形中，所谓的阻止交易意味着严禁特定的行为，不管什么原因（包括某人未能支付金钱以获得它们的不执行）也不能松懈。再次，阻止交易遵循禁令，而不是相反。

同样的情况适用于需要积极执行某些行为或积极供给某些服务的规则。一个学校董事会获得批准招收当地孩子入学；它或许不会不这样做，在孩子父母的付款眼看不够的基础上它肯定不会不这样做。警察服务和福利权利也是这样的：警察必须向所有有需求的人提供他们的服务，福利官员必须支付福利支票和食品券给境况赋予他们这种权利的人。沃尔泽强调他们不应因这些基本服务而索价是正确的，但是他将这种禁止应用于独属于货币或交易领域的事物却是错误的。禁止对这些服务索价的原因是，这些服务是经过批准的——"毋庸再言"——由此以价格进行收费所内含的选项便被排除在外。阻止的原因是批准。

沃尔泽引证贿赂（对法官或政治家的贿赂）作为阻止交易的一个例子。这更加类似于（A）类型而非（B）类型，尽管法官的例子是一个有趣的例子。假设在法庭上打官司，司法明确要求为原告做出一个裁断。而后首席法官"必须"做出对原告有利的判决；法官就像面对明确的应得权益情形的一位福利官员一样；原告可以说对裁决拥有一种权利。达成关于价值的这种结论后，法官便没有资格为被告进行裁决，由此接下来更加当然的是，他没有资格依据被告的付款或原告未能进行这种付款而对被告作出裁决。

如果一个人认为法官和官员拥有罗纳德·德沃金所称的"强式自由裁量权"❶，那么他会被引诱将这个例子归为（B）情况而不是（A）情况。最起码在一种艰难的情形中，一个人或许会说，一位法官对原告或被告拥有自由裁量权；但是尽管他可以自由地做出这些选择中的任何一个，他也必须不能实施这种自由来对一笔付款做出反应。因此对这些情况，我们可以接受沃尔泽的阻止交易概念，假定我们准备吞下这种关于官员自由裁量权的充满争议的理论的话。我们可以说："这位官员可以在他面前以他喜欢的任何方式来裁定事务，只是他不可以为钱而裁定。"然而我相信，这严重扭曲我们对贿赂害处的感知。我们对贿赂的关注更多的是，一笔付款或许导致法官或官员做出"错误裁决"，而不是金钱易手中存在某种本质错误之处。

我并不想主张绝不存在类型（B）的例子。在某些例子中，我们关心的肯定是交易本身。然而我们或许会因沃尔泽没有考虑到的原因而关心交易。比如说，考虑一下代孕母亲身份的问题（《正义诸领域》出版后公众异常关注的一种情况）。近年来，很多没有孩子的

---

❶ *Taking Rights Seriously*, revised edn.（London: Duckworth, 1977），32–33.

夫妻诉诸代孕安排：典型而言，丈夫使第三人怀孕，她为了获得高额现金偿付而孕育他的孩子，分娩后不久将婴儿交给付钱的夫妻。我们关于这种安排的一些担忧，或许关乎对一夫一妻制规范的破坏：就这种层面而言，情形类似于类型（A）。我们的一些担忧或许恰恰关乎沃尔泽所指出的类型：忧虑受孕、孕育和分娩沾染上低俗的金钱动机。另外，对这些安排的"合同"层面，尤其是近期诉讼中受到高度关注的是否以及如何"执行"代孕合同的可能性，最起码存在一种忧虑。因此有的时候，当我们要"阻止"这种交易时，既是出于关于执行的懊悔之心——不得不将呱呱而泣的孩子强行从代孕母亲怀里抱走——同样也是关乎金钱本身。

这个例子提醒了我们，不要过于简单地解释交易阻止的原因。我们必须记住法律可以制约或限制一桩交易的所有不同方式。一宗被判断为不道德的（比如说卖淫）或者说不良的（比如说代孕）合同可能被禁止，或许卷入这宗合同有可能成为刑事犯罪。或者说，合同可能是被允许的，但会被视为不可执行。如果它是可执行的，这种可执行性可能仅仅是因为金钱赔偿而不是具体履行。这些"阻止"一桩交易的不同风格，证实如下事实：即使在（B）类型的例子中，尊重沃尔泽式的边界，或许比沃尔泽本人所暗示的更加复杂。

我希望所有这些不会迂腐得吓到读者。有充分的理由去问，沃尔泽列举的阻止交易是在标题（A）还是标题（B）下进行分析更好。如果它们在标题（B）能够得到更好的理解，那么沃尔泽能够引述它们作为我们对交易的不安的例子，这种不安可以建立在对维持物品之间边界的关切的基础上。但是如果像我所论证的那样，阻止交易在标题（A）下可以得到更好的分析，那么真正进行的事情无关乎物品之间边界的完整。它纯粹是某些社会规则与必要条件的存在的问题。当我们禁止谋杀合同，并不是因为我们想要刺杀的习惯免于金钱的玷污。当我们禁止贿赂，我们的目标不是阻止金钱关系污染仲裁或不公裁定的领域。在这两种情况中，我们直接强加一种社会规则，并且坚称不可以因任何原因而破坏它。"因任何原因"肯定包括"因为金钱的原因"；但是这几乎不是事情的本质。

如果沃尔泽的清单有所表明的话，那么它表明我们并非是一个不受管理的社会。从社会学角度而言，观察到货币与交易的胜利与自由放任的胜利并不一致，是有趣的。尽管货币"回应所有事物"，它所回应的仅仅是不被社会禁止和没有社会必要条件的物品，社会禁止和社会必要条件的清单可能会非常长。当然这个看法并不新鲜：除了其他人外，埃米尔·涂尔干指出，合同在当代社会的支配倾向，伴随着的是社会管理的发展，而不是衰退。可以认为，我们愈发变成以交易为基础的社会，社会统治、义务和控制的角色愈少。

但是非常明显的是，[社会行为]远未减弱，而是变得愈发强大，变得越来越复杂。行为准则越原始，它的体量越小。相反，越是晚近，它越是庞大……可以确定的是，它的结果并不是让个体活动的领域越来越小。我们不要忘记，如果生活中的规则越多，一般而言生活也越加丰富。这足以证明，社会纪律并没有松弛。它的形式之一，往往会还魂，这是真实的……但是其他的形式，越来越丰富与复杂，

在它的处所发展出来。❶

商品化的担忧

我怀疑目前为止所说的一切，其实都是在传达广为流传的、很多人对其中任何事物都可出售、都有货币价格、都在市场上得到交易的世界所感受到的忧虑感。即使没有从沃尔泽式的意义与边界的角度来表达看法，很多人也对"普遍商品化"❷的观念怀有深深的疑虑。

目前为止，我并没有详述这件事情的这个方面，部分是因为沃尔泽本人关于它的文字少得出奇。不同于其他对商品化的批评，他相信：

> 持有如下看法并非不可理喻：每一件有价值的事物，每一种社会物品，能够以货币术语来表现。或许可以说，从这种有价值的事物到那种现金价值，一系列的交易是必要的。但是认为不可以做出转换，是毫无道理的；实际上每天都在进行转换。生命本身即具价值，而最终具有一种价格（可以想象，不同生命具有不同的价格），否则我们要如何看待保险与赔偿呢？（*Spheres*, 97）

他仍然承认，万物货币化似乎"略显堕落"：

> 考虑一下归于奥斯卡·王尔德的对犬儒派的定义："知晓万物价

---

❶ Emile Durkheim, *The Division of Labor in Society*, tr. George Simpson (New York: The Free Press, 1933)，bk. i, ch.7, p.205.
❷ 这个术语取自 Radin, 'Market-Inalienability', 1859, 她用心区分她对商品化的反对与对沃尔泽的反对，参见同上，1858n, 以及 Radin, 'Justice and the Market Domain', in J. Chapman (ed.)，*Nomos XXI: Markets and Justice* (New York: New York Univ. Press, 1986)，179-183.

格和虚空价值的人。"这个定义太过绝对；认为价格与价值有时候是并存的，并不犬儒。但是足够的金钱常常不能反映价值；是进行了转换,但是犹如优美的诗歌一样,某种东西会消失在过程之中。(同上)

有可能概括出某种东西是什么吗？

关于货币价值和市场价格盛行的一系列担忧，关乎量化价值对品质价值的替代。"生命的主要倾向之一即品质化约为数量，在货币中达到它最高而且独为完美的表现形式"，乔治·西美尔这样写道。❶人们担心对事物品质的评估遭到漂白或变平。在非货币化社会中可能让我们产生美味、美感、色彩丰富、制作精良或具有传家宝的历史属性等印象的事物，现在仅仅让我们记住花了 8.99 美元或其他类似的感知。❷ 我认为这种忧惧事实上是牵强附会的。每天早晨我购买来当作早餐的油酥糕点和"卡布奇诺"标有价格，但是尽管如此，我也是用它们的口味与刺激性来评估它们的价值。享用时我并不认为自己是在消费一定数量的货币，尽管我知道没有货币经济——将我与苏门答腊咖啡种植者客观并间接联系起来——我就没有享用它们的可能性。当我在柏克利从这家咖啡馆走到那家咖啡馆以找到能够提供最好"卡布奇诺"的那家，我正在寻找的事物花费金钱的事实，并未让我摆脱对品质的找寻。我希望这个看法是显而易见的，一如其是陈腐的；但是它需要被用作对哀叹市场经济中品质性价值丧失的那些人的一种最初回应。

---

❶ Simmel, *Philosophy of Money*, 280.
❷ 参见 Marx, *Capital*, ch.3, p.204: "货币形式的所有物品看起来都是类似的。"

然而，这种担心承受着比这更多一些的审查。根据西美尔的看法：

> 越来越多的事物可以用来换取金钱的事实，以及与此紧密相关的金钱成为关键而绝对价值的事实，导致评价事物的唯一依据是花费金钱的多少以及我们感知价值品质时依据的是它们表现出的金钱价格。❶

这么说是有道理的。人们喜欢炫耀他们拥有"昂贵的"事物；然而，这种展示常常依赖于感知到的价格与品质之间的关联性，而不是质量的完全废除。

西美尔的论述或许更好地捕捉到"商品贸易者"之间发生的事情而非消费者之间发生的事情。购买芝加哥咖啡期货的人的兴趣，或许非常不同于一位消费者的兴趣：前者仅仅在品质影响价格的程度上关注品质。对于他而言，一吨咖啡仅仅是转售时获得利润的一个机会。但是在价值世界中，这种做法的结果需要进行细致分析。一方面，我们从经验（比如说苏联的经验）得知，没有商品市场的世界，是一个反乌托邦的世界，在其中制造品的生产贫乏而充满危险，只有少数人才能获得国外物品。另外一方面，似乎没有理由推论说，在这种市场上进行物品处理会玷污或影响最后对它们进行享用时的品质特征。玛格丽特·雷丁提出，存在一种格莱欣法则（Gresham's Law）或"多米诺效应"，任何物品的商品化继而削弱所有物品的质量评估；我认为她也会主张，一种物品的商品化，无论处于生产或

---

❶ Simmel, *Philosophy of Money*, 279.

分配的哪个阶段，都会在所有后续阶段中削弱它的质量评估。[1] 然而事实上令人惊异的是，人们把这些事情搞清楚是多么容易。发生商品交易的市场，被它们的所有参与者理解为次级市场（即便如此对它们而言也是重要的），经验与逻辑上依赖于同样被作为使用价值进行交易的一级市场的存在。咖啡期货经营者很可能这样处理手中的"卡布奇诺"，即使成袋成袋的咖啡豆作为如此多的数字行出现在面前的视频显示器上，他们也大口享用他们的饮料。

因此，发现我们认为是独一无二的、个人的、不可剥夺的或不可替代的某些事物具备可以用货币表达的价值，我们震惊的内容"是"什么？质量化约为数量是一种肤浅的答案。在更深层面，所预示的是质量的一种极端增殖。正当我们认为我们聚焦于带有自身质量的这一"件"物品时，我们最终发现，它的价格激发起关于每一种其他也有价格的物品的质量的一幅画面。能够在市场上售得100美元的，现在与能够在市场上用100美元买到的所有其他物品联系起来。质量远未被消除，而是在各个方向蜂拥而来。发现阁楼中一件古董花瓶拥有市场价值的人，突然从中看到的不仅有陶制、饰花和传家宝的质量，还有度假的质量、交响乐订阅的质量、孩子高等教育的质量如此等等。花瓶的价格，代表着可以换得花瓶在拍卖中能够售得的金钱的所有特定物品或服务的所有其他质量。在这种意义上，早期马克思正确地观察到：

---

[1] Radin, 'Justice and the Market Domain', 173–175. 也参见沃尔泽的主张（*Spheres*, 119–120）：市场关系是"易扩张的"，"极端自由放任经济会如一个极权主义国家，入侵每一个其他领域，支配每一种其他分配过程"。

由于金钱能够换得的，不是一种特别的质量、一种特别的事物或人体机能，而是整个人类与实际而客观的世界，从它的拥有者来看，它能够交换任何质量来换取其他任何质量，甚至是相互矛盾的质量和事物；它是不能相处之人的友善，推动对立方相互拥抱。❶

这当然将我们直接带回沃尔泽的担忧：通过货币，一个领域内对物品的看法、物品的品质及意义会传染到另一个领域。

在修辞的水平上，这种"所有自然与人类品质的……普遍混淆"看起来是令人不安和渎神的。❷ 没有任何事物是神圣的吗？任何事物都不是它现在的样子，且不立即让人想起可以被出售而换来的丰饶角吗？但是或许值得详述事情的另外一面，即这种对品质的解读的价值（在某些例子中实际上是伦理价值）。

罗纳德·德沃金讨论市场价值在分配正义理论中的角色时给出了一种论述。❸ 当代社会，人们对物品拥有不同的概念，关于什么赋予生命以价值拥有不同的看法，由此对物品和服务拥有不同的偏好。接下来是，正义问题不能够根据物品的"确定库存"应当如何分割而进行表达，因为社会中的人们要在自身之间解决的问题之一是，可分配的物品库存的本质与品质应当是什么，可获得的劳动与

---

❶ *Economic and Philosophical Manuscripts of 1844*, in Karl Marx, *Early Texts*, tr. David McLellan（Oxford: Basil Blackwell, 1972）, 182.

❷ 关于修辞在这些事情中的重要性的一种夸张看法，参见 Radin, 'Market - Inalienability', 1877ff.

❸ "自由主义"，见 Stuart Hampshire（ed.）, *Public and Private Morality*（Cambridge: Cambridge Univ. Press, 1978）, 尤其是 128-136；亦可参见 'What is Equality? II. Equality of Resources', *Philosophy and Public Affairs*, 10（1981）, 283-345。

原材料应当用于生产什么物品,以及"哪些活动应当被禁止或受到管理以使其他活动是可能的或更加容易一些"❶。在这种情形中,德沃金认为,某些人厉声坚持自身项目与偏好以及所需特殊物品的特殊重要性,如果不考虑"这些"物品的存在或生产会排斥哪些其他物品,便是一种道德无能。(尽管有限,但"邻避症候群"综合征仍然是这种无能的一个例子,人们将之作为阻止如道路、机场以及无业游民庇护所等公共物品的供给的方法。反身坚称"不要弄到我家后院",是拒绝将自己偏好的价值与正在谈论中的公共项目所代表的那些偏好的价值等同起来。)因此,拒绝思考一个人活动或满意的市场价格是错误的:

> 如果能够有效运行的话,市场会为每一种产品确定一个反映用来生产别人需要的独特事物在物质资源、劳动与资本上的成本的价格。对任何消费这种产品的人来说,这种成本决定了在计算社会资源的平等主义分配时他要从腰包中掏出多少钱。它提供了一种尺度,来衡量他为一套房子比为一本书或者说为一本书而不是另外一本书要从腰包中多掏出多少钱……这些尺度使一位公民自己的分配,成为其他人和他自己的个人偏好的一种功能,正是这些个人偏好的总和,才将真实成本系在满足他对物品与活动的个人偏好的共同体上。平等主义分配要求满足一个人偏好的成本应当尽可能等同于满足其他人偏好的成本,除非形成这些尺度,否则不可能实现。❷

---

❶ Dworkin, 'Liberalism', 130.
❷ Ibid. 130–131.

当然，这并不是市场做的全部事情，而且它们很少做到完美。但是我详尽引述德沃金的这段话，是为了阐释以货币维度进行思考对我们快速履行社会义务可以做出的积极贡献。一个人因特殊享受而珍惜后院；但是大致了解共同体中的其他人为了保护这种后院而放弃的事物，也是重要的。既然这个问题的答案并非总是他们（为了他们自己）放弃"一处后院"，而是他们放弃了这块土地的所有其他用途，因而绝不应将后院与后院之外的任何事物进行对比的沃尔泽式保证，是心胸狭隘的自私与对社会不负责任的秘诀。

除了这种伦理视角的看法外，也需要考虑到货币的进步层面。在我引述过的早期著作中，卡尔·马克思将货币描述为一种"堕落性权力……人与自称具有自我维系性的社会纽带的敌人"❶。但是在1844年，他对这种敌对状态的态度非常不明确。货币还是"人外在化了的和自我外在化的物种……人类外在化的能力"❷。如果我看待一宗土地，仅仅看到将我和我的家庭不可分割地束缚在这个地块和世代而有的营生可能性的纽带，那么我必然以一种非常有限的视角来看待我或我们与其余人类的关系。我们对其他人而言，"不过"是这种气候与这块土壤上的土豆种植者（或许还是卖主）；所有其他关系都是不可想象的。然而，金钱，即给土地标个价格，用马克思绝妙的措辞来说，是"社会的电化学力"❸。以价格和出售的可能性，这宗土地能够做成千上万的事情，我的家庭能够做成千上万的事情，

---

❶ Marx, *Economic and Philosophical Manuscripts*, 182.
❷ Ibid. 181.
❸ Ibid.

我们参与作为整体的人类的物种生活的方式也有成千上万。正是在这里，《共产党宣言》对现代主义的巨大神化，就有了相关性。旧时代建立起来的工业，被从这里、那里和各个地方发掘原材料的新工业赶走。"对于反动派的极大懊丧而言，"马克思写道，资本主义生产的全球性特征解放了人们，让他们发现与他们同胞的新关系，即作为人类而不仅仅是作为邻居、兄弟或传统意义的合作者的关系。

旧的、靠本国产品来满足的需要，被新的、要靠极其遥远的国家和地带的产品来满足的需要所代替了。过去那种地方的和民族的自给自足和闭关自守状态，被各民族的各方面的互相往来和各方面的互相依赖所代替了……一切固定的僵化的关系以及与之相适应的素被尊崇的观念和见解都被消除了，一切新形成的关系等不到固定下来就陈旧了。一切等级的和固定的东西都烟消云散了，一切神圣的东西都被亵渎了。人们终于不得不用冷静的眼光来看他们的生活地位、他们的相互关系。❶

的确，马克思对这种盲目崇拜怀有最深切的忧虑，人们盲目地认为这种现象是货币与商品流通自主运行的成就。❷但是还存在一种更旧的盲目崇拜，用物品的传统意义来将我们与物品联系起来。

---

❶ Karl Marx and Friedrich Engels, *The Communist Manifesto*, tr. Samuel Moore (Harmondsworth: Penguin Books, 1967), ch.1, pp.83-84.（尽管这两段的顺序在这个节录中是反着的，但这并不影响其含义。）

❷ 对比 Marx, *Capital*, i, ch.3, p.188："并非是金钱使得物品可以度量。情况恰恰相反。因为所有的物品，正像价值一样，是物化了的人类劳动，因此它们自身是可度量的，就此而言，它们的价值能够以一种同样的特定物品来度量，即货币。货币作为价值尺度，是物品内在价值尺度即劳动时间必然的外在形式。"

如果人类意识到社会可能性的全部范围,这种联系必然会被废除。我相信我们详尽阐释交易过程而不考虑传统边界的倾向——我们对货币的使用和漠视沃尔泽的意义,表明了这种倾向——是这些联系主要的消解因素之一。

8. 阻止交易：一种分类学❶

朱迪斯·安德烈

在《正义诸领域》中，迈克尔·沃尔泽列举了14种"阻止交易"，即在美国不能买卖的事物。❷他出于对支配的担忧而这样做；尽管书名指向正义，他的目标却是压迫而非不平等本身。沃尔泽认为，确认不同领域即适合不同分配原则的生活的方方面面，可以减缓支配。将这些领域分开，会限制任何人能够获得的权力；比如说，最富有的人，不应有能力买到人口、政治职位、刑事司法等等。

当然，事实上金钱的能量是巨大的。即使不能买到人口，也能为我们买到仆人；即使不能买到政治职位，也能买到当选官员的注意力；即使不能买刑事司法，也能买到国内最优秀的律师。日复一日，似乎金钱能够买到的越来越多。一些新商品是新发明的：唱歌电报，分时公寓；甚至质押本身也能出售。其他新商品，无论是实际的还

---

❶ 这是一篇同名文章的扩展版，这篇同名文章首次出现在 *Ethics*, 103（1992-3），29-47。经《伦理学》杂志和芝加哥大学出版社许可，得以重印。1992年原始文本版权归芝加哥大学全权所有。在哈佛大学伦理学与职业项目中任研究员时，我开始撰写本章；在弗吉尼亚人类和公共政策基金会以及田纳西大学医学部医学人文学中心洛克菲勒奖金的资助下，完成了本章。感谢艾米·古特曼的鼓励和建议。

❷ *Spheres of Justice*（New York: Basic Books, 1983），100–103。

是概念的，越来越让人震惊。在一些欧洲国家，比如说德国，报道存在肾脏买卖：花几千美元，人们将一颗肾通过外科手术摘出并移植到另一个人体内。❶ 理查德·波斯纳和威廉·A. 兰德斯曾提议在美国建立婴儿市场。❷

沃尔泽会阻止这种商品化进展。他的阻止交易清单是粗略无序的，发人深思而非一锤定音。它包括：人口，政治权力和影响力，刑事司法，言论、出版、宗教和集会的自由，婚姻和生育权，离开政治共同体的权利，免除服兵役、免于陪审团职责、免除其他公共工作的义务的权利，政治职位，基本的福利服务如警察保护和教育，绝望的交易（desperate exchanges）——如涉及接受危险工作的交易，奖品和荣誉，神恩，爱和友谊，犯罪行为。他认为这张清单是完整的，但也为它并非完整留下余地。总体而言他的立场是，不同种类的物品，拥有不同的分配标准。

并非只有沃尔泽想限制市场。几位理论家提出了其他限定路径。比如说，玛格丽特·简·雷丁区分出个人财产和可替代财产：个人财产与人为此人不可分割，它自身就是珍贵的，不可以只用金钱就能够替代。她主张，法律据此可以禁止其出售。❸ 伊丽莎白·安德森从正在讨论的物品的本质和商业的本质进行论证，认为一些好的

---

❶ 'Kidneys for Sale: The Issue is Tissue', *Newsweek*（5 Dec. 1988），38. Cf. 'Kidney, Cornea Sale Flourishes in Brazil', *The Washington Post*（12 Oct. 1981），A22.

❷ 'The Economics of the Baby Shortage', *Journal of Legal Studies*, 7（1978），323.

❸ 'Market-Inalienability', *Harvard Law Review*, 100（June 1987），1849–1937. 在更早的一篇文章中，她主张个人财产也应当免除政府控制；即政府需要更可靠的根据来对之进行收取、重分配或控制：'Property and Personhood', *Stanford Law Review*, 34（1982），957–1015。

事物不能存活于其中。只有"价值维度在市场关系中得到最佳实现的"事物才可以出售。礼物、共享商品、理想和必需品并非如此，所有这些都需要其他种类的社会关系。❶

沃尔泽、雷丁和安德森分别为我们提供了一条限制市场的单一原则。雷丁的原则宽泛而基础：通过防止非可替代财产免遭市场全力冲击来保护人类繁荣。沃尔泽也是从一种宽泛而基础的原则出发来开展工作——生活不同领域使用不同的分配依据来减轻压迫——他还详尽列举了什么属于货币领域之外。安德森的视角一方面是多元的，因为市场具备众多特征（非人格性、自利性、关注匮乏等），每个特征或许破坏不同的事物。然而最终，她也是以一条单一原则开展工作的：使本质上在市场上不受欢迎的那些事物免遭市场伤害。马克·尼尔森采取略微不同的路径：他列举十个阻止交易的例子，从中推导出九条原则。这些原则相互之间只具有松散的关系。❷

在本章我提出一种新的路径，既非一张清单（无论是关于阻止交易的还是关于不相关联的原则的），也不是一条单一的包罗万象的原则，而是一组逻辑上相互关联的考虑，一种思考这个问题的框架。一旦我们理解出售是什么，并细致地观察沃尔泽有助益的清单，便会发现，存在众多不同的依据来阻止交易。比如说，神恩不应被出售是因为它不能够被出售，声称出售神恩是一场骗局。婚姻权不应

---

❶ Elizabeth Anderson,'The Ethical Limitations of the Market', *Economics and Philosophy*, 6（1990）,179-205.

❷ Mark Nelson,'The Morality of a Market in Transplant Organs', *Public Affairs Quarterly*, 5（1991）, 63-79. 尼尔森思考一条原则，而后指出它的一种例外，并总结出一条原则来解释这种例外。对此条原则反过来还存在一种例外，如此等等。

当被出售，因为它是不可剥夺的。刑事司法不应当被出售，因为行贿而产生的裁决根本不是正义。

我在这里揭示的每一条中间原则，或许反过来可以为沃尔泽、雷丁或安德森的陈述所解释；我并不尝试在这里解决这个问题。因为很多理论对事例直接行之有效，厘清这些事例会有助于我们评价任何理论，无论是沃尔泽、雷丁、安德森或其他人的理论。让我们以某种背景而开始。主要作为物理性交换的出售的精神图景能把我们搞糊涂。我们想象一个人交给另一个人一件物品，比如说一支铅笔，同时第二个人给第一个人交付金钱。现在我们所有人都知道，这种关于物品在谁手中的物理性关系的变化，对于一桩出售而言既非必要也不充分。最本质的是，一系列权利、义务和责任❶从一个人那里转移到另一个人那里。这种转换依赖于言辞或象征性行为，或许包括一种物理性交换，或许不包括。

当我们购买一件物品或一宗土地，我们获得一系列相关的法律权利和义务，前任主人获得我们曾经拥有的货币。（比如说，法律状态包括使用所有物的权利，对其产出的权利，保养和税收的责任，如此等等。❷）出售之后，每一方都拥有另外一方之前拥有的事物：

---

❶ 我使用这个词汇和相似的词汇来指出一系列完全霍费尔德式的法律状态：权利主张，义务，特权，权力，责任和赦免。参见 Wesley Newcomb Hohfeld, 'Fundamental Legal Conceptions as Applied in Judicial Reasoning', *Yale Law Journal*,（1913-1914），16-59, and 26（1916-1917），710-767。

❷ *Locus classicus*（常被印证的章句）是 A. M. Honore 的"所有权"，见于 A. G. Guest（ed.），*Oxford Essays in Jurisprudence*（Oxford: Clarendon Press, 1961），107-147。他的清单包括拥有、使用、管理、收益、资本、安全、可传达性以及其他的权利。在 'Full Ownership and Freedom' 中，我发展了我认为更加有序的一张清单。

权利、特权、责任等，这些构成所有权的法律状态，毫无保留地转移到买家手里；对一笔货币的权利不加更改地转移到卖家手里。

一旦理解了这种情况，便会看到另外的关键之处：除非拥有确定的、先在的法律关系，否则任何事物都不可出售。所有权容许梯度；比如说，我能够比拥有历史建筑更加完整地拥有一台缝纫机，因此法律允许我对缝纫机做任何我想做的事情，而不允许对历史建筑这样。并不是每一组关于一件物品的权利、义务等等都构成所有权。完全所有权包括使用的特权，要求国家协助排斥他人的权利，更改和破坏所有物的权利。某些构成完全所有权的子系列权利也算所有权；此处我不尝试探索这个概念的精准边界。

因而，除非相关权利可以而且的确存在，否则任何事物都不可以出售。同时，除非能够从拥有者那里分离出这些权利，否则任何事物也不可以出售。"不会招致反对的"出售关乎不仅能够存在而且道德上可以的权利，而且从所有者那里分离出来不仅是可能的，还是合宜的。这提供了一桩交易可以受阻的四种不同根据；当然还存在第五种，因为某些合宜拥有和给予的事物，尽管如此可能也不应出售。一些人相信血液和肾脏就是这种情况。❶ 某些行为比如说性行为（若是为了钱则成为卖淫）和司法裁决（若是为了钱则不再是正义的），也是如此。在这一章中，我确认出这些考虑，加以充实并

---

❶ 关于所有权存在一系列不同的与语言有关的问题，这超出本文的范围。我对我的肾脏的使用拥有排他性权利，法律有助于隔开任何不经我同意而想要取走它的人。我们是否应当将这种关系称为所有权，我们是否应当将我们的身体称为财产，是一个问题，此处不作处理。我将会为了便利而使用所有权的语言，但是我使用这些词汇，并不仅仅指涉法律的事态。

在逻辑上进行组织。我不尝试加以提炼或辩护。

什么不能或不应当被拥有？

"某些事物，就其本性而言是不能够被拥有的"

沃尔泽的阻止交易，其中一些关乎法律权利不可能加于其上的事物。最清晰的例子是友谊、爱和神恩。

"友谊和爱"：友谊的一个基本要素是自然产生的相互欣赏；爱是这样一件事情：另一方出现时高兴（最起码偶尔如此）和对他们福祉的关切。这些态度不能被规定。法律不能确保它们保持下去。这并不是说法律没有用处；它可以惩罚对誓言的违背和通奸，惧怕惩罚可以导致对欲望的某种节制。但是这种关联或许是偶然和间接的。友谊和爱的本质是超越法律范围的内在态度。当然，一个人可以对他们的类像（simulacra）、友情或服务拥有法律权利，但是这些并不是同样的事物。

"神恩"：根据释义，没有人能对上帝的愉悦或来自上帝的礼物拥有权利。一位全能的上帝是超越国家的范围的。讨论在上帝面前用强力保护法律状态是没有意义的。不能出售神恩的理由是，一个人从一开始就不拥有它。然而，我们可能对类像、牧师执行特定行为拥有一种法律上构成的权利。未能执行和干预执行，对法律而言是可惩罚的。但是这些行为是否能够随之带来恩宠，并不取决于人类。

如果我们从世俗法律转向教会法，事情会变得更加模糊。一些教堂认为，特定职位的拥有者拥有特殊的权力。教堂决定谁拥有这些职位，而上帝承诺过以特殊方式通过这些人来进行工作。在这种情形下，教堂声称有权控制神恩的输送以及简洁而言对恩宠本身有权控制。（对这幅景象或许存在神学上的异议，暂且搁置不论。）这里声称权利的对象是一种所有权，因此可以合理地问以下问题：这些职位如何能够和应该被转移？

从这种讨论中，我们能够总结出一项普遍的原则：除非法律能够施加效力，否则任何事物都不能够被拥有。慈爱和神恩是不可被拥有的，因为我们拥有它们并不受法律支配。（我们或许会问为什么有人会费力地禁止无论如何都不可能的一个市场。答案必然与我们对类像的惧怕有关，这是相当可能的，是重要而良善事物的堕落。）

事物不可被拥有，还存在第二种情形：某些事物的使用，不能够限定在任何个人或群体。一些公共物品就其本质而言不具有排他性：我们呼吸的空气，我们在其中运行的信任环境，寂静。对这些事物中的某些，我们可以拥有强制性权利。可想而知，这些权利可以是被拥有和出售的。但是由于这些权利并不是排他性使用的权利，也不是可变更或破坏的权利，因此它们并不构成所有权。

"有的事物可以被（完全）拥有，但是不应当拥有"

"人口"：人不应当被拥有。康德式的理由是类似的：人有目的（新康德主义者或许会续上情感和欲望），这些必须被视为本身就珍贵。人们能够而且必须为生命呈现的形态负责，尊重他们被允许的需求。所有权使其他人的主观生命仅仅变成了手段。

事实上，人不仅似乎不应当被拥有，也似乎不可能被拥有。对物的权力是直接的：我们可以拿起它们，移动它们，改变它们，摧毁它们。但是对人的权力通常而言是间接的：我们影响他们的选择。对人的法律权力通常关乎预示性惩罚。司法体系有时候的确在物理上限制或限定人，但是除非大部分人接受劝诫甚至不去尝试违法，司法体系才可运行。尽管如此，这种描述是具有误导性的，并不在于它就法律影响人的方式而言说的内容，而在于它就拥有物品所暗示的内容。财产并不是人与物的关系，而是在这件物品上人与人之间的关系。只有我能够要求警察阻止其他人拿走某种事物，它在法律上才是我的。对钻石的所有权犹如对奴隶的所有权一样是有效的，因为法律惩罚的威胁影响人们做出的选择。❶

当然，在奴隶制中，人是被拥有的。一系列法律安排存在于人与人之间。因为甚至一位被拥有的人做出选择，奴隶主也不得不使用不同于拖拉机所有者可以使用的控制方式；他不得不影响奴隶做出的选择。法律也会惩罚奴隶的行为（当然拖拉机不会采取任何行为）；关于机器的财产法和关于人的法律之间存在一种区别。但是奴隶制的一个主元素是，其他人即非拥有者，不会干预一位奴隶主的所作所为，不能合法地帮助奴隶逃脱。国家不（甚）限制拥有者的所作所为，而限制非拥有者在这方面的所作所为。❷

因而，人可以被拥有。事实上，很多远未达到奴隶制的对他人的权利被称为财产权利。一些源自契约：雇主和雇员对对方拥有权利。

---

❶ 除此之外，还有缺乏对小偷的法律追索权，他不能用法律隔开其他人，也不能出售赃物和指望持有收益。

❷ 政体不同，情况当然不同。多种不同文化中奴隶制的一项综合研究，参见 Orlando Patterson, *Slavery and Social Death* (Cambridge, Mass.: Harvard Univ. Press, 1982)。

一些源于法律状态:父母能够做关于孩子的很多决定,反过来孩子(通过代表)对养育和妥善对待拥有强制性权利。赡养费被称为一方配偶对另一方的财产权利。在所有这些例子中,人可以使用国家的某些权力来说服他人进行行为。或许这些安排压根不应当被称为财产权利。但是措辞问题姑且不论,这些对人的其他权利,有助于我们通过对比来定义什么不应该存在:没有人应该完全拥有任何其他人,即对其拥有完全的法律处置权。

"公共物品":尽管细节上相龃龉,大部分政治理论家仍然同意,考虑到效率、正义或共同体,一些公共物品应当超越私人控制。之前我谈到不能被私人拥有的公共物品,比如说寂静;在这里我是指可以但不应当被私人拥有的事物。我粗略而规定性地使用公共物品这个词,以囊括作为共同体生活前提条件的事物,比如说防卫和道路,以及保护共同体资源的事物,如保护生物多样性的湿地和维持臭氧层的森林。还有个体生活的一些必需品——食物、水和住所——也需要可以公开获得,但是此处的禁止,针对整个供给的完全所有权,而不是具体哪块面包的完全所有权。

艺术和历史性物品部分构成共同体的生活,此类中的一些需要避免完全的私人所有权。一幅伦布兰特的作品、《独立宣言》原件,这些都必须受到保护。如果它们进入私人所有权范围,那么它也不能是完全所有权:为私人品鉴而付钱的人,不应拥有进行破损或毁坏的权利。而且,一些仅仅装饰共同体或私人生活的事物,也应当保持公开,比如说海滩和公园。

这里的总体原则是,为了共同体的利益,一些事物的个体所有权必须受到限制或禁止。关于具体什么事物适用这条原则，很明显存在大量争议，远非此文所能说明。我的目的仅仅是确认原则并将之与其他原则联系起来。目前而言，我已经提到阻止交易的两个主要类型：根据释义不能够被拥有（适用法律控制）的事物，和鉴于自身（即人口）的价值或我们的利益（即公共物品）而不应当被拥有的事物。

什么不能或不应当被让渡？

"一些事物不能够被让渡"

让渡，转入他人之手，指涉几种不同的事情。一方面，如果能够分割某种事物和它现在与之相关联的人且它能够继续存在，那么它便是可让渡的。在这层意义上，我们能够让渡土地，即将所有权转给他人，但不能让渡我们的记忆。另一方面，让渡某种事物，直接意味着不再拥有它，无论是否有另外的人获得了它。当杰斐逊写到不可让渡的权利时，他是指不仅不能转给他人而且不会丧失的权利。一方或许能够让渡另一方不能让渡的事物。比如说，荣誉是可以拒受的，但是一旦赋予并接受，授予行为便不能够为"获奖者"所取消。一旦成为诺贝尔奖主，永远是诺贝尔奖主。但是授予荣誉的委员会可以撤销，正如他们发现欺诈时所做的那样。

让市场理论家担心的事物中，少有不可让渡的。比如说，沃尔泽清单上没有一项适用这种情况。他的清单关乎预示着要发生、需要（继而）被阻止的交易。或者恰如神恩一样，关乎我们担心造假和欺骗的领域。此处似乎不需要担忧其中任何一种。

"一些事物可以让渡但不应当让渡"

自然权利或许是不可让渡的，但法律权利并非如此。它们是能够失去的，可以想象的是，它们可以转移到别人那里。沃尔泽的清单上很多属于此类：不仅不应当为了金钱而让渡而且根本不应当进行让渡的事物。我们不应当能够去出售我们的言论、出版、宗教、集会的自由，以及我们离开共同体、结婚、生育的权利；但是我们不应当能够放弃或让渡它们。总体的原则是，人在某些方面应当具备对抗国家和其他潜在压迫性机构的完美装甲。❶ 这条原则源自对基本的人类繁荣的理解，即对道德进步所需要的独立和亲密关系所需要的隐私的理解。它还假设所有人具有平等的价值。

就我们对教育和警察保护的福利权利而言，类似的情形也是真实的。我们不仅不应当能够出售它们，而且不应当能够丧失它们或将之转给别人。总体的原则是，国家应当为每个人提供生活与成长必不可少的事物。这条原则反过来诉诸普遍的慈善、真正民主的前提条件或对共同努力使之成为可能的事物的公正分配。正义与民主的原则也同样分配某些义务。比如说，没有人能够替人服军役。

对可让渡性的所有这些限制，关乎我们对国家的权利和义务。再次说明，我不尝试提炼或辩护正在谈论的原则。相反，我想要确认对作为可让渡性的可让渡性的反对，将它们与对牟利性让渡的反对区分开来。

---

❶ 禁止婚姻权利的转让，或许基于额外的根据。假设某人不想结婚，她能够将她的特殊权利转交给想重婚的朋友吗？

什么不应当为牟利而改变？

当对让渡某种具体事物不存在任何反对时，我们或许仍然可以反对让渡它以换回某种事物——尤其是获得的是金钱的时候。在这里我们关心的是：(a) 出售或进行买卖的实体，比如说婴儿；(b) 进行交易的人——对器官市场的反对在此处适用。最终，严格意义上的出售（与物物交换相对）引发特定问题。金钱会让牟利性交易更加糟糕吗？不义之财何以如此肮脏？

"一些市场虐待售出物"

婴儿可以转让。其实，即使父母，也不能够直接向别人转让他们对孩子的法律权利。所有收养都必须经国家批准。但是父母（除非他们失去了自己的权利）能够决定是否让孩子接受收养，常常能够决定谁来收养。通过这些非绝对但也不是无足轻重的方式，父母能够转让孩子。他们可以以此牟利。

很多人认为这样做是在人类中兜售一种奴隶制形式。但是从亲生父母转移到养父母的权利与责任，与在奴隶贩子之间转移的对象是非常不同的。国家禁止自身和他人干涉奴隶主对奴隶大部分的所作所为。尊重父母权利的法律主要寻求孩子的福祉。奴隶据称是被拥有的，是因为在对他们的所作所为上存在绝少限制。孩子不能被说成是被拥有的。

但是，关于婴儿市场，最起码产生两种合理的忧虑。其中一个与之相关的结果是：新的诱发结构具有不可预知的结果。但是存在一种颇为不同的反对意见，与市场的结果是否是善的这个问题无关：

将婴儿视为一种庄稼是否正确？首先，请允许我们考虑对结果的关切。当某种事物获得交易价值，人们有新的理由去获得并保护它。婴儿市场不会改变养父母的动机，因为婴儿将会成为人类学家所称的最终商品：一旦获得，对孩子的权利将不能再次被交易。养父母的动机将一如现在，爱与被爱、养育、取名字以及或许老有所依和身后垂名的欲望。（注意，其中一些欲望是将孩子视为目的，其中一些将之视为手段。）

然而，生物学父母对他们的行为会有新的理由。一些父母开始怀孕，只是为了他们在交易中的获利。市场理论家强调的一个结果是，婴儿的供给会更加有可能匹配需求。然而，甚至是"完美的"市场，也会产生超越自身的结果。在这种情况下，会有更多的婴儿可供收养。或许其中更多的会是"称心的"即健康的白白胖胖的幼儿，但或许也并非如此；转向这种生计的人，很可能是绝望的，很大可能是病患或瘾君子。无论哪一种情况，不会被收养的"不那么称心的"婴儿的数量可能会增加。

没有人可以确知，经济分析在某种程度上由猜测构成。但是值得注意的是，在一些其他境况中，改变了的诱发因素产生了出乎意料的结果。一个是17世纪美国烟草的故事。对于印第安人而言，烟草具有仪式价值；对于欧洲人而言，它具有交换价值。烟草可以换得金钱（或铜或枪支），它被更多地种植。烟草耗尽了土地，每隔几年不得不开辟新的地块，因此对烟草的需求创造了对土地的需求，这导致了冲突与暴力。

因而，在赋予婴儿或其他事物以交换价值上有所顾虑的一个原因是，这样做会改变诱发结构，这是带有无法预知结果的一个变化。一些结果可能伤害孩子，被怀上用来交易的孩子和因误算或不幸而出生的孩子。然而，纵然这种反对是强大的，它似乎并不会引起我们真正的关切。我们反对将婴儿当作商品，个中存在顽固而不可言传之处。即使我们能够确定没有人会更加窘迫、人人富裕，人也不应仅仅被当作手段。

康德说，人不应当"仅仅"被当作"手段"。但是这句话需要剖析，❶因为人实质上总是对彼此有用的，仅仅注意这种有用性，构不成道德问题。我们可以问某人现在几点了，或者站在他可以挡住阳光照射我们眼睛的地方，这样做并没有任何错误。"将某人仅仅当作手段"不仅仅是无视某人的内在价值，而且是对这种价值的否认。确认他们的内在价值（value）包括承认他们的价值（worth），允许他们存在、行使职责和成长，促进所有这些。危害、伤害和毁灭人，是将他们视为没有任何内在价值的明显事例。❷未能承认他们的价值是一个更加复杂的话题。不在意，在某些情境中意味着"你是没有价值的"，但在其他情境中并非如此。理查德·瓦瑟斯特罗姆（Richard Wasserstrom）举了一个鲜明事例：当只有白种孩子参加一个节庆时，一份报纸报道，"城中所有孩子"都参加了。将垃圾排进当地水体而从未问垃圾是否有危害的一家工厂，把它的邻居视为不重要，即使垃圾被证明是无害的。

---

❶ 我的论述是新康德主义的，而不是康德本人的注释。
❷ 严格说来，只有其他任何事物都不是依靠伤害、强力或欺骗而获得，这才是正确的。但是它"是"正确的，我的目的仅仅是要阐释这些侵权行为和未将人视为目的之间的关系。

因而，将某人"仅仅当作手段"，应当被视为与根据自身来评估此人相龃龉的行为：伤害、强制、欺骗以及意味着自身没有任何价值的那些行为。在这种澄清下，请允许我们回到贬低出售物的市场问题，以婴儿市场作为我们的例子。交换价值是工具价值的一种特殊形式。犹如其他形式的工具价值一样，它容易与内在价值共存；确认交换价值，并不减轻对某事物内在价值的评估。东方地毯或文艺复兴画作的商贩，可以完全鉴赏自己库存的美。但是出售某物的决定，是关乎它整个未来的一个决定，纯粹依据给卖主带来的利益来做出。如果"库存"是婴儿，国家可以用防护措施来避免交易，生身父母会谨慎选择买主。但是如果你怀上一个孩子，不打算抚养，或许不得不将之放手到一个不满意的家庭中，或在他不需要的地方抚养他。你已经为另一个人的未来做了具有深刻意蕴的事情，你最重要的动机与这个人的福祉毫无关联。你已经将一个人仅仅当作了手段。

现在在最实际的契约母亲身份的案例中❶，亲生母亲相信有一个家庭渴望且能够照顾孩子；尽管除非给钱否则这些女性不会怀孕，但如果没有一个家庭，她们也不会这样做。正是因为她们的动机是混合的，我们才不清楚如何回应。如果她们相信她们不是在危害婴儿，那么"她们"不是在将它视为毫无内在价值。然而一个公开批准的婴儿市场，即波斯纳主张的那种，会容许父母均不打算养育婴儿的

---

❶ 我将这个术语归于萨拉·安·凯彻姆（Sara Ann Ketchum）。正如她所指出的那样，"代孕"母亲，只是同意将她们对她们孩子的权利转让给别人——通常是生物学父亲——的母亲。'Selling Babies and Selling Bodies', *Hypatia*, 4 (1989), 116–127.

孕育。无论这种情况是否曾经发生，为之提供法律空间，相当于批准了它。

无论如何，我此处的目的不是解决关于契约母亲身份的争论，而是分离并阐释一种对市场的反对。反对的一个不同事例出现在学者身上。我们研究并因诸多不同原因而写作，某种程度上是想要一份安全的工作和他人的尊重，但是我们也是为了主题本身而这样做：我们想让重要的事情得到更好的理解。❶ 尽管工作必然换取回报，回报可能变得太过重要。我们愈加将我们的工作塑造成换取金钱或注意力的样子，我们会变得愈加不舒服；当对金钱或荣耀的追求占据主导地位，我们所做的工作已经卑劣。（我后面会更加关注为了金钱而做出的行为改变它们的意义的方式。）

"一些市场对卖主和买主都不利"

人体器官市场的提议，激起类似的反对。然而人的一部分不是一个人；比如说，将头发视为商品，并不是将一个人"仅仅视为手段"。但是前面因为对交易对象产生的结果而提到的关于改变诱发结构的担忧，在这里也适用；如果出售器官能够赚钱，会有更多的器官供给。这似乎对需要移植的人有利，但这种有利并不是确定无疑的；为获利而提供器官的人，有理由掩盖使他们的器官不合适的事实。除此之外，我们都知道，最可能忍受痛苦的开刀手术并接受其中风险的人，是贫穷的。在美国，贫穷的女性以契约母亲身份提供她们的子宫和婴儿，富裕的女性为之买单。换句话说，我们对危害买主和剥削卖

---

❶ 我们也想成为它的作者；这是对个人价值的渴望。一些人或许称之为自我主义的混合物；我不会，但这是留待他日处理的论题。

主感到疑惑。

除了一方不公平待遇的问题外，对交易的反对有时候关乎其中关系的本质。在《礼物关系》(The Gift Relationship)❶中，理查德·M.蒂特马斯（Richard M. Titmuss）主张，礼物关系优先于商业关系，因为礼物本质而言牵涉到对他人的关切，而市场仅仅要求理性自利。他认为，将某些事物放在市场上，会摧毁奉献无价之物的"更深度的自由"。❷皮特·辛格捍卫这种立场，讨论在社会理解上的变化："别人依赖一个人的慷慨与关切的观念，一个人自己或许……需要一位陌生人的协助的观念……我们必须依赖别人的善意而非获利动机［的观念］——所有这些模糊的观念与情感，与血液市场是不能同时存在的。"❸

在这些担忧中，有些担忧更容易进行详述和补救。生病和有缺陷的器官常常能够被分辨出来并丢弃。❹剥削和不义处理起来远远更加繁复；关于这些问题的哲学文献汗牛充栋。关于失去的自由的主张❺和关于社会关系与文化氛围上变化的担忧，也是如此。在本

---

❶ New York: Pantheon, 1971.
❷ Peter Singer, 'Altruism and Commerce: A Defense of Titmuss against Arrow', *Philosophy and Public Affairs*, 2（1973），312–320, and 'Freedom and Utilities in the Distribution of Health Care', in Gerald Dworkin, Gordon Bermant, and Peter G. Brown（eds.），*Market and Morals*（Washington, DC: Hemisphere, 1977），163–164; cited in L. Lomasky, 'Gift Relations, Sexual Relations and Freedom', *Philosophical Quarterly*, 33（1983），250–258.
❸ Singer, 'Altruism and Commerce'.
❹ 关于此，公共讨论过于乐观主义。比如说，HIV，感染数月后才可以被检测出来。再者，只有当我们讨论器官时，这个解决方案才是可能的。如果一个人孕育婴儿是为了出售它，那么发现它的医学问题，仅仅揭示了问题。这不解决任何问题。
❺ 我在'Full Ownership and Freedom'（Ms）中详细讨论了这个问题。

章中，我只是定位这些关切；我并不提炼它们或为之辩护。

"金钱增加特定问题"

目前我已经确认出的反对，适用于易货交易和出售。但是，出售即为了金钱而进行的交易，产生几个特定问题。货币是一种独特的事物。根据定义，它是高度抽象的，构成一种完全有序的序列，没有最高数字；它的分布往往极不均衡，而且建立在有限性基础上。这些维度中的每一个都有伦理含义。

首先，价格是完全有序的：每一个价格等于、少于或多于其他价格。任何标价的事物，都是可以度量的：这颗钻戒值四千双溜冰鞋，那架飞机的价格是这栋房子的两倍。倘若对婴儿的权利放在市场上，一个孩子会知道她花了比如说家庭第二辆汽车所花费的钱数。她或许也知道，她比另外的孩子花了更多或更少的钱。因而，一个道德危险是，侵蚀我们对曾经是"无价之物"的唯一性的感知。❶

第二，金钱具有累积性。它是一种权力形式，和物理力量、天分、法律状态和社会地位一样。如这些事物一样，金钱产生更多的权力：市场能被限制，资源可被购买，政治影响力可以进行培植。但是与大部分其他形式的权力不同，金钱可以无限制地累积：没有最高数

---

❶ 评估这些可能性并不是我在本章中的目的。进一步的讨论参见 Nancy C. Hartsock, *Money, Sex, and Power*（New York: Longman, 1983），98 及其他地方；Eric Mack, 'Dominos and the Fear of Commodification', in John W. Chapman and J. Roland Pennock（eds.）, *Markets and Justice*（Nomos XXXI）（New York: New York Univ. Press, 1989），198-225，尤其是 217; Jan Narveson, 'The Justice of the Market: Comments on Gray and Radin'，同上，271；和 Margaret Jane Radin, 'Justice and the Market Domain'，同上，165-197，尤其是 171。近期很多人认为，我们人类关于我们自身与非人类世界之间的差别，太过于傲慢。这些论证的要点，几乎总是给非人类赋予更大的地位，而将更小的地位给人类。

额。进一步而言，保留金钱相对简单；金钱不会腐烂，不占用空间，它受到的保护常常比实物更加有效。

第三，金钱积累不均衡。不仅有些人比其他人拥有更多金钱，他们还通过好运、努力工作和天生的能力的各种组合来聚集金钱。道德应得（moral desert）充其量是起效的因素之一。或许运气、努力和能力是允许某人比别人到更多地方去旅行和过上更舒适生活的充分原因。但并不明确的是，它们合理化逃脱病魔或组建家庭的更大概率。

第四，金钱纯粹是工具性的。给某事物赋予金钱价值强调它的工具性，使这件事物更有可能被仅仅当作手段。

第五，金钱提供不断减小的边际效用。100 美元对洛克菲勒比对一位邮务员的意义少得多。或许一些事物让我们付出的成本大体相当。

特赦的滥用做出了一些解释。假设我们霎时间接受某些神学预设：死后人在炼狱受苦，直至赎罪后才被允许进入天堂；人间自愿苦行可以减少在炼狱的时间。假设我们也接受，一所教堂可以指明一些行为等同于其他行为，比如说念诵特定经文可以减少百日苦行能够减少炼狱的时间。从这里到以特赦奖赏特定有帮助的行为如清洗圣器收藏室或刺绣法衣，只是一步之遥。而后堕落来临：什么比金钱更有用？为什么不用特赦来奖赏对教堂的贡献？（以这种阐释，教堂做了它本不应做的事情，而不是声称做了它本不能做的事情。）教堂本不应出售特赦，因为金钱距离特赦应当系属的个人价值的领域太远了。金钱上的付出，不同于虔诚祷告或身体力行的付出。

另一个例子是为国家服务的法律义务。任何种类的贡献都不会让每个人付出完全等同的代价；时间对一些人来讲比对另外的人更加重要，体力劳动或多或少要轻松一些。然而，时间和劳动比金钱付出给人带来更加平等的负担。因此我们禁止通过购买而摆脱服务，以让每个人都接到更加平等的要求。

如果我们转而讨论什么甚至不应当被拥有更别提转让给他人，那么金钱也会让这幅图景黯淡下来。出售奴隶是否比赠送奴隶更加糟糕呢？在其他事物平等的情况下，基于刚刚给出的一些原因，答案是肯定的。如果被拥有——完全屈从于另外一个人的意志——是堕落的——标价会在伤害之外再添羞辱：奴隶是一种商品，价值或许小于一栋房子、高于一匹马。而且，被出售的奴隶，"仅仅被当作一种手段"。在一场拍卖或纯商业售卖中，卖主必然屈从于最高出价者或第一次出价。关于奴隶的新主人的决定，深深影响奴隶，并非为奴隶的利益而做出。卖主和买主仅仅受到自利的驱动。

当行为是为了售卖

当行为的合同、承诺和协议牵涉到金钱，我们有时候会使用销售语言："他将才华卖给了埃克森"；"米高梅买下她的下两次演出"。当我们不同意所发生的事情时尤其是这样："她出卖自己的原则"，"参议员被收买了"。沃尔泽的清单中，以下几项是关注为了金钱而做出的行为的："绝望的交易"如危险或屈辱的工作，"出售"政治权力和影响力、公共职位和刑事司法以及违法的协议。

"行为的协议是一种售卖形式吗？"

我认为这些交易算不上真正的售卖："卖主"并没有原封不动地移交一组使他成为"拥有者"的法律权利和义务。然而，有人认为这些协议是一种售卖：比如说，当一位球员与一支球队签订协议时，他所出售的恰恰是可以出售给另外一支球队的事物：对他的时间的使用权利。

相反我会首先注意到，通常很难讲清楚被出售的是什么。时间？劳动？能力？自由？（荣誉？）其次，无论被出售的是什么，其"被拥有"原本并非土地和许可那种意义上的"被拥有"。第三，法律状态并不仅仅存在交易。典型来讲，雇员现在必须寻求雇主的目标，雇主必须为雇员提供供给与保护。这些义务中的任何一条，在初始协议达成之前都是不存在的。将此比作一栋房屋或选手合同的出售：新的拥有者现在恰好拥有前任拥有者所拥有的这些权利与义务。对比而言，大部分源于服务合同的权利、义务等等，是"重新"产生的。它们并不先于协议而存在，由此不会从一方转移到另一方那里。

最后，法庭对待个人服务合同，与对待出售相当不同。当一桩"出售"被认为是有效的，卖主必须放弃他所售出的事物。但是当法庭执行一项"服务合同"时，"卖主"（收钱方）很少需要履行他的承诺（尽管他将不得不做出某种赔偿）。

我认为"出售"样式的迷人之处，反映了交易理论和新古典经济学作为毋庸置疑的假设运行的范围。比如说，注意一下将礼物视为伪装的出售的执拗观念。然而，此处我并不需要解决争论。无论进行行为的协议本质是出售或者仅仅在喻义上是如此，其中产生某些有趣的问题，也仅仅是在其中产生。

"道德考虑"

提及"行为的出售"所特有的问题之前，请允许我提一下，我在普通出售中所确认的很多问题在这里也会发生。出于对不公正和剥削的担忧，我们阻止因危险和屈辱的工作而产生的雇佣合同，这也是我们阻止器官买卖的原因。然而阻止的大部分服务合同，因不同的原因受到阻止。它们关乎行为，行为内在地涉及目的。当为了金钱而做某事，做这件事情是有不同的目的，否则就成了别的事情，目的的变化能够改变行为的本质。举埃里克·迈克的例子来说，性爱并不简单地是"免费版"的卖淫。❶ 当为了金钱而进行时，很多性交行为改变得如此彻底以至于它们需要新的名字。比如说法庭系统：裁决被收买的法官，不再执行"正义"，因为他或她不再以证据和法律为基础而进行裁决。

新制度——请允许我们称之为刑事非正义——不如它所替代的制度。当然，法官违背誓言与法律，会加重违法行为；但是不仅他做出承诺的事实是重要的，而且承诺的内容也是重要的。理想而言，刑事司法平等待人；在其中（再次强调是理想而言），人们通过所做的选择来决定自己的未来。❷ 贿赂毁灭了所有这些。

金钱的特征凸显出某些失去了的事物。一方面，由于金钱累积如此不均衡，没有哪种法律面前的平等能够幸免。另一方面，一个人在法律面前的命运，并不取决于他对法律的遵守，而是取决于能够让人生财的运气与努力。这些导向财富的品质，甚至这些品质中

---

❶ 'Dominos', 198–211.
❷ 参见 Herbert Morris, 'Persons and Punishment', *The Monist*, 52（1968）, 475–501.

最令人钦佩的那种,也仅仅是让人们富裕起来的事物的一个子系列。民主职位同样也是如此。当任职者由选民选任,职位就是民主的;当任职者由最有钱的人选任,职位就不是民主的。

性是这种实质性改变的一个边界线案例。性交表达很多事物,其中有欲望、情感、爱或承诺。情侣或许只关注利用、互敬、愉悦、决绝的奉献或这些目的与其他目的的某种组合。所有这些都表明他们的所作所为和体验。商业性交中,合作者需要关照的不仅仅是自己。每一方都有所求——金钱、满足感、控制——每一方都同意给予另外一方所想要的事物。双方都不需要关照另外一方。对卖淫的反对意见宣称,性交不应当是相互自利的双方的一场相会,仅仅将对方当作实现自己目的的手段。反对者认为,相互的关切对于性爱来讲,如其本然应该是关键,任何使相互关切不必然和不可能的安排,都不应当存在。

倘若能够被购买,神恩不再是它的本来面貌。我假设,以恩宠来看待财富或用最多的钱来做神事的神,是可以想象的。❶ 但是这不可能是犹太 - 基督 - 伊斯兰传统上的上帝,他平等爱所有人,回应纯粹的灵魂。

尊重是另外一个有趣的例子。表面上来判断,我们不可能因为拥有的金钱数量而尊重某人。然而在某种程度上我们会这样做,而且肯定印象深刻。我们或许非常尊重给他带来财富的努力与能力。然而,这并不意味着尊重他是因为钱,而是因为钱所代表的事物。

---

❶ 我相信,加尔文的上帝以繁荣来奖赏值得的人。财富是神的恩宠的一个象征,而不是原因。

很难想象一个人出于尊重而给另一个人付钱；一个人或许反而得到充满敬意的行为，麦金泰尔称之为类像（simulacra），但这根本是两码事儿。奖赏与荣誉也是如此：它们代表成就与价值。如果它们能够被购买，它们将会代表其他的事物：运气、特殊的努力和让人富起来的具体能力。当奖赏被购买，它压根儿就不是奖赏了。

因而，禁止为酬劳而做某事，通常关乎当金钱成为动机时其本质会发生改变的行为。我们的措辞暗示金钱的出现玷污了相互交往。当不是字面意义的时候，诸如"某某待售"的用语，几乎总是具有轻蔑性。我的分析意味着，我们所反对的与其说是金钱的出现，毋宁说是其他事物的缺失；然而这并不是全部的景象。举例来说，近期一篇文章赞美吉米·卡特在解决争端上的工作。说到"对卡特而言，总统职位具有'不出售'的特征"时，作者含蓄地批评了罗纳德·里根，他接受了100万美元，在日本短暂停留。含蓄的批评并不仅仅是针对一位前任总统的无所作为，也针对他利用职位谋私利的做派。

由而，我们使用买和卖等词语，部分是痛惜善的灭绝，也是为了斥责以自利来替代其他更可取的动机。如果里根接受的是一块价值连城的坠子，我认为声讨有可能要少得多。对于我们来说，金钱是自利的关键依据，我认为这是因为它的纯粹工具性。对金钱的欲望，没有混合对某事物内在价值的欣赏，如对一件精美雕刻品的欲望那样。

总　结

关于市场恰当范围的问题总是伴随着我们。金钱的力量如此强大，以至于它的领土与其他事物之间的边界总是需要防卫。本章一开始，我就描述了诸多有助于我们明确划分边界的视角。玛格丽特·简·雷丁防范非替代性财产遭到市场的全力冲击；米歇尔·沃尔泽限制市场以减轻压迫；伊丽莎白·安德森分析市场关系（非人格性、自利等等）并标明某些良善事物在其中并不能存活下来。马克·尼尔森从一组事例中推导出诸多关系松散的原则。

我在这里提出的视角更加复杂一些。一些出售不能或不应发生，有很多原因。我们需要问的问题包括：

1. 所有权的可能性：这个实体是否可能为法律安排所控制？（神恩和友谊是不能够的。）

2. 所有权的道德性：比如排他性控制，这是可以被合法控制的事物吗？（任何人都不应当完全屈从于他人。）这是可以被合法地防止他人拥有的事物吗？（公共物品对所有人来讲都是应该可以获得的。）

3. 转让的可能性：比如说分离，这件事物可以与它目前所属的人分离开来吗？（道德权利不可以丧失。）

4. 转让的道德性：任何人都应当具有失去它的可能性吗？（基本的公民权利应当是不可转让的。）

5. 市场对交易物的影响：用此事物来换钱是否给它带来危险或贬损？（为出售而孕育的一些婴儿会受到伤害；一些会被"仅仅当作手段"。）

6. 市场对买主和卖主的影响：用此事物来换钱是否剥削、危及或贬损到任何人？（通过商业手段获得的器官可能受到了污染；卖主是贫穷和绝望的。）相互自利的市场关系在多大程度上将其他相互关切的关系排除在外？

7. 金钱影响相互交往的方式：任何标价的事物都是可度量的。（如果孩子是买来的，我们能够理解他不可计量的价值吗？）金钱分布不均衡；其累积依赖于运气、工作和能力。（公民义务应依据不同标准进行分配，或许是平等的吗？）

8. 接受金钱实质上改变某些行为的事实：允许人为了金钱而这样做会毁灭一些有价值的事物（民主职位、奖赏、刑事司法）或者以一种不甚可行或糟糕的制度替代一种可行的制度吗（卖淫）？

我怀疑存在那么一条原则或一种视角能够综合所有这些问题。然而它们并不仅仅是一张清单。它们形成一种逻辑上关联的系列，能够帮助我们对我们总是面对的问题进行有序思考。

很多人向我指出，这些问题具有双边性。比如说，一种关系能够被商业化"改善"：金钱能够对抗社会偏见，也可以使之产生，比如说，种族主义者向少数族群出售，并对他们彬彬有礼。商业化积极的一面，能够通过我在这里勾勒出消极一面所使用的同种分类法来达成。

政治意蕴

最终而言，国家必须面对哪些交易要推崇、哪些要阻止的问题。所有权和出售是法律事实，自身也是因国家权力而成为可能。比如说，很多政府不允许海洛因的私人所有权，不会强制执行卖淫的合同。

如果没有任何视角能够囊括交易应当受到限制的各种原因，那么将没有任何一种考虑可以厘定政府的角色。沃尔泽对"复合平等"的关切，使他得出如下结论：国家需要保护领域之间的边界，而不要在其中进行干涉。反过来讲，复合平等意在防止支配，防止任何人"碾磨"别人的"脸面"。沃尔泽更加积极，他关注民主的自重，这种态度不"依赖于任何特殊的社会地位……［而关乎］一个人作为完全而平等的成员和积极参与者的自我意识"。分配正义"最深刻的目的"是使自重成为可能（*Spheres*, 277–278）。

大卫·米勒在导论中指出，这些根据应该会使沃尔泽同意某些情况下在领域之内而不仅仅是在它们之间的边界上进行政治干预；反而言之，边界自身并不总是需要保卫。我已经给出的分类法意味着米勒是正确的；而且，原因而不是正义的边界，需要出现在国家关于商业的裁断中。

"什么不能出售？"

对于一个大类而言，即据其本质不能被拥有或不能被转让的那些事物，似乎任何行为都是不必要的。无须禁止不能做的事情。但是情况并非如此简单：或许物品不能被出售，但是人们仍然会受到欺骗。

我们相当担忧一些这样的欺骗：提供神恩以换钱的权利，虚假的朋友，因错误原因而授予的荣誉，腐败的法官。当然政府有责任管理自身的制度，规范法官和其他官员。另外，无论何时，一旦涉及金钱，国家便拥有某种天然的角色；它的目的之一是规范商业，侵占、欺骗和贿赂是犯罪。这意味着沃尔泽说信众"不可能免于受骗"

(*Spheres*, 245)并不是那么正确。将捐赠私用而非用于宗教用途的油滑布道者会坐牢。然而，此类的其他犯法者是超越法律的。"以他说他将会的方式"使用捐赠的筹款部长，即使这意味着他的每位家庭成员都可以拥有一辆劳斯莱斯，不能被触及。酒肉朋友、可同享福而不可共患难的朋友同样也不能。

在这些明显妄用的事例中，法律必然是有限的。首先，观念要点是：宗教权利依其本质不可能由投票来确定，政治商谈也不能决定。其次，沃尔泽式的规范性看法是：宗教应高度独立于政治权力，因为宗教是意义和自我肯定的一种独立来源。它常常是为被剥夺公民权者和被迫害者而设的圣所。沃尔泽指出了美国人确认并建立宗教与国家分离之墙的步骤缓慢。

但是尽管法律必然是有限的，社会也拥有更广阔的范围。正如米勒所认知到的那样，社会压力是令人恐惧的。当荣誉遭到腐败、被用来换钱或恩宠，而后流言、公共声讨和有组织的抵抗会前来救济。当朋友是虚假的，其他朋友或许看起来是一种警告。当宗教越来越腐败，很可能存在一种改革或逐出教会的惩罚。所有这些的作用都不是毫无差错或毫无痛苦的；我只是想说，国家触及不到的地方，社会保留着强大的武器。正如即使付出一些代价也需要对国家进行限制一样，限制社会压力也是有利的。正如沃尔泽可能会指出的那样，社会领域需要在某种程度上保持独立，否则像择友和选择信仰的能力这样的物品将会陷入危险。在社会接受度的暴行下，隐私与自主权将会折腰。

"什么不应出售？"

在什么事物能够被出售但不应出售的情形中，国家扮演着更加明显的角色。我的第一个此类范畴首先关乎什么不应被拥有。认识到人不应完全屈从于他人控制后，我们已经将奴隶制和契约奴役制列为非法。这是保持沃尔泽领域相互独立的一个很好例证：商业的恰当领域是人类恰当控制的事物。

商业的领域也应当限制在其他人（非拥有者）可以恰当地被排除在外的范围上。使学校、警察保护等普遍可获取的决定，可以再次算作保卫边界：或许可以认为，基本的人身安全和智育的机会，不应当依赖于在市场上的技能与运气。但是这里没有普遍的论证。不同的商品或许因不同原因而保持公共性。我们的道路很少有收费的，几乎没有道路为私人拥有。假设这背后的目的是使贸易更加有效率和减少新来者的障碍，这可以被视为商业"内"的干预，目的是依其自身条件加以改善并建立某种平等。（反垄断法目的相同。）

能够但不应被出售的第二类事物是不可转让的事物；公民权利是一个明晰的例子。如果我们说，正如我所做的那样，在这些方面人应当"拥有完美武装"，这个比喻类似于沃尔泽的受限领域。当然他相当明确地谈到很多项基本权利。结婚的决定属于双方，而不是国家，也不是他们的父母。这是亲密的范围。类似的，需要保护宗教和出版防范国家。

第三类是不应交易的事物。禁止交易的第一个原因是对参与者的危险。除了前面提到的完全禁止（比如说肾脏）外，如食药法等管理法规在这里也适用。（不可以被交易的是"未经批准的"食物。）

当国家出于对剥削的忧虑而禁止某些行为，比如说提供不安全的雇佣，这也是受到保护人民的欲望驱动。这些规则是处于"领域"的边界上，还是在它们之内？答案并不明晰。完全的禁止（比如说禁止肾脏出售）似乎作用于金钱领域的边界上，但是什么领域受到保护并不明显。安全与健康看起来不像是领域。管理法规（比如说关于食品安全或工作场地安全的管理法规）似乎运行在一个领域内。然而，或许这些禁止被描述为保护平等公民身份观的手段可能更为确切。它们都使市场上的弱势避免损害或毁灭一个人的余生。

最后，存在市场使我们对某事物的共同理解处于危险的领域。孩子应当被标价吗？血液应当被视为一种商品吗？在这里更加明确一些的是，边界正在受到保护：不仅商业领域受到限制，而且毗邻受到保护的领域可以描述为：家庭生活和一个医疗提供、礼物交易的网络。

然而，归根结底，在我看来，将沃尔泽的"复合平等"视为"复合不平等"要更加恰当。领域的分离有助于避免任何人或群体支配一切；还稍稍有助于确保任何人不屈从于一切。但是，并不仅仅是社会安排才让在一个领域的失败如此经常地导致在另一个领域的失败。人是情感、社会和认知的复合综合体，能够发现自己处于向下的螺旋中：一项失败孕育着其他失败。我们变得气馁，失去交情，抛弃朋友。重要的是，正如我认为沃尔泽所暗示的那样，有一种基本的尊严和体面很难失去。如其所言，有权力的人不应碾磨无权力者的脸面；但是我甚至会说，需要存在抑制最卑微者自我憎恶和自我毁灭的某种基础性社会理解：抑制他们碾磨自己的脸面。尽管我同意简单平等几乎是因其自身缘故而产生的所需要的事物，阻止暴行是所需要事物的重要部分，我也并不认为答案仅止步于此。在近期的作品中，沃尔泽已经开始解决这些问题了。❶

因此，我提出的分类法表明，国家有理由在领域内和它们的边界上进行干预；进一步而言，如米勒所暗示的那样，平等公民身份观做了一些受限领域的比喻所没有做的工作。我还得出以下结论：对自尊而言，沃尔泽的支配并不是唯一的威胁，自尊也并不是禁止交易的唯一理由。

---

❶ Michael Walzer, 'Exclusion, Injustice, and the Democratic State', *Dissent*（Winter 1993）, 56.

9. 复合平等[1]

大卫·米勒

本章的目的是发展和探究迈克尔沃尔泽的复合平等概念,沃尔泽想借此调和具有潜在冲突的分配正义观和社会平等观。沃尔泽的《正义诸领域》[2]为我们理解分配正义和社会平等提供了建构材料,这种理解明显不同于(在我看来甚至优于)主流政治哲学。我并不宣称我对沃尔泽的解读与他的本意完全相符,原因是有一些模棱两可的地方,尤其是他的平等观,这一点我下面会提到。沃尔泽的著作隐含着一些概念性主题,我更愿意充分挖掘这些概念性主题,本章后半部分将检验部分主题在经验上的合理性。

简单与复合平等

通过与简单平等观相对照,或许能最好地引入复合平等观。我

---

[1] 感谢纳菲尔德政治理论工作坊的各位成员对本章提出的问题所进行的讨论,特别感谢杰奥·德·比乌斯、西蒙·卡尼、亚当·斯威夫特、罗伯特·范德维恩、迈克尔·沃尔泽以及安德鲁·威廉斯对之前草稿的评论。
[2] New York: Basic Books, 1983.

称之为"简单"的平等观认为平等即需要同样地占有或享有某种有利条件X。在这种观点看来，一个平等主义的社会就是一个所有成员在X上都相同的社会，即他们同样地享有X所代表的东西或条件。有很多简单平等观，与之同样多的是其中有很多看似合理的X的竞争者，包括财产、收入、机遇、权利、资源、能力以及福利。平等对待和平等关怀意味着什么，我们是有直觉感受的。关于这些分配目标中的哪一个最能抓住我们的直觉感受，最近，政治哲学中有一场争论。这是一场关于"什么平等"❶的争论。虽然参与者对于其中的空白处应该是什么存有争议，但他们一致同意这一表达是阐述平等理想的恰当方式。

我的意思并不是说简单平等主义者向来提倡对他们所喜爱的平等理想进行无条件的应用。在明确了理想之后，他们通常会继续主张我们可能还会为了促进诸如个人选择和社会福利这些竞争性的价值而在某种程度上牺牲平等。正如我稍后论述的，的确有一种趋势，将简单平等转化为一种不那么尖锐的取舍形式，例如，转化成某种版本的罗尔斯原则，认为社会中最少受惠者群体应获得最大利益。不过这样的后果是消除了平等本身的价值。如果当我们谈论平等时，真正谈论的是罗尔斯的差别原则，那么同等分配我们所喜爱的X的内在价值是什么呢？简单平等从主张一种诸如资源平等的基本原则开始，继而对之进行限制，以至于我们在最终结果中很难看到明显

---

❶ 参见 A. Sen, 'Equality of What?' in *Choice, Welfare and Measurement* (Oxford: Blackwell, 1982) 和 G. A. Cohen 的回应性文章 'Equality of What? On Welfare, Goods, and Capabilities', in M. Nussbaum and A. Sen (eds.), *The Quality of Life* (Oxford: Clarendon Press, 1992)。

的平等主义成分。因此，如果我们倾向于认为平等有其自身的价值，不能化约为诸如救济贫困等其他的价值，我们就不该把寻找某种版本的简单平等当作阐明价值的方式。

复合平等要求我们接受一个不同的出发点。我们应放弃寻找某一令人喜爱的特征 X，放弃那种认为同等分配 X 就能实现平等的观点。替代性的观点是我们应把社会平等当作许多分离的分配方式的副产品，从这个角度来说，个人可以享有不同数量的 X、Y、Z, 等等。❶ 因此这里的平等指的不是分配某种可辨识好处的方法，而是描述了一系列社会关系的总体特征。然而，这种关系算是事实上的平等吗？我在沃尔泽观点的基础上进一步提出，一个分配实践完全多元的社会能在成员之间达至一种非常重要的身份平等，处在这种社会中的人们意识到许多不同种类的社会物品都是不能还原的，其中每个都有属于自己的正义分配标准。这一基本的有关身份平等（其意义我将很快予以阐明）的重要观点对于社会平等给出了最好的解释。

现在看来，我所主张的这一观点似乎仅仅是在"X 平等"方案的一系列 X 的竞争者中增加了另一个选项——所谓身份；换言之，这里所提供的方案只是另一个版本的简单平等。然而这种理解误入歧途，现在我试着进行说明。简单平等讲的是人人得享好处。这是一个适用于个体的分配理想。在一些情况下，如在收入平等中，需要我们的机构安排得当，以使得同样份额的 X 能直接分配到每个人手中。在另一些情况下，如在福利平等中，我们不能直接分配 X，

---

❶ 不过，我所主张的复合平等在实际中也需要一种形式的简单平等——公民身份的平等（参照后面第 239 页注释❷），我后面会对这一主张进行说明。

但我们可以试着分配其他的物品Y，考虑到每个个体把Y转换为X的倾向，对Y的恰当分配会导致X的平均分配。就此而言，假如我们知道每个人是如何把收入转换为福利的，我们就能在原则上依此对收入分配进行安排，以达至所有人的福利水平都相同的状态。

在我看来，身份平等不是一种明确提出的有关个人分配的理想。假设社会中的每个成员都把他自己当作是在根本上与其他人相同且被其他人当作是在根本上与他们相同的时候，他们就获得了身份平等。显然，这种意义上的身份不是能被直接平均分配的物品。按照给个人分发收入或财产的方式，这里并无可分的东西。同样的，这里也不可能有另外的物品Y，能通过合理的分配它来达至身份平等。因此不像收入和福利的分配，每个特定的个体把Y转换成X。至于对Y的某种分配是否有益于身份平等，毋宁说取决于社会理解的方式。也就是说，假定其他种类的物品在社会中分配的方式对我们是已知的，假定Y在这个社会中是不言自明的，提议对Y进行分配既可能被视为有助于达至身份平等，也有可能产生相反的结果。在这里，所分配的物品与平等结果之间的联系并非取决于个人的特征，而是取决于社会对个人与他人之间关系的共识。这也是为什么在复合平等的视角下，平等必须被看作是一种社会关系的特征而不是一种个人分配的特征。

复合平等不仅给我们提供了有关平等理想的独特见解，还提供给我们一种不同于简单平等的看待平等与分配正义之间关系的视角。在简单平等的视角下，两者的关系是概念上的：平等原则能被同样恰当地描述为平等主义正义的原则。❶ 确定了"X 平等"公式中 X 的恰当值,也就能确定(平等主义)正义在分配 X 上所需的值。现在,一位简单平等主义者可能会继续辩称正义是一个比这里所展现的更复杂的概念,以及(例如)对平等的背离反映的是所有相关个人的自愿选择时,这种背离也应该被看作是正义的。他这时会得出如下公式:除去自愿选择增加的 X 分配的不平等,分配 X 中的正义 = 分配 X 中的平等。此处正义与平等之间的概念联系仍然保留,只是在表达上稍微精确了一点。总之,作为社会理想的平等将在概念上被正义所吸纳。不难理解为什么应重视平等;它就是正义(的一部分)。

　　复合平等的情况不同。平等和分配正义在这里都被看作是独立的社会理想,它们之间是一种经验性的联系。正义由多种多样的标准组成,这些标准决定着社会物品的分配;这是一种分配观。平等的基础是全社会中存在很多正义的分配。复合平等的论证是,确保每个特定领域都能实现正义的情况下,我们自然就能实现全面的平等,它并不主张一种概念上的必然性。这是一种明显的社会学观点。我们可以(像沃尔泽那样)构想一个反例,某个社会中物品总是依据相关标准进行分配,然而特定的个人在所有方面都胜过其他人,这就产生了一个精英群体,破坏了社会平等。(*Spheres*, 20)对复合平等的辩护要求我们证明这些相反的例子在实践中是不会发生的。

---

❶ 这种同化现象在下述文献中特别明显:G. A. Cohen, 'On the Currency of Egalitarian Justice', *Ethics*, 99(1988–1989), 906–944, 以及 R. Dworkin, 'What is Equality? Part 2: Equality of Resources', *Philosophy and Public Affairs*, 10(1981), 283–345。

我会在下文中审视由此引发的部分问题。

到目前为止，我的努力都是为了说明作为理想类型的简单平等与复合平等之间的不同，并未给出后者更优的任何理由。从现在开始，我将会给出几条拒绝简单平等的理由。第一点是"X 平等"方案中 X 的模糊性。在简单平等中，我们思考的方向是何者在人们应被平等对待的问题上发挥了根本性的作用。仔细探查后我们将会发现，没有哪个提议的选项能达到这个条件，任何一个都会遭到严重的反对。❶ 由此我们可以合理的质疑，在有关平等对待的问题上并没有哪个理由具有绝对的重要性；与之相反，我们对人的关注是多面且不可化约的。我们在某一方面的关注点可以是人们应享有均等的机会，在另一方面可以是人们应享有均等的资源，在别的方面可以是人们应享有均等的福利，如此等等。当这些考虑发生冲突时，并没有某个更重要的标准可以调和它们。❷

简单平等的捍卫者可能会在此争论道，目前为止寻求标准的失败并不意味着我们以后再也找不到一个能充分体现我们所信奉的平等的基础性标准。现在我们来考虑第二项困难。为了论证方便，假设我们成功找到了一个适合于"X 平等"方案的 X，它符合我们对平等的基本考虑：人们都应均等的享有 X，这对我们来说是具有根本重要性的。不过，即使从假定均等的分配 X 开始，也有可能导致一种强帕累托改进的变化，即达至这样一种情形，其中对 X 的分配

---

❶ 我讨论过这种有不少主要竞争者存在的情况，参见 D. Miller, 'Equality', in G. Hunt (ed.), *Philosophy and Politics* (Cambridge: Cambridge Univ. Press, 1990)。

❷ 参见 Cohen, 'Currency', 特别是第 921 页。

是不均等的，每个人却比在原来的身份平等之下享有更多的 X。如果我们根本上考虑的是人们对 X 的拥有量，我们怎么能不欢迎这个在打破平等的同时能增加每个人所拥有的 X 的变化呢？❶ 不管这样做会导致何种程度的不平等，我们应最大化我们社会中每个人都能享有的 X 的最小值，我们不应支持将这一罗尔斯差别原则的对应物应用于 X 吗？❷

简单平等主义者会强调他们假定正义与平等之间存在的概念性联系而避开这种反对意见。总的来看，帕累托改进造成的不平等或许是合理的，但并不能证明其必然是正义的。在此我们需要检验这一假定的正义与平等之间关系的有效性。二者间有一种明显的联系，即所有那些在相关方面相同的人对正义的需求都应该得到同样的对待。不过这明显是一个形式条件，并不能告诉我们相关的相同和不同之处在哪里。那么为何我们会假定正义需要的是比上述观点有更多实质意义的平等呢？如果我们并不理所当然地认为我们想要发现的正义原则必定是平等原则，只需简单地考虑一些分配问题并追问

---

❶ J. Raz 持这种追求显著效果的思路，参见 *The Morality of Freedom* (Oxford: Clarendon Press, 1986), ch.9。他认为很多所谓的平等原则可以更好地表达为权利原则，即主张每个人都有权享有一定水平的 X 的原则。我考察了这种观点的局限，参见 'Equality after Raz', forthcoming in S. Caney and A. Williams (eds.), *Joseph Raz's Political Philosophy*。

❷ 应对这一挑战，平等主义者可能会问下面这个问题："为什么"需要不平等的分配 X 来将最小值提高到它的最高点呢？这种形式的论证，参见 G. A. Cohen, 'Incentives, Inequality, and Community', S. M. McMurrin (ed.), *The Tanner Lectures on Human Values*, xiii (Salt Lake City: Univ. of Utah Press, 1992)。不过 Cohen 并不认为有可能出现符合帕累托最优的不平等，他认为这种情况和实际存在的某种共同体并不兼容。故而由于这种共同体的存在，平等成了一种独立的价值。

每一种情况下正义的需要是什么，我们会发现，因为待分配的物品的不同，正义分配的标准也会千变万化。特别需要指出的是，"应得"通常是相关的正义分配标准，例如，只有在应得"是"分配标准的前提下，有些物品、荣誉和奖项才可能存在，的确如此。从中可以看出，应得是一个差异化而非平等化的概念。那种试图诉诸应得来为平等分配辩护的做法注定会失败。❶

沃尔泽复合平等观的贡献在于，它并没有把分配正义化约为某种平等主义形式的单一原则，他公开承认正义原则的多样性并力图把平等的基础建立在这种多样性之上。平等的社会必须是一个承认有许多不同种类物品的社会，这些物品可以是金钱、权力、公职、教育等。这个社会确保其中每样物品的分配都是依据适宜的标准。平等的敌人是"支配"，当某一物品的占有者能够利用他们的地位获得他们没有资格获得的其他物品时，就会产生支配。有些人可能会在某个特定的分配领域成功获得相对于他人更多的物品，但只要他们不能把特定领域的优势通过不正当的手段转化成一种普遍的优势，他们之间的关系总的来说就仍是一种平等关系。❷

可以合情合理地称这种理想为平等的理想，其精确含义接下来的部分会提到。沃尔泽的观点让一个独立的平等概念有了可能，它与分配正义有经验上的联系，但在概念上又不能化约为分配正义。毫无疑问，这种处理有其代价：一旦经验链条断裂，我们可能会被

---

❶ 更全面的探讨，参见 'Arguments for Equality', in P. A. French, T. E. Uehling, and H. k. Wettstein (eds.), *Midwest Studies in Philosophy*, vii (Minneapolis: Univ. of Minn. Press, 1982).

❷ 沃尔泽对这一点的阐释，参见导论部分第2-3页（原书页码）我对沃尔泽的引用。

迫为了正义而牺牲平等，反之亦然。在坚持分配正义有其独立价值的同时，如果我们认为社会平等有独立于正义之外的价值，那么我在此简述的就是一个有吸引力的观点。

当然会有很多人否认平等具有独立的价值。他们声称我们社会中这种有关平等理想的现行观点源自一种对平等和正义的混淆。一旦分辨清楚，作为理想的平等便消失了。❶ 下述例子可以看作是对这种说法在直觉上的检验。假定学校里有一名男生在所有方面的表现都出类拔萃。他在考试中得到最高分，他在学校的运动中获胜，他在年度演出中担当主角，等等。假定每个孩子都有同样的机会去发挥和展现他们的天赋的话，毫无疑问他是公平地取得了这些成就。假定任何学校都举办这些活动并表彰表现优异者，那么毫无疑问取得成就的大路就是为他铺就的。那么当这个男生获得了所有这些荣誉时，正义就实现了。有些人依然会对事情的结果感到些许遗憾。有些人会认为如果荣誉能得到更广泛的分配，学校内的关系会更好，对该男生和其他孩子的自我评估而言也会更好。任何持这种观点的人都看到了独立于正义的社会平等的价值，因为根据假定正义已经在之前所描述的事情中完全实现了。持这种观点的人不需要对如何实现更多的平等有什么具体的建议。此处讨论的情况是除了违反正

---

❶ 对于这种结果的有力论证，例如，可参见 A. Flew, *The Politics of Procrustes*（London: Temple Smith, 1981）和 W. Letwin（ed.），*Against Equality*（London: Macmillan, 1983）。我在其他地方曾论证过平等主义是现代市场社会关系中必不可少的一部分，因此不加分辨地拒绝平等理想是没有意义的：当然，对于我们应追求哪种或哪类平等，答案仍是开放性的。参见 Miller, 'Equality'。

义外没有别的办法提升平等，以及人们认为正义应该具有优先权。❶ 我想把注意力集中于这一简单明了的观点：某个人在所有分配领域都取得成功的情形相比于各项物品能得到更加多样分配的情形更不值得追求。是否持有这种观点是判断一个人是否认同社会平等的试金石。

身份平等

在列出了支持复合而非简单平等观的一般依据之后，我想说明复合平等作为一种真正的平等观的道理所在。社会物品的多元分配为什么会产生某种我们能辨识的社会平等，这一点并不显而易见。沃尔泽的关注点主要集中于证明当代社会中正义领域的多样性，并没有做这方面的工作。他没有详细论证多元主义与平等之间关系的确切性质，这导致他的平等主义常常被人指责为毫无解释力。❷

沃尔泽认为如果每样社会物品都能按照符合它自身的恰当标准进行分配，那么其结果在形式上就是复合平等，我在别的地方指出过这种观点可以从不同的角度进行解读。❸ 一种解读是将之转化为有关补偿的观点：在某一领域（比如说金钱和商品）的相对不利地位会得到其他领域（比如说公职）的相对优势地位的补偿，因而把所有领域的优势地位汇集起来，每个人总共能得到的会大致相同。

---

❶ 如果这是普遍的情况，社会平等当然就不再能作为一种政治理想来指导政策。本章结尾部分会回到这一点。
❷ 例如，参见 R. Arneson in ch. 10。
❸ Miller, 'Equality', s. iii.

虽然沃尔泽在有些地方的行文让人能想到这种观点，但这种观点看上去和他的基本观点并不一致，他的基本观点认为讨论中的物品在性质上是根本不同的。这种观点意味着不可通约性，如果金钱和政治权力代表的是两种根本不同的东西，二者之间的相互转换就不可能。同样，并不能认为 A 在公职方面的优势地位能"补偿"其在金钱方面的劣势地位。

第二种对沃尔泽观点的解读是将之转化为有关权力平等的观点。在区分不同正义领域的前提下，没有人能利用他在一个领域的优势地位得到另一个领域的物品，按照另一个领域的标准，他不具备资格。由此可见，复合平等旗帜鲜明地反对专制——特定物品及其所有者的支配地位。虽然这一宽泛意义的平等权利毫无疑问是沃尔泽观点的一部分，不过在我看来这并不是他所理解的复合平等的全部。一个承认正义诸领域的社会在原则上也可以是一个少数人非常富有、少数人拥有巨大政治权力的社会，等等，可是这些社会中的绝大多数人在所有这些方面都处于底层。这种情况看起来并不符合沃尔泽的基本见解，即平等社会中的男男女女根本上是彼此平等的。

正如我曾指出的，我认为我们应将沃尔泽的观点解读为一种有关身份（status）的观点。在一个实现复合平等的社会中人民享有一种基本的身份平等，这将使得诸如金钱和权力这样特定正义领域内的不平等变得无效。现在我们需要弄清楚这里所主张的"身份"到底是什么意思。"身份"感接近于"影响力"，例如社会学家在谈到不同工作所具有的不同水平的影响力时会使用"职业身份"。"身份"在这里是一个区别的概念，指的是个人在某个成就的阶梯上所处的位置。很明显人们在这个意义上不会享有复合平等下的身份平等，因为在不同的正义领域他们通常能到达的地位水平不同。然而身份在另一种意义上涉及个人在社会中的基本位置，通过公共机构和其他人看待他们的方式体现出来。有些社会会在享有全部权利的公民与剩下的居民之间画一条线，其中人们要么拥有公民身份，要么没有公民身份，不再细分。因此我们能很自然地把所有的公民都说成是享有同等身份的公民。

主张最好将复合平等理解为身份平等就是从后面这层意义上讲的。下面会提到理由。在一个公认的存在诸多不同分配领域的社会中，个人在不同领域中的排名是不同的。一些人会在挣钱方面取得成功，另一些人会在政界取得成功。由于他们享有的物品不可通约，即不存在可以衡量金钱、声誉和权力的通约物，因而从社会的观点来看并不能在整体上对人们进行排序。❶我们并不能笼统地说一位成功的商人史密斯比一位受人尊敬的科学家琼斯地位更高，尽管在挣钱方面史密斯肯定比琼斯更厉害，就像琼斯在声誉上比史密斯更高一样。由于整体上的排序是不可能的，故而个体的身份只能依靠他们作为特定社会成员的共同身份。假如他们所在社会的公共机构把他们规定为同样的人，他们的身份必定是相同的。❷

---

❶ 任何人当然都有可能用他或她自己的排名对不同的物品设定不同的权重。不过这是个人判断的问题，这不会转换成社会身份的不平等。

❷ 就像我在'Equality'中曾经论证过的，这意味着平等的公民身份权利是复合平等的必要（而不充分）条件，因为它们规定社会中所有的成员都具有同样的正式身份。在下面的讨论中我会把这种权利看成是理所当然的，我的注意力将会集中在达至复合平等所必需的其他条件。

复合平等社会与等级社会是对立的，等级社会中的人们对自己所处的位置存在共识，等级社会或多或少呈现出阶级的分化。人们认为自己属于这个或那个阶级，人们之间的交往受到支配阶级内部及阶级之间关系的基本准则与预期的制约。典型者如头衔、特别的称呼、表达敬意的传统方式，等等。显然，社会分等是一个程度问题，复合平等占据光谱的一端，种姓制度占据光谱的另一端，种姓制度下的不平等是根深蒂固的、弥散性的、得到公众认可的。

平等社会的吸引力，公众汲汲于社会平等的原因，就在于这是一个值得向往的社会，人际交往只需考虑个人的能力、需要和成就等，身份差别造成不了障碍。❶ 这绝不是一个没有争议的观点。不难理解赞成贵族政治的人对这种人与人之间亲密舒适关系的蔑视。然而诸多尚未完全实现复合平等的个人主义社会普遍都把它作为一种理想接受。或许人们在抽样调查中的反应最好地揭示了这一价值的重要性，问题是"你想看到未来美国社会阶级有何变化以及为什么？"对于那些支持迈向一个无阶级社会的人来说，如下反应具有代表性：

应根除以社会阶级视人的方式。平等对待所有人。

我认为每个人都应被当成一个人来看待，不应以工作和金钱论

---

❶ 这表明了我把社会平等的特征描述为包含身份平等的做法与 Runciman 的研究有异曲同工之处。他在研究中区分了受赞扬的不平等和受尊敬的不平等，并把社会平等的理想总结为以下准则：摆脱受赞扬的不平等，没有受尊敬的不平等。参见 W. G. Runciman, '"*Social*" *Equality*', *Sociology in its Place* (Cambridge: Cambridge Univ. Press,1970)。我认为实际上这两种描述就是一个硬币的两面。当然，我反对那种认为"依据"受尊敬的平等就能理解身份平等的观点，因为后一种概念是有歧义的，可以表述为不同的内容（Runciman 将之与受赞扬相对照，给了它些许确定性）。可以说，身份平等与对受尊敬的平等的"某种理解"相符。

英雄。以工作和金钱论英雄是目前最大的问题。

我希望有一天,不用考虑种族、信仰和肤色,不用考虑收入和物质财富这些不相干的事情,所有人和睦共处。❶

每一种反应都抓住了平等社会理想的一个侧面,这是一个交往行为不受制于等级区分的社会,一个特定领域(比如说收入)的不平等并不会转化为对个人整体价值判断的社会,一个阶级藩篱不会阻碍彼此理解与同情的社会。我认为这才是平等作为独立价值的意义所在,而不仅仅是分配正义观的推论,应用于具体情境时产生的平等意蕴。❷

让我通过为复合平等观正名来结束本部分。这种观点认为分配多元主义加平等公民身份导向身份平等。这些条件不应被视为获得平等身份的不可或缺的条件。我们可以设想一个只有少数物品的非常简单的社会,简单平等地分配这些物品也就实现了身份平等。据我对复合平等观的理解,它认为现代社会的显著特征排除了这种类型的简单平等。复合平等观试图把现代社会的一个特征——正义领域的多元性——转换成一种积极的优势,途径是将之与社会平等挂钩。另一方面,分配多元主义加上平等公民权并不足以产生身份平等,

---

❶ 引自 R. P. Coleman and L. Rainwater, *Social Standing in America* (London: Routledge & Kegan Paul, 1979), 299–300。

❷ 写完这章我才发现, M. Kaus 在 *The End of Equality* (New York: Basic Books, 1992) 一书中清晰地对平等给出了相似的解释。与我一样, Kaus 赞成分配多元主义与社会平等之间存在这里所理解的联系。然而, Kaus 进一步认为减少收入和财富的不平等在本质上与追求社会平等并不相关,这是我和他的分歧所在,具体原因我会在下文给出。

原因是联结机制会失效。鉴于此,对复合平等观大致可作如下理解:如果你关心社会平等,渴望在现代社会条件下实现社会平等,那么最好的前景就是多分配多元主义加平等公民权展现出的前景。不能保证一定成功,但除此之外没有其他可行的途径了。

复合平等面临的挑战

澄清复合平等仰赖的平等感并概述把多元主义和平等联结在一起的观点后,我准备对这一观点进行更细致且更具批判性的考察。让我们暂时承认基本的沃尔泽式假定,即社会物品是多元且不可化约的,其中每样都有匹配的分配标准。那么为什么一个体现这些原则的社会最后却不能达至我们所理解的复合平等呢?

一种简单的可能性是同一个人在所有的分配领域都获得成功。沃尔泽考虑到了这种可能性,他的反映是这种情况基本上不可能出现(因为在不同领域获得成功所需的品质是大相径庭的),果真如此,"最有力地说明了平等的社会不可能是个充满活力的社会"(*Spheres*, 20)进一步来说,我们需要更仔细地检视一类人在所有领域都胜过其他人意味着什么。假定 A 高于 B 指的是 A 在每个关乎正义感的分配领域中都比 B 得分高(比 B 富有、受教育程度高、政治影响力大,等等）。❶如果我们把这一标准应用于一个由多人组成的社会，则会有三种相关的可能性。

1. 没有人比其他人地位更高。

2. 一些人比其他人地位更好，但并不能将社会分为两个子集，其中一个的成员比另一个的所有成员地位都高。

3. 一些人比其他人地位更高，且有可能如（2）所示把社会分为两个子集。

初看上去，满足（1）的社会才算是实现了身份平等的社会。不过从下述思想实验中我们会发现，实际上这一标准过于严苛。假定开始时的情况的确满足（1），A在某些之前不如B的方面比B得分更高，因而超过了B（其他方面不变）。这会推翻身份平等吗？当然不会，因为A仍然与除B之外的所有人地位相同，B仍然与除A之外的所有人地位相同。重复这个例子，我们会发现即使存在大量个人排名优先的情况，满足（2）的社会仍可以是一个身份平等的社会。因判断身份考虑的并不是具体某个人相比他人的排名，它考虑的是在作为整体的社会中一个人或一群人的地位。A虽然全面超过很多人，在这个意义上他总的来说是位成功人士，不过由于他相对于其他人的很多优势地位是不确定的，故而没有理由认为他拥有更高的地位。

---

❶ 至少就沃尔泽所说的两个领域（"保障与福利"和"艰苦工作"）而言，如果照字面意思来理解的话，得分更高的想法没有意义。就艰苦工作来说，人们需要沿不同方向进行论证（就像沃尔泽所说，这是一种消极的物品）：当A所做的艰苦工作比B少的时候，A比B得分高。我不确定提到的其他领域，包括医疗及其他需求是否符合这种观点，似乎把它理解为公民身份的附属物会更好一些。

另一方面，如果条件（3）实现了，那么系统性身份不平等就有了立足之地，复合平等的基础就遭到了破坏。因此结果在很大程度上取决于个体间的地位差异导致（2）还是（3），哪一个更合常理。通常情况下会是（2）。在当代西方社会中我们预期会发现很多个人优于他人的例子，但很少出现一类人都优于其余人的情况。这种情况与封建等级社会或种姓等级社会对比鲜明，在这些社会一撮人总比其他人享有更多的权力、财富、威望，等等。下层阶级这个概念通常指的是那些受教育水平低、失业、低收入、处在社会边缘等不利条件中的人，就现代西方社会都包含一个下层阶级来说，我们能找到充分系统性的等级差异来推翻身份平等。复合平等主义者此时的任务之一就是证明复合平等的社会制度会阻止下层阶级的产生。❶这可不是简单的任务，我的看法是一个社会沿条件（3）的路线走向阶层固化与这个社会自身的特征有关。如果我们把目光转向社会中上层，则会发现（2）比（3）更有说服力。

另一种看法是，把条件（3）当作身份不平等的一项必要条件太过严格了。我前面所说的 A 高于 B 指的是 A 在所有相关领域都比 B 得分高，我们可以将假定弱化为 A 在很多（不必然是全部）领域都优于 B。这一假定要求我们在确定一个人整体身份的时候要对如何

---

❶ 沃尔泽解决了这一问题，参见 'Exclusion, Injustice, and the Democratic State', *Dissent*, 40 (1993), 55–64。他认为下层阶级的成员的确被排除在平等公民身份之外，但这不仅反映了复合平等的失败，也反映了分配正义的失败。以潜移默化的方式，这个被剥夺公民身份的群体在诸如工作、教育和福利方面相较他们应得的份额获得的更少。因此在沃尔泽看来这不仅是个系统性的等级差别问题，而且是等级差别背后分配机制的问题。Kaus 也在 *The End of Equality* 中讨论了下层阶级的问题并提出了健全的解决方案。

看待他在不同领域的表现有个起码的判断，即使我们认为不同领域物品的分配严格说来是不可通约的，也不会影响我们得出这种判断。届时我们可能会遇到 H 集团的人整体上比 L 集团的人地位高这种情形，它的意思是一些 H 集团的个体成员全面超越了 L 集团的成员，更多 H 集团的个体只是部分超越了 L 集团的成员（正如上面所解释的），而在 H 和 L 集团内部，无论全面还是部分超越其他成员的情况都不常见。这展现的就是西方社会上层阶级的现实情形：这个群体的成员在很多指标上都能得到很高的分数，足以让我们判断他们构成了一个独立且优越的阶级，然而某些特殊指标的分数却急转直下（如没有正规学历的公主、很多家庭生活不幸的富豪，等等）。

复合平等主义者不需要也确实不想说当代社会已经完全达到了复合平等的各项条件。另一方面，如果这些条件过于严格，那么这一设想就变成了乌托邦。坚持条件（1）所要求的那种等级完全不存在的情况就是这种意义上的乌托邦。条件（2）则更灵活，在西方发达社会里，约 70% 的中层都能达到这一要求。因此复合平等主义者的任务是找到方法，让底层成员和上层成员能享有 70% 的中层成员现在享有的基本身份平等。

个体在所有领域全面超越他人的可能性是复合平等面临的第一项挑战。再者，某一分配领域太过重要以至于单单看人们在这个领域的表现就能确定他的社会阶层，我认为这是复合平等面临的第二项挑战。由于 W 领域的表现太过重要，导致人们在这个领域的排序虽然并不会反映在 X、Y、Z 领域中，却并不妨碍我们对其相应地位做出有效的社会评价。在我们的社会中，金钱是最有可能具备这种重要性的因素。判断一个人的地位最重要的依据就是他的财富或收入。这个因素会盖过其他因素，以至于仅考虑占有金钱的不同就能区分出阶级差别。

在对之进行评价之前，需要澄清的是我把它当作一种有关金钱具有"重要性"的观点，而不是一种沃尔泽意义上的金钱具有"支配地位"的观点。这种声称金钱具有支配地位的观点认为拥有金钱可以让他们获得其他领域的优势地位（比如用金钱买到公职或声誉），而不必依靠他们在这些领域的表现。我将在下文谈到支配问题。我在这里考虑如下可能性：虽然不允许金钱在合适的范围之外发挥作用，然而一个人掌握金钱的情况通常依然会对其社会地位发挥重要的影响，进而破坏我在前面所描述的有关身份平等的观点。

有证据表明上述认为金钱具有重要性的观点是符合现实的。人们通常认为社会是呈现阶级划分的，当被问到什么能决定一个人的阶级地位时，回答的主要依据是收入水平。在一项研究中，研究者试图量化收入、工作和教育水平影响美国人社会地位评价的不同权重，得出的结论是收入差别一般能解释约三分之二的社会地位的差异，教育水平和工作情况对半解释了剩下的差异。收入是美国人眼中影响社会地位的重要因素。[1] 此外，"在收入悬殊的情况下，人们的直觉判断和区分更是如此。极低的收入几乎总是导致极低的社会地位，极高的收入虽并不会经常转化为同样高的社会地位，不过至少这些人的地位要比普通人高"[2]。

---

[1] Coleman and Rainwater, *Social Standing*, 220.
[2] Ibid. 218.

考虑到这一证据的重要性,我们应注意到提供给调查对象的描述假定人们是以收入、工作和教育为特征的,上面的权重都是在这一假定下得到的(例如,你认为一个受过五年中等教育、收入是7500美元的卡车司机的地位如何?)。因此其他与等级有关的可能在具体例子中起作用的因素都被自动排除了。在这种情况下,人们如此看重收入的重要性有可能并不是因为他们认为收入在决定人们的地位方面确实具有绝对重要性,而是因为他们把收入当作其他对身份地位有决定性影响的因素(被排除在调查之外)的替代物。为什么会这样?一种可能性是人们认为拥有高收入是获得诸如权力或声誉的关键。从这种角度来看,他们把收入当作一种具有支配地位的物品。另一种可能性是他们认为收入表明拥有它的人也拥有易于在其他领域获得成功的能力。无论哪种情况都要受到经验法则的制约:如果你需要在有限的信息之下推测一个人的社会地位,在分配诸领域中能最好地体现一个人能力的就是收入。如果人们想要估计实际生活中个人的相对地位,就需要对其在不同分配领域的表现给予充分的证明;如果是这样的话,那么那种认为依据收入就可以可靠地判断一个人地位的假定就需要转换为一种不那么笃定的表达。

不管怎样,由于刚才给出的原因,我们需慎重对待那种主要根据人们的收入水平来对其总的社会地位进行判断的观点,这一发现似乎威胁着复合平等观,现代社会中收入水平的不平等对复合平等的实现来说是一项独立的障碍,我并不想把这种可能性排除在外。有可能收入差距大到足以让人们意识到阶级分化,即使这种差距会得到其他分配领域的补偿。在这种情况下,复合平等主义者就不能再把自己的注意力局限于对支配地位的控制：保持正义诸领域的分离可能并不足以实现身份平等。此外，不管在哪个领域，那些有可能发展成显著不平等的因素都需要有边界——当代市场社会中的金钱，其他类型社会中的政治权力。❶

现在我准备转向在我看来复合平等观面临的第三项也即最后一项挑战。这种观点认为人们在不同分配领域的地位有一种事实上不可抵挡的集中趋势，因此那种认为身份平等可以在不同地位中产生的观点是缺乏实践基础的。这是因为分配诸领域是互相关联的，在某一领域的高级地位会趋向于转变为其他领域的高级地位。沃尔泽当然充分意识到了这种可能性——这也促使他全面论述了领域间的阻止交易——然而我关注的挑战则认为，由于社会学原因，这一转换过程是不可阻挡的。

实际上这一挑战有两个相当不同的版本。第一种可以粗略的描述如下。❷所谓的自主分配领域全都自主分配好处或可取的资源。这些好处对他们的个人利益来说无疑是重要的，但也是权力的基础，因为它们给人以手段，让世界按其所愿发展，其中包括获得其他方面的好处。故而在一些明显的例子中，金钱能买到政治权力，声誉能用来影响他人的行为，教育使人获得中意的岗位，等等。这些不

---

❶ 在这里，我在原则上偏离了《正义诸领域》一书所确立的立场，虽然实际上沃尔泽所描述的抑制金钱支配作用的措施很可能也会破坏它的卓越性。不同之处在于沃尔泽的评论"如果我们在阻止金钱转换成政治权力上能取得绝对的成功，那么我们不会限制它的累积或异化（127 页）——虽然他接下来承认在实践中只有通过再分配性征税才能设置限制阻止这种转换。

❷ 亚当斯威夫特在第 11 章中对这种情况进行了更精细的论证。

同的通货从根本上说是可以互相转换的，我们通常可以预期一个在某一领域取得高级地位的人能利用至少一部分他的优势条件来增进其他领域的利益。因此，支配———种物品的拥有者用其获得其他种类物品的能力——不是一种我们可以防范的偏差，事实上，它是不可避免的。即使人们克制不住把手中的物品转换成其他领域物品的倾向，同样真实的是不同社会制度在允许还是阻碍这种转换的程度上千差万别。例如，可以参考20世纪60年代中期波兰的社会主义声明：

> 资本主义制度下价值的可转换性总的来说是建立在收入的巨大重要性及金钱的普遍作用之上。收入可以转换为政治影响力、教育水平或威望……在社会主义制度之下价值之间的许多关键连接将会削弱。首要的是收入作为其他价值来源的角色将遭到削弱。人们不能依靠金钱来获得政治影响力。教育和医疗卫生服务对财力的依赖逐渐变小。威望不再如此依赖于财富，权力转换成威望的可能性减少。❶

似乎没有理由怀疑这种主张的普遍真实性，维索罗瓦斯基提供了经验材料来支撑这一观点，这些材料特别是对职业声望与收入之间的分离提供了经验支持。这么说并不是把波兰社会主义当作一种复合平等的示范。波兰社会主义的分配机制在其他方面可能比资本主义更差。我们还需要知道我们所谈论的对这些物品的分配方式在波兰

---

❶ W. Wesolowski, *Classes, Strata and Power* (London: Routledge & Kegan Paul, 1979), 127.

人自己看来是否公平（比如有证据显示波兰人认为教育方面成就的回报应是待遇更好的工作，这一联系在维索罗瓦斯基写作时期经常被破坏）。❶ 我用这个例子只是为了说明不同分配领域之间可转换性的程度取决于该社会的制度安排。比如金钱的支配性地位就不是必然发生的。至于理想类型的复合平等则需要我们找到能最好抑制这种支配优势的诸项制度安排，我们没有理由认为这种探索是在做无用功。尽管我们得承认建立这种阻碍物品之间不正当转换的制度有可能会以牺牲其他好处为代价。举例来说，如果我们站在自由和（或）效率的立场上认为市场应在经济生活中发挥中心作用，那么我们就很难彻底地阻止金钱转换为其他的物品。（我们可以建立预算由国家承担的最好的国立学校体系，但我们不能阻止，比如说，人们为他们的孩子购买额外的辅导，除非我们准备对个人自由施以严格的限制。）因此，对复合平等的追求必然因顾虑其他价值而受限。

第三项挑战的第一种版本认为由于不同物品之间的转换是不可避免的，故而不同分配领域中的地位趋向于相互关联。我们已经看到了没有理由接受这一挑战的极端形式。第二种版本指向一种非常不同的机制。它主张人们通常倾向于看到地位之间的相互关联，更

---

❶ 维索罗瓦斯基本人基于一项 1979 年的调查，探究了波兰人对分配正义的态度，参见 'Stratification and Meritocratic Justice', in D. J. Treiman and R. V. Robinson (eds.), *Research in Social Stratification and Mobility*, i (Greenwich, Conn. : JAI Press, 1981)。然而，值得注意的是人们的态度自 1950 年代后期出现了明显的转变，概括地说就是对正义的理解从平等主义转向精英主义：证据参见 J. Koralewicz-Zebik, 'The Perception of Inequality in Poland', *Sociology*, 18 (1984), 225–238。思考人们对平等理解的变迁是如何与波兰的制度变迁联系在一起的超出了本章的范围。十分明显的是在 1980 年代初期的波兰，对物品的平等主义分配也好，精英主义分配也罢，都与合理的正义观相悖。

确切地说，如果有人是富有的，人们也会预计他是有权力的、有名望的、受过良好教育等，如果他们遇到了相反的证据则会不安。当面对不一致时，他们会在下面两者中择其一行之：改变分配本身，或是改变他们看待这种事情的方式（例如，高估这个人的社会地位）。因此这种观点认为复合平等由于违背了基本的社会心理学原理而不能成立。

乔治·霍曼斯论述地位连贯性（status congruence）的作品或许为这一主张提供了最著名的理论支持。❶ 从下面的总结性定义中可以看出，霍曼斯把地位连贯性的观点与正义紧密联系在一起。

> 人际关系上的公平交换或分配正义是在每个人的利益或最低成本收益与他在诸如年龄、性别、资历或已有技能上的投资直接成比例时实现的。实际上，当各不相同的投资和活动都能放进等级序列中与其他人相比较，并能在所有这些不同的等级序列中落在相同的位置时，分配正义才算实现。❷

通过采用一种开放的"投资"观，霍曼斯把分配正义与同等地位联系起来。简单来说，不管相关群体看重的个人特征是什么，这一特征的重要性体现在它对群体内每个成员所处大体位置的影响上。正如他的例子所示，像性别这种特征也可算作是一种投资。他批评过

---

❶ G. C. Homans, *Social Behaviour: Its Elementary Forms*（London: Routledge & Kegan Paul, 1961），esp. ch.12.
❷ Ibid. 264.

自己的分配正义观忽视了不同"投资"之间的关联，这是正确的。❶即使我们不管外部的批评，把自己限定在我们研究的组织使用的正义标准上，也可以做出如下区分：与特定分配的公平性相关的特征和那些虽然重要但不相关的特征。一个更看重男性而非女性的工作组，不会认为假如男性和女性的职责相同，男性应该获得更高的收入。

虽然霍曼斯把正义与地位连贯性紧密联系在一起的努力因此失败了，但后者仍旧指出了一种与我们的研究相关的因素，与正义明显有别。人们更喜欢看到不同的等级序列之间存在一致性，即使无法从正义角度解释为什么一个在 X 规则之下领先的人在 Y 规则中也应领先。霍斯曼给出的理由是社交上的确定性：如果我们面对的是一个地位不连贯的人，我们不确定对其采取何种行动。例如：

> 如果一个女人比另一个女人更负责，但收入相同，那么看到二者的第三方可能会因为二者的工资相同倾向于认为二者的社会地位也相同，第一个女人本应因自己的尽职尽责而获得更多的尊敬。这种不连贯性会使得她的同伴无法确定她的地位。❷

我们应如何看待这种观点？转向复合平等观来思考这一问题是有效的。复合平等观认为：如果你想实现总体上的身份平等，需确保不同领域的等级之间存在足够的不连贯，以至于不可能存在一个总的等级。从地位连贯性的角度看：我们想要的就是一个清楚的总

---

❶ 参见 W. G. Runciman, 'Justice, Congruence and Professor Homans', *European Journal of Sociology*, 8（1967）, 115–128。
❷ Homans, *Social Behaviour*, 250.

的等级，借此尝试消除不同领域之间的不连贯。此处涉及的机制是一样的，只是第二种观点还假设了对社交确定性的需求，而满足这一假设则需要有明确的身份等级。

这一假设有效吗？首先我们要注意到，想要保持"已存在的"总的等级与并不存在但想要引入这样的等级之间的区别。如果我们处于一个高度分化的社会（如种姓社会），人与人交流的方式会受到他在等级中所处位置的强烈影响。一个冲破已有等级结构的人，承担了一项通常留给其他种姓且根据种姓进行评价的工作，我们可能会感到困惑。但并不能据此认为相比平等人们通常更喜欢等级，或者认为人们不适应这样的情况，社会整体上来说是平等，一个人对另一个人的行为由他在特定分配领域中的位置决定。其次，值得注意的是霍斯曼的证据是从小规模的团体和组织中提取的，在这种情况下确有可能假设存在一种相对清晰的身份等级，不过他们所在的（美国）社会是宽广的，不存在这种显著的特征。我们可以找到一个街头帮派的例子，总的来说某个成员在其中地位较低是由于他未能遵守帮派的准则，而他擅长打保龄球。这项研究记录了帮派的其他成员是如何干扰他打保龄球以阻止他在保龄球比赛中获得好成绩的。❶ 这个街头帮派对我来说是一个拥有清晰身份等级且结构良好的小团体的范例。另一个证据来自劳工组织，其中不同组的工人由于需要负责的工作量不同而工资不同。❷ 我认为无须额外地引入地

---

❶ Homans, *Social Behaviour*, 234. 这一研究最先发表于 W. F. Whyte, *Street Corner Society* (Chicago: Univ. of Chicago Press, 1943)。
❷ 参见霍曼斯对东部公用事业有限公司的讨论，*Social Behaviour*，237-247。

位连贯性的观点,只需运用分配正义的原则就能予以解释。众所周知,劳工组织依照权威结构都有一个身份等级制度,且这种制度会通过象征性的方式体现出来,如根据不同的资历水平可以使用的办公设备的质量是不同的。我认为这些例子并不能证明总的来说社会上存在对地位连贯性的偏好。❶

还有证据表明人们抗拒过度的地位连贯性。霍斯曼有个观点认为当成员地位连贯时,工作组会更有效率。举例来说,当由年长的、资历更高的、报酬更好的男性领导时,工作组就会达到最佳状态。但连他也不得不承认他自己举过的一个例子(一项有关轰炸机机组成员效率的研究):

> 连贯性与效率之间的关系呈曲线状……连贯性非常低的轰炸机机组成员效率也非常低。往后,连贯性的增加伴随着效率的增加,直到"中等水平"的连贯性……但再往后,连贯性的增加只会导致效率的急剧下降,直到分配曲线的另一端,连贯性极高的机组成员,效率却非常低。❷

一项为验证身份连贯性假设而设计的独立研究指出了同样的倾

---

❶ 在霍斯曼和其他开创者之后,这一结论可以从大量有关地位连贯性假设的实证研究中得出来。论证要点是:(a)虽然地位不连贯通常是不满的来源,不过一旦不连贯摆脱了其他因素(例如,显著的事实是在某些方面的地位较低)的影响,这种作用就变得非常脆弱;(b)追求地位连贯本质是一个微观层面的现象,在社会层面上则丧失了解释力。例如,参见 E. Zimmerman, 'Almost All You Wanted to Know About Status Inconsistency But Never Dared to Measure', in H. Strasser and R. W. Hodge (eds.), *Status Inconsistency in Modern Societies* (Duisburg: Verlag der Sozialwissenschaftlichen Kooperative, 1986)。

❷ Homans, *Social Behaviour*, 263.

向。❶这是一项针对三人小组的实验研究，其中设置了三个变量：成员的资历，分配到的任务的难度，对小组所负责任的程度。（每个变量都分为高、中、低三档）。运用这些变量，可以组成一系列小组，成员间的等级关系从完全连贯（资历高的成员分到了最难的工作，同时担任小组代表，其他两个成员以此类推）到完全不连贯（比如说，资历高的成员分到了最简单的工作，不负任何责任，其他两个成员以此类推）。然后让这些小组开始工作，过段时间后，询问小组成员对小组内关系的满意度以及多大动力能让他们好好工作。按照地位连贯性假设，最优的安排应是最连贯的安排，可事实证明并非如此。虽然实验对象也不喜欢极端的地位不连贯，不过相对于完全连贯，他们更喜欢的是适度连贯：具体说来，他们想让资历高的成员担任小组代表，但用职责"奖励"过资历后，他们倾向于把最难的工作交给其他人，以平衡这一安排。❷看来，他们在沃尔泽的理论提出之前就是沃尔泽主义者：他们意识到不同物品有不同的分配标准，相对于完全连贯的排序，他们更倾向于一种复合平等状态。

其他社会学家曾指出过，团体或组织内部序列间的不连贯性是其活力所在，因为这意味着被降级的成员不会一直从事最低等级的工作。西美尔把这种情况称之为一种"超越从属关系的互惠关系"，并给出了克伦威尔军队的例子：

---

❶ A. C. Brandon, 'Status Congruence and Expectations', *Sociometry*, 28（1965），272-288.
❷ 他们也想照顾到融贯性；因此他们反对把最困难的工作和担任领导职位二者都交给小组中资历浅的成员，即使从数学意义上讲，这里的不连贯程度与最优安排是一样的。

同一个士兵，在军事事务上会毫无保留地服从他的上级，在祈祷的时候则会把他自己当成他在精神上的传教士。一个下士有可能主持礼拜，而他的上尉会像其他士兵一样参与其中。一旦接到政治任务，整个军队会无条件地服从领导者，事先做好的政治决定，领导人自己也需要服从。随着这种情况的持续，这个由清教徒组成的军队在上级与下级之间的互惠中变得异常坚固。❶

因此，在我看来，社会生活中，没有多少人渴望实现总体的地位连贯或等级融贯。最好将经常出现的那种对地位连贯的渴望视为一种实现分配正义的努力：某人在一方面表现优越应被视为一种原因，可用来解释为何他在另一方面也出类拔萃。（例如，通过应得原则。）在地位连贯性不只是正义的别称的地方，它反映的是特定类型社会团体的动力学。正如我们所看到的，它既不是团体成员选择的结果，对团体目标的实现来说也"起不到作用"。

地位连贯性理论是复合平等的潜在批评者，对此我费了很大工夫，因为在我看来，这一理论最直接地挑战了复合平等理论。我们谈到的其他反对意见都关注社会进程，虽然没人想要这样的结果，但这一进程会破坏复合平等：举例来说，个体自利会导致物品在不同领域间的转化，虽然人们原则上支持保留领域间的边界。（因此，我可能会支持公共教育制度，不过如果付得起钱的话，我会送我的孩子去私立学校，尽管我一直认为允许出现这种情况的制度是不公

---

❶ K. H. Wolff (ed.), *The Sociology of George Simmel* (Glencoe, Ill.: The Free Press, 1950), 288.

正的。)地位融贯性理论指出复合平等不仅难以维持,而且不近人情,因为它与人们根深蒂固的心理倾向相左。因此,关键是得不出这种结论。

作为政治理想的复合平等

　　复合平等观面临着经验的挑战,我择其要者进行反驳,维护了复合平等观。我愿意对复合平等与政治理想之间的关联略作评论,以结束本文。可以理解那些接触这一观点的人会有如下反应。现代社会一个有意思的事实就是以这样一种方式区分了不同的分配领域:如果每种物品都根据适合它自身的标准进行分配,那么就会达至一种复合平等状态;不过这里的复合平等顶多只是一项额外的好处,一项在所有领域实现正义的副产品。它并没有独立的实际力量。除了做有充分理由能做的事情外,即确保每种社会物品都能按照它自身的正义标准进行分配,我们不能为实现一种更高的身份平等目标而变更我们的制度。

　　如果我们接受了正义标准由该物品的社会意义所规定这一沃尔泽的观点,则上述观点会更有说服力。"如果我们理解它是什么、它对那些把它当作善物的人来说意味着什么,我们就会理解它该怎样、由谁以及为何进行分配。"(*Spheres*, 9) 这一观点看上去排除了就特定物品如何分配进行争论的可能性。我们可以选择是否采纳它,不过一旦做了决定就没有需要进一步解决的问题了。这种做法排除了诉诸还在争议中的复合平等的可能性。也就是说,我们不会处于必须决定是依照标准 A 还是标准 B 对好处 X 进行分配的境地。而在有选择的情况下，我们可能会从维护复合平等的角度出发主张 B 更有用。如果接受了沃尔泽的观点就不会有机会做出这种决定。

正如在导论中提到的，我不认为为了维护正义诸领域理论需要接受沃尔泽最极端形式的主张。这一论证要求我们应尽可能地为每种物品都建立一个单独的分配标准，但并不要求这些标准应由该物品的社会意义直接决定。这种观点对于像爱和荣誉这样的物品来说似乎是成立的，但对像金钱、权力或公职这类物品来说似乎并不成立。虽然在沃尔泽的考察中会排除掉那些对后面这些物品非常奇怪的分配建议，我们对一个并不赞成的建议在较小范围内的反应很可能是"如果你这么想的话,你其实并不理解正义是什么",而不是"你并不知道金钱（权力、公职）是什么"。虽然由于这个原因我对沃尔泽的观点在总体上有所怀疑，但我并不准备通过表明特定物品的分配标准是有争议的来证明复合平等的实质作用。让我们简单地假定由于这个或那个原因这些标准是不可改变的。那么身份平等的观点在现实中还会继续有效吗？

首先，这一观点有助于支持平等公民身份原则。这一原则现已牢固的确立下来，不需要额外的支持。不过值得回顾的是，主流的自由传统在长达数世纪的时间里支持一种双重公民身份，只有那些达到诸如一定条件（独立、产权等）的居民才被承认拥有完全的或"有效的"公民权利。在这种情况下，有必要指出的是公民身份的重要性不仅体现在影响政治权力分配方式的工具效果上，还体现在拥有（完全）公民身份的人在社会中拥有平等的地位。妇女争取选举权的斗争就提供了一个好的例子。妇女之所以需要投票权部分是由于她们想以此来影响政策，部分是因为她们希望社会中的公共机构能把她们和男人一样看待。这类问题当然不仅在过去才有。❶ 客籍工人和领受福利者以各自不同的方式都对当代西方社会已经完全确立的平等公民身份表示异议。

现在所说的特定领域的分配指的是什么呢？总的来说，值得注意的是一个社会包含的领域越多，从复合平等的角度来看就越好。这之所以是正确的，首先是因为领域数量的增加会降低排名优先（A在所有相关的分配领域都比B地位高）的可能性，第二是因为它降低了一种物品占据主导地位的可能性。社会物品越多，就越不可能依据个人在单一领域的表现确定他的社会等级。然而，因此而建议增加领域的数量则是不荒唐的。不管我们是否接受沃尔泽关于物品的社会意义确定了其分配标准的观点，都没有必要以如下理由创造新物品：新物品总体上会带来更加多元化的社会分配。

无论如何，复合平等所能做的是提供理由不让现有领域相互重叠。假定正在争论的是医疗应作为一种与其他商品一样的商品，还是应作为一种有自己分配标准的特殊物品。争论首先关注的是医疗自身的性质，即它是否具有明显的特性可以与其他的物品和服务区别开来。假设这一争论并无定论，实际上也常常如此。那么有必要指出的是，排出谁是第一位的将意味着一个分配领域的消失，意味着它很可能从复合平等中消失。如果把医疗当作商品并通过市场机

---

❶ 实际上，在很多自由民主国家，男性和女性之间对平等公民身份的追求也远未结束，参见苏珊·穆勒·奥金在第6章的论述。

制来提供它，那么总的来说人们所得到的服务水平将取决于他们的收入。如果我们没能把金钱不平等挡在医院门外，我们就会陷入这样的境地，其中人们在获得商品上的不平等会通过他们所接受的治疗公然地体现出来。仅仅是金钱转化成医疗，还不足以破坏总体的身份平等，但它瓦解了身份平等的柱石之一。

复合平等观不仅建议我们保护面临同化威胁的分配诸领域；它还鼓励我们加固那些处于边缘化危险境地的领域。我想说的是使特定分配得以产生的建制在公众的认知中扮演了一个近乎突出的角色，在这里也存在改变的可能。最明显的例子或许就是公共荣誉制度。在复合平等之下公众对成就会有很多不同的认识，这些可用来抵消人们在诸如金钱和权力方面所取得的成就。荣誉会分配给那些从事公共服务活动的人、艺术家和科学家，等等。荣誉分配的范围可大可小，既可悄悄进行也可大张旗鼓，等等。基本的分配原则不容协商，但制度化表达容许（在优先范围内）。害怕金钱一枝独秀的社会，可以通过认可更多的领域来强化复合平等，特别是通过确保认可的渠道向那些别无所长的人保持开放。（如果把荣誉授予慈善活动，荣誉授予对象应是那些积极提供团体服务的人，而非那些大笔一划开支票的人。）与之类似，正如沃尔泽自己曾指出过的，❶教育和福利领域的大小由政治选择决定。这些物品的分配由内生于各自领域的分配标准决定，但预算的规模和内容由国家决定，预算能确定首先要分配的物品的数量。如果增加供给有助于恢复平等公民身份，那么

---

❶ Walzer, 'Exclusion, Injustice', 63–64.

复合平等予以支持。

不可能用简单机械的方式将复合平等理想落实为公共政策。正如我在本章所述，办法是确立特殊领域的正义，它在受大一统分配原则统治的社会中没有立足之地。然而，考虑到现代自由民主国家展现出的多元化程度，复合平等主义者的观点有合理之处，这种观点认为于多元化的自主分配领域确立起正义，社会平等就可实现。而且，正如我在结尾这部分试图证明的，就此而言，复合平等理想具有重要的实践意义。

10. 反对"复合"平等 ❶

理查德·J. 阿内森

平等分配原则规定世界上的物品应在人们之间平等（在某些方面）分配。这种平等是一个有价值的道德观念吗？近些年来，平等思想在政治理论家那里备受打击，甚至一些非保守的理论家也加入了其中。❷ 迈克尔·沃尔泽的《正义诸领域》一书一个有趣但被很多人忽略的特征就是他通过重新定义平等让这个概念重焕生机。沃尔泽回应平等的保守派批评者的策略是改变争论的基础。❸ 他拒绝接受"简单平等"，认为哲学家们不会支持这种平等观，并且维护他自己版本的平等观，他称之为"复合平等"。我将证明复合平等是一

---

❶ 本文是同名论文的扩展版，原文最初发表于 *Public Affairs Quarterly*, 4（1990），99–110。

❷ 例如，参见 Antony Flew, *The Politics of Procrustes*（Buffalo, NY: Prometheus Books, 1981）; Robert Nozick, *Anarchy, State, and Utopia*（New York: Basic Books, 1974）; Jan Narveson, 'Equality vs. Liberity: Advantage, Liberty', *Social Philosophy and Policy*, 2（1984），33–60; Peter Westen, 'The Empty Idea of Equality', *Harvard Law Review*, 95（1982），537–596; Harry Frankfurt, 'Equality as a Moral Ideal', *Ethics*, 98（1987），21–43; 和 Joseph Raz, *The Morality of Freedom*（Oxford: Oxford Univ. Press, 1986），ch. 9。

❸ （New York: Basic Books, 1983）. 也可以参见他 *Radical Principles: Reflections of an Unreconstructed Democrat*（New York: Basic Books, 1980），和 'Liberalism and the Art of Separation', *Political Theory*, 12（1984），315–330。

个无效的概念,在它那里任何东西的任何部分都能貌似有理地被认为与平等主义相一致。这种观点是无效的,因为它在事实上不能成立。《正义诸领域》的修辞与它的主旨相矛盾:沃尔泽并未注意到在他的"复合平等"中并未剩下多少平等,他提出这一观点就是为了表明他确信自己是在维护自由平等的传统而非抛弃它。❶ 由于沃尔泽是位明智且感觉敏锐的文化评论家,因此通过分析他的主张来考察其背后的推动力量就是有价值的,考察他对已有平等概念相比于他自己概念缺少复杂性的明显不满,分析这种看法是否成立就也是有价值的。在本章的最后,我会考察大卫·米勒在最近的论文中把复合平等解释为身份平等的观点。

简单平等与字面平等

即使明确规定"简单平等"就是社会中的每个人都拥有同样数额的金钱、同等的收入和财富,当人们想到自己的钱要受到必须与其他所有人的钱相同这一制约的时候,他们并不清楚这里具体所指的是哪种财产权利。假定存在一个符合简单平等体制的三人社会,起初每个人拥有的东西相同,一个人用他所有的钱买了棉花糖(因此,他的钱变少了,而卖棉花糖的人的钱变多了),这时有必要通过再分配的方式来恢复金钱上的平等吗?这一设想可以更好地表述为公民

---

❶ 《正义诸领域》一书第2-12章给出了更公正的评判。沃尔泽追求的民主平等议题在概念上明显与他在前言以及第一章和最后一章为提出复合平等观所进行的理论探讨不一致。

终其一生在购买力上的平等。❶忽略人们在寿命上的差别，假定有一群人其中每个人恰好都能活50年且每个人一辈子的花费恰好都是1000美元。这就是沃尔泽眼中简单平等的情形。

目前为止我所描述的理想的简单平等看起来还是不甚清楚，我并没有明确地说明每个人都分得同样数额的现金时他们会做什么。人人都拥有同样数额的现金能让他们在市场中拥有同样的购买力。至少在禁止交易歧视行为时是这样。（如果不禁止歧视的话，在交易中通常存在的一种偏见就是对种族出身的厌恶，虽然有的人实际上拥有的金钱数量超过了很多商品的价格，但还是会由于他的种族身份而买不到东西。）拥有同样数额金钱的人终其一生需要面对的是商品数量的变化以及出售价格的变动。如果把简单平等描述为一种值得追求的理想的话，那么决定在什么时候以什么价格出售什么物品的机制肯定会受到一定道德条件的制约。金钱上的平等很明显需要辅之以如下原则，该原则规定了什么是公正的经济机制，它决定了市场提供的购买机会。

沃尔泽并没有下功夫增加细节或给出上下文来让我们更清楚金钱上的平等到底意味着什么，或是经过系统思考并结合相应的道德原则来告诉我们它可能意味着什么。简单平等只是一个陪衬物。一旦我们注意到沃尔泽对"简单平等体制"所做的全部规定就是一个社会中"所有物品都可以出售且每个人都拥有和其他人同样数额的

---

❶ 对平等购买力理想富有启发性的修改意见并将之重新阐述为资源平等理论，可参见 Ronald Dworkin, 'What is Equality? Part 2: Equality of Resources', *Philosophy and Public Affairs*, 10（1981）,185-246。亦可参见 Dworkin, 'What is Equality? Part 3: The Place of Liberty', *Iowa Law Review*, 73（1987）, 1-54。

金钱"（*Spheres*，14），那么上述观点就会变得清晰起来。这种观点听起来像是布莱希特眼中的地狱。简单平等变成了同等市场购买力原则与符合常识的市场活动的复合体，符合常识的市场活动范围无故扩大到包括民主进程中的投票、学校或大学中的名额、消费者（无论多么堕落）想要的任何种类的性服务、刑事审判中陪审团的裁决，等等，这些都可以成为合法的物品在市场上交易。但是并不是所有东西都应该交易：有些人想要进行的交易应受到法律和社会习俗的制约。❶ 由此我们认为简单平等中"每样物品都可以公开出售"这一条件是无效的。

沃尔泽反对实现金钱平等的最初原因是此举不可避免地导致国家的暴政。他的陈述让人想起罗伯特·诺齐克反对施行程式化正义原则时提出的著名的"威尔特·张伯伦"论证。❷ 如果没有限制的话，在金钱上平等的体制中，人们起初的平等地位会倾向于增进他们各自的福利，它所产生的副产品之一就是会破坏这一体制。人们在诸如天赋、眼界、运气以及致富的决心这些品质上的表现是不同的，这些品质经过长时间的自由交换会导致人们在财富和收入方面日益增长的不平等。一旦起初的平等被打破，自由交换的存在不会导致任何相反倾向地回到金钱平等的可能。诺齐克强调持续地维持平等（或任何范畴的分配）要求对个人自由进行持续的（从自然权利角度看）不当干预。

---

❶ 沃尔泽本人在富有洞察力的一章中提出了几点理由来支持这一论断，他称赞了当代民主文化中那些深入人心的能对获准的市场活动进行限制的道德判断。参见 *Spheres*，99–108。

❷ Nozick, *Anarchy, State, Utopia*, 160–164.

与诺齐克一样，沃尔泽也强调国家主义的危险。为了保持同样数额的金钱不受市场交换的侵蚀，我们需要密切关注交换的结果并经常重新分配资源以抵消这一不平等的趋势。❶ 为了实现这些目标，我们需要的是一个强有力的政府，这一政府对那些想要垄断政治权力的人来说是个非常诱人的目标。在这一点上，沃尔泽认为如果我们想要弄清楚所有实现平等的正经尝试可以预见的后果，就必须先弄明白它的教训。这个教训就是它是一个难以实现的目标以及为实现一种形式的平等，即金钱上的平等，所付出的正经努力不仅会使其他形式的不平等变得更加显著和棘手，而且会进一步恶化产生新的显著不平等的社会进程。

　　与认为金钱平等重要的观点相反，沃尔泽观察到各种类型平等的重要性。为了论证的缘故，我暂时接受这一观点，不过我并不认为这意味着金钱平等不重要抑或是不值得增进。关键点在于有必要形成一个综合的平等理想，在其中所有道德上具有重要性的平等都有它们的位置，它能方便我们弄清楚金钱平等的相对重要性（以及这种重要性是工具性的还是本质性的）。

　　沃尔泽很自信地认为他对简单平等的反对意见可以推广至所有类型的字面意义的平等，也就是说，可以推广至所有那些规定每个人都应根据特殊标准得到同等数量和质量物品的分配原则。他写道："字面意义上的平等理想是用来背叛的。"（*Spheres*, p. xi）这是傻瓜的

---

❶ 诺齐克强调的是维持条件平等会侵犯自由主义者所看重的个人权利。沃尔泽强调的是字面上的平等主义具有违反其自身利益的特性。实现某种字面平等的努力会招致或加重其他同样糟糕或更糟的字面不平等。

游戏，复杂平等主义者应该避开它。从这一角度看，试图精心设计出一个综合的字面意义上的平等理想是误入歧途且荒唐的。但为什么这样想呢？有人可能会认为各种重要但又不同的平等之间是不能通约的，因此不能得出一个综合的平等理想。然而沃尔泽对这一点没有给出任何分析，我也会忽略这一点。

或许沃尔泽反对任何类型的字面意义的平等，实际上是在反对一种极端的平等理论，这种平等理论认为在一些关键方面完全平等地分配社会珍视的物品具有压倒性的道德重要性。任何对平等的背离都是不能容忍的，对平等的追求应超越（在语法上优先于）对其他所有价值的追求。表面上看，这种极端的平等理论不合理。然而这种不合理并不能阻碍我们得出一种温和的理论，该理论认为：（a）稍稍低于平等门槛在道德上是无关紧要的，（b）其他条件不变的情况下，高于门槛之后就应该减少不平等，但（c）平等不能压倒其他的道德关怀且必须平衡平等与其他竞争性的价值。因此极端平等主义吸引力的丧失并不意味着彻底否定从字面上建构平等的可能。（值得注意的是，平等理论越趋向于温和，维持可接受的平等程度与保存可取的个人自由之间的冲突就越小。）

诺齐克认为要想维持平等（或任何其他范畴）就需要对个人自由进行过多且道德上不正当的干预，相反的论证有助于澄清沃尔泽的想法。反驳诺齐克的观点认为如果人们关心平等并把它当作由政府或其他集体机构提供的公共物品，那么他们不会介意对他们的自由所进行的限制，因为这对保护他们所看重的平等条件来说是必要的。❶ 收益可能超过所有公民需要付出的成本，或是超过了绝大多数公民需要付出的成本。或者，如果社会对平等的道德重要性存在共识，那么为了保护平等而对人们的自由进行合理的限制就不会被大家认为是苛刻的。平等主义者不会在一个人们既不关心平等又认为它在道德价值上无足轻重的社会中提议建立平等的制度。沃尔泽进一步认为现代社会中社会物品的分配是多元的。社会中存在不同的社会物品，其中每一样都与独特的社会实践、对物品本质的共享理解以及适宜的分配标准相联系。分配正义关心的是在不同领域创造和分配物品。现代社会中任何可行的分配理想都必须认识到这种多样性和多元主义。如果强行贯彻字面意义上的抽象平等原则，注定会引起人们的正当反对，他们理想中的物品分配是按照独属于特殊分配领域的社会意义进行的。沃尔泽不接受诺齐克有关个人权利不可侵犯的自由意志主义学说。相反，他认为自由国家的合法干预必须符合人们对不同领域包含的社会物品的共同理解。一个强行把所有不同领域拉平的抽象平等原则会变成暴政的工具，任何按这种方式进行的分配都会让人类自由付出巨大的代价，个人生活的自由符合人们对大千世界的物品具有的共享理念。

　　这一反对意见把我们引向了沃尔泽的复合平等理想，它之所以是复合的是因为它显示了实际上存在的不同分配领域的道德重要性。沃尔泽含沙射影地进一步质疑了简单平等和字面平等。在讨论复合

---

❶ 参见 G. A. Cohen, 'Robert Nozick and Wilt Chamberlain: How Patterns Preserve Liberty', in John Arthur and William H. Shaw (eds.), *Justice and Economic Distribution* (Englewood Cliffs, HJ: Prentice-Hall, 1978), 246–262。

平等之前，我想对此予以思考。

沃尔泽猜想在那些被证明具有历史重要性的时刻，当人们团结在平等的大旗下进行斗争时，他们的真实动机与他们所声称的平等主义非常不同。不是为了实现任何形式的平等条件，而是对支配的憎恨推动了抗议与反抗。沃尔泽用一句话概述了这一观点："屈从的经历——尤其是个人屈从的经历——是憧憬平等的原因。"(*Spheres*, p. xiii) 不仅富人与穷人、贵族与平民之间的实际差距会招致怨恨，还有富人在穷人面前摆架子、命令穷人在行为上要恭敬、家长式统治、炫耀特权以及坚持控制那些没有特权徽章的人的生活，这些事实也会遭人怨恨。富人"欺压穷人"（同上）。因而正是这种个人屈从的经历导致了对平等的诉求。沃尔泽揭示的造反者和抗议者的真正动机提醒我们注意一个更重要的道德需求，比哲学家看到的平等主义修辞对字面意义上平等条件的需求更重要。用沃尔泽的话说："政治平等主义的目标是一个免于支配的社会。"（同上）不管在当前社会看来何种物品是重要的，重要的不是一些人拥有的多而另一些人拥有的少。重要的是没有人应该支配其他人。

我想暂时把沃尔泽对历史上平等主义反抗动机来源的猜想放在一边。我所关心的是沃尔泽从这一猜想中得出的一个推论：字面意义的平等或是条件平等在道德上不具有重要性，或者说在重要性上根本不能与消除支配这一目标相提并论。天南海北的人们不存在明显的个人联系，更不用说存在支配性的个人联系。那么，考虑一下收入和财富上存在的巨大不平等，以及世界上最富有国度中最富有的人与最贫穷国度中最贫困的人在获得金钱上的不平等以及由此所产生的终身福利机会的不平等。我们在这里得到了一个相当纯粹的甚至不带一点支配色彩的巨大的条件不平等或是字面上不平等的事例。我无法证明这一纯粹的不平等对任何在直觉上倾向于否认它的人有何道德重要性。我只想说明的是任何承认在这个纯粹的例子中条件不平等或字面不平等在道德上是令人痛苦的人,在沃尔泽的论证中都找不到显示字面不平等与支配并存的混合案例,支配的重要性只有在这种平等主义的视角之下才能得到正确的理解。

复合平等

沃尔泽认为值得追求的平等是一种非字面意义上的平等,用他的话来说就是"复合平等"。依据沃尔泽的说法,社会物品的分配发生在不同的领域,或者说基于不同类型的社会实践,并且与习见、价值及期望有关。分配物品的适宜标准是物品社会意义的一部分。❶正如沃尔泽对"复合平等"的界定,当按物品的社会意义分配物品时,分配就实现了自主,当所有领域的分配实现自主时,复合平等就可实现。

这一定义与"自主分配"定义的一致之处在于,即便常常落在每个特定领域分配曲线顶端和末端的一直是同样的人,物品实现了完全自主分配的社会也就实现了完全的复合平等。复合平等通常也可以与每个领域分配曲线的顶端和末端之间存在巨大差异这一假定

---

❶ 例如,根据现代西方社会对爱和浪漫的一般理解,个人或者通过互惠交换或者借由自由签订的婚约对他人恰当地使用这些物品。物品的社会意义是否通常决定了它们分配的适当标准,对这一点的合理怀疑,可参见 Brian Barry, 'Intimations of Justice', *Columbia Law Review*, 84(1984), 806-815 and Ch. 3 above。

兼容。在每个自主分配当中都可能出现赢者变富、输者变贫，而且在每个不同领域中的赢者和输者可能是同一个人。复合平等只是一种特定意义上的平等。

沃尔泽对这种反对意见有两个回应。第一个回应就是描绘了一个已经实现复合平等的社会所具有的特征："虽然仍会存在一些小的不平等，不平等在转化的过程中却也并不会增加。它也不会在不同的物品间累积，因为自主分配倾向于产生很多由不同群体的人所掌握的地方性垄断。"（Spheres, 17）认为每个领域只存在"少量"的不平等是武断的。这一预期并没有得到理论支持。在沃尔泽识别出的金钱和商品领域，即在市场经济中，有充分理由认为自主的市场分配所造成的结果在任何人看来都是巨大的不平等。即使不考虑这一点，我们同样必须考虑的是不同物品间的不平等有可能会"累积"，因为自主分配的标准有可能使同一个人在每个领域中都得利。考虑到这种可能性，沃尔泽给出了第二个回应："这的确造成了社会上的不平等，不过这也同样以最有力的方式表明平等的社会不可能是个充满活力的社会。"（Spheres, 20）

第二个回应也露出了马脚。因为它规定沃尔泽所考虑的情况体现的是复合平等，而沃尔泽提到"不平等社会"和"平等社会"时又肯定会援引本应被丢弃的字面平等这一概念。❶ 复合平等本身不

---

❶ 根据大卫·米勒对沃尔泽的解读，与其把复合平等定义为自主分配，不如说自主分配有可能产生复合平等。在这种解释之下，复合平等等同于身份平等。然而这里还是援引了字面平等，因为如果一个社会中盛行身份平等的话，那么其中就存在某种所有社会成员都同样享有的东西，即身份或社会声望。由于沃尔泽并未提及身份平等，故而我把这种解读当作是对沃尔泽观点的一种可能的修正，将会在本章后面的部分考察这一观点。

能被当作是一种真正的平等理想,它至多只是实现某些字面上的且未曾被详细说明过的旧式平等理想的制度手段。"复合平等"只是一种偶然出现的平等,从沃尔泽的全部主张看,这种偶然事件出现的可能性很低。

广义上讲,这个偶然性问题指的是导致在某一分配领域成功(或失败)的特征与在其他领域成功(或失败)所需的特征之间是否具有统计上的独立性。或者说拥有获得教育成功所需的资金是否与下列因素相关:具备获得高收入和财富的特质、有能力吸引心心念念的浪漫婚姻伴侣、稳定健康的身体状态并能躲避伤残、一份令人满意的工作、得到位高权重的要职以及其他美好生活的要素。这个问题的答案在某种程度上肯定会因社会的不同而不同,因为不同社会所看重的物品不同,分配的标准也不一样。沃尔泽需要区分两个问题:(1)在当代西方民主社会中,按物品的社会意义进行的自主分配会导致结果平等(字面平等意义上的结果平等)吗?(2)我们可以想象一个按物品的社会意义进行自主分配的社会导致结果平等(字面平等意义上的结果平等)吗?沃尔泽大部分的著作都在问题(1)与问题(2)之间摇摆,不过只回答了问题(2)。❶ 沃尔泽认为对问题(2)的回答说明了复合平等与一种未被言明的、挥之不去的字面平等理想之间肯定存在深厚的联系,所以在当代社会中促进复合平等也就促进了某种真实意义上的平等。没有比这一想法更有违事实的了——正如我们可以想象一个独裁国家中的独裁者慷慨地对重要的个人自

---

❶ 关于这一观点,参见 Joshua Cohen, 'Review of *Spheres of Justice*', *Journal of Philosophy*, 83(1986), 457—468。

由给予广泛的尊重，但这并不能证明独裁国家与自由之间存在深厚的密切联系。

促进复合平等在某些（可能的）情况下有可能阻碍对可欲的字面平等的追求。可以考虑当代美国社会中平权行动的案例。平权行动政策各不相同，但共通之处是认为：为回应美国历史上的种族歧视，大学中的名额、政府和私人企业中的职责岗位应该优先给予未被充分代表的少数族裔，而非其他申请者，不考虑种族的话，其他申请者更有资格。考虑到受惠于平权行动的各个贫困团体，成功的执行这些政策会促进财富和收入上的平等。要行之有效地区分市场交易与教育供给领域的分配，劳动力市场和高等教育中的优越地位这类物品的社会意义就应导向精英主义的分配原则：更好的位置应留给那些最有资格的人。在这些至关重要的领域中通行的社会意义都是反平等的。

另一个复合平等与字面平等相冲突的当代例子来自当代中国的工业文化，安德鲁·G. 瓦尔德对此进行了分析。❶他发现中国的工业生产是围绕新传统庇护关系（neo-traditional patronage relations）组织的，共产主义社会，消费品市场狭小，大量重要消费品的分配发生在工作场所，共产党干部做主将物质利益分配给忠诚的工人，他们拥护在工厂中贯彻党的路线。据瓦尔德的信息源反映，员工一般不会认为这种庇护关系是非法的。中国的工厂文化承认这些庇护关系；它们是这个社会里公认的工业生产的社会意义一部分。但是，

---

❶ *Communist Neo-Traditionalism: Work and Authority in Chinese Industry*（Berkeley Calif.: Univ. of Calif. Press, 1986）。

如果打破这种庇护关系,平等就会得到提升,公司将组织起鼓励出色工作表现而非对政治上忠诚的分配制度,效率收益可用以改善农村贫困人口的命运。

优势地位和支配

让我们回过头来看一看沃尔泽支持复合平等理想的另一个理由。他认为平均主义背后的情感是对支配的憎恨,复合平等的社会首先是一个不存在支配的社会。因此,如果可以实现更重要的目标,复合平等的社会中能取得多少平等或许并不重要。沃尔泽在复合平等与非支配之间建立了紧密的联系:

> 对优势地位和支配的批判指向了开放性的分配原则。*不应把社会物品 X 分配给占有其他物品 Y 的男男女女,只是因为他们占有 X 且不顾及物品 Y 的意义。*(Spheres, 20)
>
> ……对这些自主分配原则的无视就是暴政……在政治生活中——在更广阔的生活中也是这样——占有物品方面的优势地位会导致对人的支配……复合平等的政权是暴政的对立面。它所建立的一系列联系让支配成为不可能。(Spheres, 19)

然而,实际上沃尔泽所强调的复合平等与非支配之间的联系是不能成立的。我们称上述引文中斜体部分的原则为非优势地位原则

(non-dominance）。❶需要注意的还有，沃尔泽所界定的某一领域的"自主"分配指的是这一领域物品的分配标准与其社会意义相一致。非优势地位与这个意义上的自主之间虽然紧密相连但却并非完全相同。即使满足了非优势地位原则也并不能保证给定领域的分配是独立自主的，因为这些不一致分配的受益人可能还拥有其他的好处，此外物品的分配可能会按照违反其社会意义的方式进行。最后需要注意的是只有当所有分配领域都获得自主的时候才能达至复合平等。

一个人对另一个人的"支配"，指的是第一个人能对第二个人的生活施加大量的控制而第二个却不能对第一个的生活施加相应的控制，以及第一个人能对第二个人施加在后者看来有充分理由是令人焦虑、令人恼怒且有辱人格的控制。这一定义与沃尔泽在使用这个词时心中所想的内容是一致的。

支配与优势地位以及与自主分配和复合平等的关系到底有多密切呢？在我看来并没有那么密切。首先，一些物品的社会意义可能使其领域的支配合法化。比如，封建社会对荣誉和地位分配就是这种特定模式的支配，封建主对农奴和其他封臣的支配是被文化承认的。在这些情况下自主分配与支配配合得天衣无缝。"复合平等"的定义中没有什么内容妨碍一个复合平等的社会具有强烈的支配特征。女权主义者会指出当代家庭生活支持丈夫对妻子的支配，虽然形式更加微妙且相较过去没有那么多的道德自信。很多现代社会都有等

---

❶ 满足于非优势地位原则并不能保证既定领域的分配是自主的，因为好处有可能以违背其社会意义的方式进行分配，这种情况之所以没有发生仅仅是因为这些非常规分配的受益人获得了一部分其他的社会福利。

级森严的市场和商品领域以及视雇主和他的经理人严格管理下属为正常的文化。毫无疑问，分配是在各自不同领域展开的社会，会对支配行为设置一个界限。老板的权力应被限制在工厂大门以内。一个对教徒而言可能是暴君的牧师在他的教堂之外就不再有什么特别的权力。这种限制以及权力分散的特点是那些可以划分为不同领域的社会的一个特征，这些特点就其本身而言并不能阻止这些不同领域内部的支配。总之，一个以不存在优势地位与完全的自主分配为特征的社会，一样有可能受到糟糕的过分支配的损害。

沃尔泽在自主分配内部没有找到任何能产生非支配作用的办法或内在的倾向。据我所知，也找不到这样的办法。由于这个理由，退一万步讲，假如分配依据的是盛行的社会意义，那么不管支配程度如何，对那些接受这些社会意义的人来说分配很可能并不会被当成是道德上的不正当。

我并不否认沃尔泽的灵感来自一个引人注目的复合平等社会的愿景。这是个没有支配的社会，它的特征是每个领域的实践都反映出对自由宽容的共识以及对个人尊严和自治的尊重。我的看法是沃尔泽展开分析时使用的概念工具与这种愿景的关联度低。不存在严密的分析能把这一愿景和这套概念工具联系起来，依据这套概念工具，沃尔泽把过多的要求加在了复合平等理想上。

自由与复合平等

沃尔泽对国家主义与个人自由的关注虽然有趣，但并不能像他所认为的那样支持复合平等。他预感对字面平等的追求会产生一个被新的精英控制的强大国家，进而产生新的支配性的不平等，鉴于此，复合平等就更接近于是自我实现的。在复合平等的社会制度中，他写道："即使没有大规模的政府行为，普通人在他们自己的能力和控制范围内在很大程度上仍然会保持对可转换性的抵制。"（*Spheres*, 17）

然而他并没有展开论证或分析来支持这一预感。分配诸领域的管辖范围可以是部分重叠的。例如，医疗既是一种由市场分配的商品，也是一种由社会集体安排来满足基本需求的人类必需品。由医生所提供的医疗和某些宗教特别是基督教科学派所提供的医疗是根本不同的。部分重叠的管辖权要求会导致冲突，这些冲突需要政府决策和国家执法来解决。不同分配领域的界限也容易遭到破坏。无论不同领域的完整度如何，对之进行保护都是值得的，相应的政府行为也是必要的。最终，尽管有"不同领域"的说法，物品的社会意义一直处在不断争论、竞争以及重新协商当中。这些争论的倡导者常常号召现代国家站在他们这边加入辩论。即使是那些现在采取自由放任主义的政府，政府行为也是他们日常工作的一部分。在这些情况下，有人希望公民社会中的机构和团体能继续发扬其传统和忠诚，认为这些能制衡现代国家权力中固有的专制危险。值得注意的是，不管社会是致力于复合平等，还是致力于字面平等，这些有益的希望对他们而言都是适当的。公民社会中个人生活能在多大程度上抵挡对个人自由的非法入侵，完全取决于个人生活的特征。问题并不在于是否依照社会意义进行分配，而在于社会意义到底是什么。

沃尔泽的分析停留在抽象层面上，无法弄清追求字面平等还是复合平等会导致人们依赖有可能压制个人自由的政府。

名字包含什么内容？

有人可能会反对道，我极力挑战的只是沃尔泽给他的分配理想所起的名字，而非这一理想本身。不过为什么要对名字吹毛求疵呢？我针对的是"复合平等"可以容忍任何程度的不平等，以及复合平等基本上满足不了沃尔泽所主张的非支配理想。我并不否认在其他条件都相同的情况下应根据物品的社会意义来进行分配。所以如此，有两条依据：(a) 人们希望制度符合影响人们的道德信仰；(b) 人们希望制度的运行法则符合生活在制度之下的人们的偏好。（考虑到上述信仰和偏好是不合常理的，或者说是基于无知得出的，在我看来这两条依据都是站不住脚的。）"根据社会意义进行分配"的规范是一个空花瓶，任何东西都可以往里面装。

存在一种即使要在其他道德价值方面付出重大代价也值得提倡的平等分配吗？制定平等规范最清晰明了的方式是什么？平等与其他道德价值之间何种程度的妥协才是合理的？我认为这些才是重要的问题。沃尔泽的复合平等主张似乎对这些问题提供了指导，然而经过验证之后这一主张被证明是不能成立的。沃尔泽把复合平等当作字面平等的竞争对手，好像它们是两种对平等概念的竞争性解释，然而如此描述这个问题容易让人困惑。我认为公允的结论是，沃尔泽针对他所反对的平等主义并没有给出有效的理由，对他所偏好的"复合平等"也没有提出有效的理论支持，正如我们所看到的，复合平等可以被错误地描述为任何一种平等。

探究沃尔泽对平等主义的质疑，可以从中发现两个应该保留的合理之处，可以用它们来限制任何可接受的平等分配原则。一项已经指出的限制就是分配平等至多只是道德价值中的一个，无论是单独起作用还是与其他道德价值一起发挥作用，分配平等并不能在普遍意义上优先于其他价值。分配平等与其他社会价值是竞争关系，有时可能会在竞争中从容的失败。在沃尔泽对简单平等或字面平等的一些质疑中隐含着第二项限制，它指的是一项可接受的平等原则必须要给个人自由或自主选择留下空间，让人们通过他们的自由或自主选择来改变结果，使其能远离那种在初始分配中通过适当的手段让每个人能得到"同等"东西的分配方式。在这个意义上，一项可接受的分配平等原则要求的是机会平等而非结果平等。沃尔泽强调的重点是那种试图对人们持有的财产进行持续强制性再分配的平等规范在现实中是不可取的。人们也可以诉诸自由和自愿选择会带来特定结果这一道德权威：我和你在开始时是一样的，然后我自由且自愿的把我那份给你，这必定不违反任何与我们相关的平等规范，尽管不赞成这一交易的第三方可能会遭受地位上的不利变化。依照这一洞见可以具体说明什么是合理的机会平等原则，然而这是其他场合需要讨论的主题。❶

---

❶ 深入的讨论可以参见我的文章'Equality and Equal Opportunity for Welfare', *Philosophical Studies*, 56（1989），77-93; 'Liberalism, Distributive Subjectivism, and Equal Opportunity for Welfare', *Philosophy and Public Affairs*, 19（1990），158-194; 以及'Primary Goods Reconsidered', *Nous*, 24（1990），429-454。

对沃尔泽观点的修正

在最近的两篇论文中,大卫·米勒对沃尔泽的观点报以同情性的理解并修正了沃尔泽的复合平等观。我到目前为止提出的批评并没有深入说明,这些批评是否于沃尔泽理论的修正版无所损,修正版与原版精神相同,但看起来更有道理,因此仔细考察米勒对沃尔泽的理解是有意义的。

米勒认为在一个以不同的分配领域为标志的现代社会中,如果实现了理想的自主分配,那么每个分配领域中的物品都是根据它们自身的社会意义进行分配的,即分配的标准是内在于各分配领域中的,那么在社会成员之间实现复合平等就有经验上的可能性。在一个拥有不同分配领域的社会中,复合平等是自主分配所产生的副产品。"复合平等"就是身份平等。米勒一开始把这个概念的特征界定如下:"假如我们暂定当社会中的每个成员都把他自己当作是在根本上与其他人相同且被其他人当作是在根本上与他们相同的时候,他们就获得了身份平等。"❶

在进一步展开之前,我暂时提出一个疑惑。在一个处于封建社会的基督教共和国中,人人都认为自己是上帝的子嗣,因而在上帝眼中根本上是平等的。即使这一社会的另一个特征是封建等级制度,贵族与农奴之间的不平等被视为神定秩序,沃尔泽建构的身份平等也能实现。作为虔诚的基督徒,在这个被理想化的封建社会中,人

---

❶ David Miller, in Ch.9 and 'Equality', in G. Hunt(ed.), *Philosophy and politics* (Cambridge: Cambridge Univ. Press, 1990).

人都认为自己在根本的宗教身份上是相同的,他们坦然接受在非根本的世俗身份上存在的巨大不平等。很容易想象这样一个社会,它满足了米勒版的复合平等理想,但以常识视之存在巨大的不平等,这一事实加剧了我们对米勒版"复合平等"的怀疑,其平等主义色彩非常稀薄。

米勒进一步解释了身份平等观或社会地位平等观。他发现在单个的分配领域内有可能存在等级或身份不平等。特定领域的标准决定了如何分配特定领域的物品是合适的,在此标准下表现优越的人,很可能在这一领域内获得较高的地位。理想的身份平等更适用于整个社会。我们所关心的身份指的是"一个人在社会中基本的地位,体现在公共机构和他人看待他的方式"。规范的表达是,那些人际交往行为不受等级限制的社会,那些特定的不平等——比如,收入——不能决定全部价值的社会以及那些相互间的理解和同情不受阶级藩篱阻碍的社会,可以说是实现了身份平等的社会。❶

当然,在一个各领域内重要物品的分配实现了独立自主的社会中,人们的交往行为受制于特定领域内的等级。能够打破身份平等理想的是在全社会层面生发出个体间的身份等级,它横跨所有领域,社会成员对此也达成了共识。假如个体在不同领域内的排名是不一致的,那么各个领域内有明显共识基础的等级制度与身份平等就是

---

❶ Miller, ch.9, 206-208. 上面的引文来自第 208 页(原书页码)。

一致的，就如社会总排名中人与人之间身份平等一样。❶

米勒的讨论把两种可能实现的社会理想混在了一起。一种是上文所解释的身份平等。正如米勒所说的，盛行身份平等的社会"与等级社会是对立的，等级社会中的人们对自己在界线近乎分明的社会阶级系统中所处的位置存在共识"。第二种完全不同的理想是不存在身份意识——我们可以称之为一个解放身份的社会。在一个接近第二种理想的社会中，身份排名在社会生活中减弱到不显著的程度：社会成员不特别关注自己在不同领域身份等级中的位置，这些身份排名也不会显著影响人际交往行为，不管在单个领域内还是在整个社会层面上。

不管是在整个社会层面还是在诸分配领域内，如果一个社会中人际交往行为不受身份排名的明显影响，同情和互相理解也不受身份偏见的阻碍，达到这种程度的社会就是一个"解放身份"的社会。人们普遍同意成员在全社会中总的身份排名不可使社会呈现出等级之分，达到这种程度的社会就是一个盛行"身份平等"的社会。显然，社会无须解放身份就可以达至身份平等。我们可以设想这样一个社会，其中：(a) 每个分配领域中的身份等级都严格决定了人际交往行为是否合适，对社会中的所有成员来说，关注人们在等级制度中所处的位置是首要的事情；(b) 整个社会中的人都非常看重身份，

---

❶ 这一点值得强调。身份平等既可以在一个对全社会声望排名存在共识且每个人的得分都是一样的社会中实现。身份平等也可以在下面这种社会里实现：如果这个社会里存在重要性不同的身份或领域，其中虽有身份排名但没有衡量不同领域得分的对全社会声望排名的共识，以至于除了有人在每一单一领域都比其他人得分高以外，没有人在总的声望排名上肯定比其他人更高或更低。

人际交往受社会排名的严重影响,但对于总的身份排名并不存在全社会范围的共识。就目前为止所说的来看,这一想象的社会也可以是一个盛行身份平等的社会。米勒倾向于假定一个以身份平等为标志的社会至少也是一个在很大程度上表现为解放身份的社会。米勒修正了沃尔泽的复合平等观,对这种修正版的解释,我的第一个观点是,把复合平等理解为身份平等,既可以将之视为一种本质上可取的社会理想,也可以将之视为一种实现解放身份这一其他目标的手段。

新的问题是身份平等或解放身份在何种程度上是一个可欲的且有价值的理想。另一个需要强调的问题是,沃尔泽所理解的自主领域是否有可能在实践中产生可以理解为身份平等的复合平等。米勒在后一个问题上的立场是开放的。在米勒看来,那种认为在现代社会中自主领域加平等公民身份(一人一票;社会上的任何成员都没有政治上明确规定的种姓身份;社会上所有的成员因为公民身份而享有平等的权利与义务)足以产生满足复合平等条件的身份平等的观点,是一种貌似合理的、基于经验的猜想。然而这一推理并非无懈可击。这个问题对于实证研究是开放的,米勒也解释了为什么说是貌似合理的,他认为如果物品和身份的不同方式分配都很不公正的话,那么自主领域加平等公民身份在实践中也不会产生身份平等。我认同米勒的这一观点,他认为自主领域与身份平等之间的经验联结很可能是不牢靠的,不过我的论证不考虑经验性问题,我论述的重点是规范性问题。

我不认为对下面的问题可以做出笼统的回答:(1)身份平等是

否可取？（2）解放身份是否可取？我们需要追问，什么类型的、什么人的、什么情况之下的解放身份或身份平等？社会生活中充满了诋毁身份竞争的案例。社会肯定的某些标准是无意义的，例如，把非劳动所得而不是劳动所得算作个人收入，试图比他人过得更好是无端地浪费生命，因为衡量生活好坏的标准是虚假的。这些令人沮丧的案例没有证明身份竞争的坏处，只证明了围绕着无意义的标准展开的身份竞争的坏处。即使决定相对身份的标准是有意义的，有些人也会担心让人们把注意力集中于这个标准之下他们的相对地位，而不是集中于他们绝对水平的表现或是符合标准的程度是不正确的。但是，为什么会这样？为什么想要成为最好的或想要比大部分人都好是不合适的，而希望成为好的或优秀的却是合适的？对人类参与其中的很多活动而言，表现良好的标准在本质上是相对的，如果对人们的一般表现没有概念，就很难说清楚什么是好的表现。即使在某些领域中人们对好的理解并不依赖于对更好的理解，虽然如此，想要变得更好究竟何错之有呢？

另一个支持身份等级制度不可取的观点认为它会导致竞争中的浪费或无收益。然而确有某些身份竞争在价值维度上对社会有益。想要获得高级身份可能会被贬低为实质上必然产生失败者和成功者的竞争。如果每个人都想成为最好的，除一人之外的其余所有人都会失败（除去平局的情况外）。不过，除了最想要的物品在供给上往往是稀缺的之外，即使当物品的特征在本质上并不是竞争性的时候，也可能出现你对一个物品的需求在通常情况下只有在其他人对同一物品的需求失败时才能得到满足的情况。许多非常值得拥有的物品或者必然是竞争的对象，或者是临时成为竞争的对象，这可能是一个关于价值、人类和我们所居住的世界的事实。此外，纵然很多人都想成为最好的也只有一个人能赢，竞争的本质因而就是赢家的所得超过输家（不那么在意所失去的东西）所失。在假定可以对主要的人际效用进行比较的情况下，当竞争产生了消极的综合效用时我们常常认为身份竞争是不公平的，输家的所失超过了赢家的所得。不过只有在某些身份竞争中才会导致综合效用的流失。我这里只是想用"效用"或"福利"来指称所有能让个人感受到生活美好的事物，换言之，一个人为了她自己的利益审慎追求的任意事物。对人类物品的不同理解——完美主义、享乐主义、理性偏好的满足，等等——导致了对效用的对立性解释。

因此我的观点是身份平等和解放平等既不是本质上好的也不是本质上坏的。它们的好坏取决于它们对人们福利的影响。一个简单的例子就是身份平等和解放身份可能会跟人类幸福相冲突。假定在某个社会中对高收入的人征收更高税率的税收并把这些多出的钱重新分配给社会中低收入的人在政治上是可行的，但前提是在征税的同时分配给社会中的高收入群体以更多的尊称（如称受过良好教育的医师为"医生"）。实施这一改革方案，就会造成更大的身份不平等以及社会中更强的身份意识，虽然如此，穷人却能分享更多的资源，所有人都能享受更高的福利，低收入人群相对于高收入人群能得到更多的福利。对于这一现象可能的解释是多种尊称对他们来说代表着一种重要的效用收益（不只是抵消了高税收），但对于社会中那些与知名人士没有多少社会联系的穷人来说，这不是他们会关心的事情。在这个例子中我们必须是在更大程度上满足身份平等和解放身份原则，还是增进人们的福利及更接近于实现福利平等之间进行选择。当身份价值与福利价值相冲突时，我的倾向是不给身份价值任何权重。人们可能会问，为什么身份价值对社会来说比对穷人来说更重要，人们假设这些穷人是身份排名的受害者，然而实际上他们对这一排名并不关心而且这种不关心不无道理。也就是说，在我们所设想的例子中，穷人中对身份排名的冷漠不是由于意识形态的操纵，也不是由于愚昧或是任何其他的认知缺陷。他们能关心，但他们并未这样做，且他们的不关心并不是非理性的。在这种情况下，我认为身份价值不应包含在一个得体的社会在道德上有义务实现的价值当中。不过，我并没有论证只要身份价值能影响到福利价值它就是重要的。我只是简单地给出了一个例子来说明什么正处在危险当中并借以引出读者的道德判断。

不同类别之间的比较会有助于进一步阐明下面这个说法，身份平等和解放身份充分代表了曾经激发以及应该激发平等主义者积极性的道德关怀。与米勒一样，沃尔泽推测到：“屈从的经历，尤其是个人的屈从经历是支撑这一平等观点的理由。"（*Spheres*, p.xiii）我们考虑下全球范围内财富和生活前景上的明显差异这一前面章节提到过的例子。最贫困国家中最贫困的人并没有在最富裕国家中最富裕的人位于最顶层的身份等级制度中处于最底层。很多世界上最贫困的人都起码居住在文化上隔离的环境中，对社会地位持有地方性的狭隘思想，不会产生相比他们自己不一样的共同财富排名的想法。如果对规范政治理论来说真正重要的不平等是身份不平等，那么财富、收入及生活前景这些全球性不平等在道德上就是不重要的。相比之下,我的个人意见是,在一个亚洲或非洲贫困农民家庭出生的人与在欧洲或北美一个富有的知名人士家庭中出生的人在生活前景上的不平等是一种道德上令人不安的不平等的完美例子,而沃尔泽所批判的自由主义平等理论其核心关注点就是这种不平等。❶

不等身份等级制度左右整个社会,不公正就会显现。我们假设一个社会中有不同的地方性共同体。每个共同体主要的分配领域中都会产生一个声望等级制度,用沃尔泽的话来说,那些位于社会金字塔最上层的人会设法"压榨穷人",这通常会让其余的人生活苦不堪言。这种拥有地方势力的社会也可以是一个宪政民主的社会。此外,目前为止所陈述的内容都没有排除每个领域的物品按照它们各自的社会意义进行分配的可能性。回想一下,沃尔泽的自主分配原则也并不排除人们持有某一领域的物品会影响到他在其他领域获得高排名的可能,只要不同领域之间的相互连接能与各个领域的社会意义保持一致就行。即使分配在这个拥有地方势力的社会中是自主的,米勒和我都同意这里面存在不合适的地方,他将之描述为身份不平等,我将之描述为一种不合理的且对穷人的福利而言有害的身份不平等。只要身份等级制度还没到让人们生活变差的程度,我就不会被它们所困扰。

---

❶ 有代表性的自由主义平等理论,可以参见在前面第 264 页注释 ❶ 中引用的 Ronald Dworkin 的论文;也可参见 John Rawls, *A Theory of Justice*(Cambridge, Mass.: Harvard Univ.Press,1971); 和 *Political Liberalism*(New York: Columbia Univ. Press, 1993);以 及 Amartya Sen 的 *Inequality Reconsidered*(Cambridge: Harvard Univ.Press, 1992)。

那么在我看来封建制度何错之有呢？这取决于替代方案。在封建的社会秩序之下，地方的军事首脑提供最低限度的公共安全物品。从农民的角度看，这比无政府状态和社会匪患状态好多了。如果提拔能抵御匪患的勇士为领袖这一社会规范是终结无政府状态的代价，那也只好顺其自然。从任何一个平等主义的福利主义者的立场出发，一旦有可能建立一个更民主且更少等级的社会，封建秩序就是有根本缺陷的。

通过设想有个男生赢得了学校里所有的奖项，米勒试图诱导读者同意身份平等是一个道德上值得注意的理想。正义已经实现了，因为竞赛是公平进行的，测试的技能也是学校理应灌输的。尽管如此，米勒还是认为一个男生在所有竞争领域都取得成功是不合适的，他认为人们在面对这个男孩的辉煌成绩时所产生的失望感觉所表达的就是身份平等理想所引发的平等情感。假定学校里有 100 个学生及 10 场竞赛。如果出现了 10 个不同的获胜者，就真的是吸引人的平等理想的胜利吗？如果所有孩子在所有竞赛中的得分都相同，从这种平等的立场看岂不是更理想吗？对米勒解读的一个质疑就是，对平等的权衡也应对这一情况的其他特征进行回应。假定这位出色的胜利者是位命途多舛的天才，即使赢得了所有的奖项，他终其一生对效用的预期都远低于普通的孩子。身份上的优势并不能完全弥补他在其他方面的缺陷。此外，如果这个出色的胜利者是个非常幸运地出生于上流社会的孩子，只是因为幸运地获得了天赋的才能，人们可能更愿意要求这个男孩在某种程度上用他的才能去帮助其他那些没那么幸运的人，而非不发展或限制他的才能。

米勒认为以身份平等来建构复合平等是一个比任何形式的简单平等更有价值的社会理想。据米勒所说，简单平等认为社会中存在这样一个每个人都应享有同等数量的 X。不过米勒认为在简单平等的理论表达中并没有合适的概念能起到 X 的作用，即使有这样的概念，问题是有时为了让所有人都得到相同数量的 X，需要减少每个人所拥有的 X 或减少某些人拥有的 X。如果 X 对人们来说是重要的，那么为什么要偏好一种每个人都拥有一定程度的 X 而不是有人享有的 X 在程度上有所增加且没有人享有的 X 在程度上会减少这一替代性的方案呢？有人认为对任何 X 来说，在一些人能得到更多的 X 但并不是所有人在起点上都能平均分到 X 的情况下，平等分配原则的实施会造成 X 的损耗。如果考虑到像身份这样的物品是在以下意义上进行激烈竞争的：无论如何计算，如果一个人的身份增加一个单位，那么另一个人就至少需要减损一个单位的身份。这时保持身份平等并不会导致身份的"损耗"，因为一些人好处的增长总会导致另一些人好处的减少。

即使上述观点可以成立，抱怨简单平局依据的反对意见也同样适用于身份平等。如果平等分配某一物品 X 与替代性的方案进行竞争，替代性的方案是 X 的分配不平等影响下的每个人都拥有更多的 X，除非相比于条件平等人们偏好得到更多的 X，否则我们并不关心平等给每个人带来的 X 是否会更少。反对平等的理由是，在有些情况下坚持平等会让人们过得更糟。在同样的意义上，坚持身份平等也会让人过得更糟：从维持身份平等的现状来看，某种情况下的替代性选择——包括身份的不平等——会让有些人在整体上过得更好且不会让其他人过得更差。坚持身份平等将会和帕累托原则相冲突，后者本身也是公平的必要条件，现在的问题是哪个原则会胜出：平等原则还是帕累托原则？❶

认为应把身份平等解释为一种与简单平等相对的复合平等原则，这种观点是值得质疑的。相对于简单平等或字面平等，沃尔泽更偏好他自己的复合平等主张。回顾我前面对沃尔泽这一观点的批判，我认为他所界定的复合平等并没含有多少具有实质意义的平等理想。米勒把复合平等重新解释为身份平等。这没有问题，但认为身份平等在绝对意义上包含着实质的平等观则不然：依据米勒的观点，要界定在社会地位上具有根本重要性的身份，就需要有个衡量的标准。当社会成员之间实现身份平等的时候，每个人在身份上的得分就都是一样的。为什么会说复合平等比简单平等更有用呢？当一种平等的观点"认为平等需要同样的占有或享有某种特征 X"，米勒就认为它是"简单的"❷。身份平等也符合这种简单平等的观点。米勒补充道，简单平等是关于个人的分配而复合平等的特点是在社会关系方面。根据米勒的观点，简单平等的原则规定要平等的获得某个东西 X，要么是由制度安排对 X 进行直接分配，要么是通过分配别的东西 Y 来达到 X 上的平等。因此人们既可以通过分配医疗来实现健康上的平等，也可以通过分配资源来间接地达至效用或福利上的平等。不过米勒却认为依照这种方式不存在能产生身份平等的 Y，原因是对任何的 Y 来说，能否通过对 Y 的某种分配来达至身份

---

❶ 参见本章末尾的附录。
❷ Miller, ch.9.

平等取决于共享的社会理念。这一点同样适用于理想中的效用平等或福利平等，这些平等在沃尔泽那里都不能算作是简单平等。例如一项既定的对资源的分配是否有助于产生福利平等取决于这些资源的社会意义——如果在很多居民的眼里把从政府那里得到收入补贴看作是惹人反感的社会耻辱，那么当我从政府那里得到一张收入维持援助支票时，即使我肯定能使用这些额外的钱，我的福利也会减少。我的结论是简单平等或沃尔泽所说的字面平等与复合平等之间的区别并不清晰，因为人们所支持的平等观在某些重要的方面是否真的蕴含平等其实并不清楚。如果它蕴含的话，那么就可以提出某些简单平等或是字面平等的主张，人们也会知道它。如果不蕴含的话，那么就可以提出某些非平等的理想，我认为没有必要把这种新的非平等的理想称之为"复合平等"。

一个一般性的建议

我之所以反对沃尔泽和米勒是因为他们对平等的分析丢掉了最重要的东西。接下来的问题是如何清晰地描述这个我所惋惜的被他们随意丢弃的东西的特征。这个话题太大了。我没说过我在本章中给出了解决的办法。我的建议是一种政治理论或一套政治原则如果被视为是真正平等主义的，就要能解释和证明"普遍的平等直觉"（generic egalitarian intuition）的合理性。普遍的平等直觉指的是：在其他条件都相同的条件下，当对某一物品进行分配时，在本质上（而非工具意义上）更具道德优越性的是这一物品应该分给一个穷人而不是一个富人，即使把它给已经富裕起来的人所产生的整体效用要高于把它给穷人所产生的整体效用。从这个意义来说平等分配更倾向于支持穷人。这一普遍的平等直觉可以由对平等本身的偏好来解释，亦可由很多其他原则来解释。❶ 或许普遍的平等主义是错的，本章所主张的观点并不能为之辩护。不过这也不能有效地证明沃尔泽的复合平等是一个名副其实的平等概念。❷

附　录

人们常常认为帕累托效率（Pareto efficiency）与分配正义相矛盾。因此需要对那种认为帕累托原则本身也是一种正义诉求的观点进行详细的阐释。帕累托原则说的是如果改变现状在不会让任何人过得更差的情况下能让有的人过得更好，那么现状要么应按这种方式进行改变，要么应在另一种方式之下进行改变，这种改变的结果是并不能在不让任何人过得更差的情况下能让有的人过得更好。这个表述虽有点拗口，但这个观点却是清晰明了的。公平分配的一个必要而非充分条件就是它所引发的结果不应由于在不让任何人变得更差的情况下能让有些人过得更好而有所改变。当帕累托原则没有让他成为受害者的时候我们称这个人的处境还有可能改善。受害者对现状提出控诉是正当的。这一控诉就是社会不应无缘无故地让他的处

---

❶ 一些建议，参见我的'Equality', in Robert E. Goodin and Philip Pettit（eds.），*A Companion to Contemporary Political Philosophy*（Oxford: Basil Blackwell, 1993），489-507。
❷ 感谢大卫·米勒对本章草稿提出的宝贵意见。

境与他在其他人都无须付出代价时的情况相比变得更差。如果容忍现状会违反帕累托原则，这就表明它不怎么关心受害者的福利。受害者并不能享受补贴来让日子变得更好：他有权利或者在其他人无须付出代价的情况下获得好处，或者另一个可能的结果就是没有人会被受害者投诉。在违反帕累托原则的时候，社会也即我们所有人一起对受害者表现出一副一毛不拔的铁公鸡姿态，这是不公正的。

反对的观点：假定史密斯和琼斯因为做同样的工作而得到公平合理的工资，雇主由于对史密斯的个人偏好而把他的工资涨了50%。斯密斯的经济情况变好了且其他人的情况也没有变差，不过这种变化很难说是公平的。这一反对的观点表现出对帕累托原则的误解。在上述例子中，人们假定的是如果史密斯的工资涨了那么其他人的工资肯定会减少。如果我们规定这种情况不会发生。史密斯的所得并不会造成其他人的情况变差。史密斯工资涨50%的替代方案是史密斯和琼斯的工资各涨25%。根据这一假定，他们应得到相同的东西，因此这种解决办法更公平。帕累托原则无法区分这两种可选方案。为了挑选帕累托最优的结果，其他诸如正当性原则也会起作用。假定这个例子可以具体表述为如下形式：唯一可行的方案要么是史密斯和琼斯都得到工资X，要么是琼斯得到X而史密斯得到1.5倍的X。在这种情况下，帕累托原则可能会和其他的公平原则诸如平等原则或根据所应得的东西进行分配的原则相冲突。强帕累托原则认为帕累托原则应在所有这些竞赛中获胜，而弱帕累托原则认为在其他条件相同的情况下应支持帕累托原则，在与其他原则相冲突时该原则的重要性是不确定的。

11. 复合平等的社会学 ❶

亚当·斯威夫特

迄今为止，社会学通过对社会流动性的调查激活了关于社会正义的规范性辩论，这一点显而易见，反映出社会学家对机会平等价值的关注。"开放"社会中，能力独自决定个人在社会资源分配中的位置，这种看法是传统自由主义社会正义观的关键组成部分，许多层化研究将以下问题作为独特的关注点，那就是衡量既定社会偏离"开放"或"流动性"理想的程度以及探究偏离的原因。❷

最近，政治理论也把注意力转向了这个问题，更确切地说是我们应该如何理解 G. A. 科恩所谓的"平等主义正义观的风靡"。在这

---

❶ 感谢 G.A. 科恩、大卫·米勒、约翰·托伦斯以及阿尔伯特·威尔对我之前版本的有益评论，在之前版本的基础上我试图提出一种融贯性的解释。

❷ 这种关注独具特色地体现在阶层分化研究的两种主要方法上：身份获得法和阶级结构法。参见 D. L. Featherman and R.M. Hauser, *Opportunity and Change*（New York: Academic Press, 1978）以及 R. Erikson and J. H. Goldthorpe, *The Constant Flux*（Oxford: Oxford Univ. Press, 1992）。激活政治理论的阶层分化研究案例，参见 J.S. Coleman, 'Inequality, Sociology and Moral Philosophy', in his *Individual Interests and Collective Action*（Cambridge: Cambridge Univ. Press, 1986）；J.S. Fishkin, *Justice, Equal Opportunity and the Family*（New Haven, Conn.: Yale Univ. Press, 1982）；和 S.J.D. Green, 'Is Equality of Opportunity a False Ideal For Society?', *British Journal of Sociology*, 39（1988），1–27。

里,"平等主义"裹挟而来的不只是人们对传统意义上机会(不)平等的关心,还包括对条件(不)平等的关心。❶ 这就提出了一个问题,即层化研究是否以及如何能像增进对前者的理解一样增进我们对后者的理解。借用弗兰克·帕金斯的区分标准,社会学能否像激活对现存不平等的精英主义批判那样激活平等主义批判?❷ 本章采用的策略是直面沃尔泽对正义的政治学解释——为"热门"问题"我们应该如何思考正义理论有义务为其提供分配原则的物品"提供了一种答案——在这么做时,我依靠社会学著作,社会学著作形成了自己的社会层化概念,以明显类似于沃尔泽的方法处理平等问题。

尝试对沃尔泽进行总结是冗余的,部分原因在于读者已经熟悉了沃尔泽的总体立场,部分原因在于我马上就会讨论各种可能与之相关的解释。相反,要比较一下沃尔泽谈到的"诸领域"和"复合(而非'简单')平等"与下面两位波兰社会学家的不同。维索洛瓦斯基和斯罗林斯基声称,由于生产力的发展阶段,一些不平等对于劳动分工的正常运转是必要的,继续纠结这一点只会阻碍社会不平等的进一步减少。

在尝试回答这个问题时,我们首先要介绍群体或个人的一般身

---

❶ G. A. Cohen, 'The Currency of Egalitarian Justice', *Ethics*, 99 (1989), 906–944. 读者应该注意"机会"可能具有的模糊性。从"机会"的角度来描述社会地位是很自然的,握在所有者手中的"机会"不是指攀登社会阶梯的机会,而是个人梯级的组成部分。假设我有较长的学术假期,比以公务员为业的你有更多的机会去度假,这并不意味着我比你有更大的机会向上流动。社会流动研究者乐于测量和解释的机会是那些在社会地位"之间"流动的机会。

❷ F. Parkin, *Class Inequality and Political Order* (London: McGibbon & Key, 1971), 13.

份的概念……特定观察对象的身份是指他在"社会分化的各个领域"中所占位置的加权平均值。例如，就一般身份的组成而言，人们可以考虑以下要素：教育、专业技能、职责、工作的复杂性、收入、生活水平、文化物品的消费、声望等等。当然，每一个要素对于作为总体的身份都有不同的意义，可以用适当的权重来表示。但是，在权衡了各种要素的水平之后，人们可以在人口平均水平的意义上探讨社会不平等的程度，结论是人们的总体身份并没有很大的差异。实现这种状态的可能性"既依赖于直接减少特定社会分化领域中的不平等"，也依赖于削高补低。这种情况下，每个观察对象的总体身份很接近，而与此同时保持各种特殊身份的差异，这就是我们所说的"社会不平等的复合减少"。❶

维索洛瓦斯基和斯罗林斯基依据经验指出，波兰教育、收入、声望和文化消费诸维度之间的相关度低于西方资本主义国家：尽管各领域内的不平等仍然存在，但不同领域之间的物品并没有同等程度的相互转换，因此人们总体上更平等。

有些分配正义理论没有认识到"物品的多样性"以及相应的"分配主体、程序和标准的多样性"，正如沃尔泽拒绝这样的分配正义理论一样，❷ 这种社会学观点也拒绝把社会不平等理解为单一等级占据优势。正如兰蒂克所说："在层化的人群中，人们会发现成员之间的

---

❶ W. Wesolowski and K. Slomczynski, 'Reduction of Inequalities and Status Inconsistency', *Angewandte Sozialforschung*, 11（1983），185-194, at 186 强调是后加的。这篇论文于 1974 年首次发表，使用的数据分两个时期收集，分别是 1964-1967 年和 1971 年。

❷ M. Walzer, *Spheres of Justice*（New York: Basic Books, 1983），3.

不平等不仅仅是在一个方面，而是在不同的方面。因此，必须将层化体系看作是几种本质不同的不平等类型的组合。"在把阶层固化定义为"不同等级序列中的相同等级在社会成员身上的重合程度"后，他继续说道：

> 阶层固化严重的社会是一个不平等极为普遍的社会。严重的阶层固化是大规模不平等的同义词。另一方面，阶层固化程度越低，一个等级序列中的不平等转移到另一个等级序列中的频率就越低……弱阶层固化不是消除甚或减少了一个等级序列中的不平等，弱阶层固化是就此而言的，即社会趋近于这样一种状况：每个人都在某一方面身居高位，但在另一方面正好相反。这就在不平等地位的分配中接近于实现平等。因此，与强阶层固化相比，弱阶层固化偏离平等主义价值的程度更低。❶

社会学著作以极其类似的方式提出了自己对平等的理解，我的目的是根据这些社会学著作思考沃尔泽的规范性理念。

对复合平等的解释

把沃尔泽的观点类比于刚才概述的社会学观点并非没有问题，留意复合平等之平等可能具有的多种意义，就可发现这一点。他的开放性分配原则——"不应把社会物品 X 分配给占有其他物品 Y

---

❶ W. Landecker, *Class Crystallisation* (New Brunswick, NJ: Rutgers Univ. Press, 1981), 18, 48, 50–51.

的男男女女,只是因为他们占有 Y 且不顾及 X 的意义。"(Spheres, 20)——没有明显的平等主义内容,尽管沃尔泽提供的各种线索表明给他的正义理论贴上平等主义的标签是合理的,但这些线索都不系统。上面引用的社会学段落表明了沃尔泽理论内涵的平等主义内容,但否认我的方法在拾取沃尔泽部分评论的同时忽略了其他评论是不明智的。

一种解读认为是复合平等的方法论使复合平等展现出平等主义的一面。正义体现在对"社会意义"的遵从上,沃尔泽对这一律令最彻底的辩护如下:

究竟凭什么特点认为我们彼此平等?其中一个特点超越其他特点占据我论证的中心。我们(所有人)都是文化的造物;我们创造并栖居在意义的世界中。考虑到对社会物品的理解不一致,无法将这些世界置于等级序列中,我们通过尊重特殊的创造来对现实生活中的男男女女施加正义。(Spheres, 314)

在他的前言中,沃尔泽声称整本书都是对一个问题的复杂化解答:"在什么方面我们彼此平等?"(Spheres, p. xii)尽管他在前言中区分了这两个问题并在上述引文中给出了解答,但难以看出区别到底在哪。认真对待他的主张——这一特点占据"中心位置",人们可能会认为复合平等具有平等意蕴之所以让人信服,是因为它暗含一种平等尊重所有人创造文化的能力的理念。

另一种解读诉诸沃尔泽对平等主义政治动力所在的前瞻性观察。在他看来,所有争取平等的斗争要解决的一个关键问题是人口中的某一团体支配其他人口的能力——正是屈从的经历让人们向往平等。"政治平等主义的目标是实现一个免受支配的社会。"正是通过占有特定物品——不同的社会有所不同，囊括范围从血缘或身世到资本和神恩———些人支配另一些人，借助这样一种主张确立起了免受支配与复合平等开放性标准的联系。对沃尔泽来说，"当没有人拥有或控制支配手段时，男男女女彼此平等（对于所有重要的道德和政治目的而言）"（*Spheres*, p. xiii）。

按照这种解释，对平等来说真正重要的是免受支配，这种解释没有澄清这是一种经验性的政治-社会学主张还是一种规范性主张，前者关注是什么动机促使人们诉诸平等修辞，后者认为在所有这些修辞中真正重要的是实体价值。根据沃尔泽的说法："只有基于独特的和'内在的'原因分配社会物品，才能根除支配"（*Spheres*, p. xv）——言明了一些人支配其他人的手段——据此推导出了上面提到的复合平等准则。平等等同于免受支配，对"支配性"物品的占有和垄断使支配生效。各领域物品的社会意义表明，出于不同的原因它们都应该被自主分配，免受支配的方法就是阻止物品跨领域的非法转化，从而实现具有道德和政治重要性的全部平等。

人们可以有意地否认这两点，既可否认全部重要的平等都包含非支配，也可以否认支配仅仅甚或主要是通过占有社会"支配性"物品来实现的。也许更有趣的是，沃尔泽本人似乎渴望获得比他自己正式允诺的更多的平等。在某处，他写道：

但是，如果支配被根除了，这些领域的自主性得以确立——同一群人在一个接一个的领域中取得了成功，在方方面面都获得了胜利，无须非法的转换就可以囤积大量社会物品，那会如何？这肯定会造成一个不平等的社会，但它也会以一种最强烈的方式表明，一个人人平等的社会不可能是一个生机勃勃的社会。（Spheres，20）

沃尔泽在此处构想了一个满足复合平等要求的社会——没有支配性的物品，而且根据他自己的假设，没有人支配其他人——但这既不意味着"平等主义"，甚至也不意味着"人人平等的社会"。他脑海中有一种明晰的平等观，可以推测是具有道德和政治重要性的平等观，与免受支配不同。

可以认为沃尔泽理论展现出的第三种平等就是大卫·米勒论述的平等，这是大卫·米勒对本论文集的贡献。在这种观点看来，复合平等最好被理解为身份平等。米勒的建议是，如果分配机制十分多元且不可通约，那么现代社会所有成员都只能享有平等身份，因此，尽管个人可以在特殊的分配领域内对彼此进行排名，但对整体社会排名下判断是没有根据的。"在不可能进行整体排名的情况下，个人身份只取决于他们作为特定社会成员的共同立场。如果他们被社会公共机构认为是平等的，那么这种身份一定是平等的。"❶

第三种观点的核心是认为属于不同分配领域的多元化物品不可通约，这是从以下意义上讲的，那就是没有社会同意的方法可聚合起不同领域内人们的立场、形成总体的判断。这种不可通约性的观点与我想到的那类平等形成了对垒，我从第四种意义解释复合平等的平等主义意蕴，这种解释特别要求人们有能力对自己的总体位置做出大胆的判断：人们至少要做出判断出现以下情况时社会更平等，

---

❶ ch. 9, 207.

那就是一些人在某些方面得分高在另一些方面得分低，而不是同样的人总是得分高（和低）。这是从相当传统的意义上理解复合平等的平等主义意蕴——它是一种条件平等，它认为人们（或多或少）是平等的，前提是当他们拥有或能够获取总体上看来（或多或少）平等的一堆物品时。

还需要进一步的说明。沃尔泽的正义理论建立在个体物品依据自主的和"内在的"原因进行分配的基础上，就此而言，复合平等在多大程度上是平等主义的充满了变数。我们已经提到沃尔泽设想的这种可能性，即一个复合平等社会会是"不平等"的社会，只是因为同一个人在不存在非法优势转换的情况下在所有领域都获得了很高的分数，这也表明他的想法中有一些类似于我的"平等"观的东西在起作用，这足以使这种偶然性变得清晰。沃尔泽的开放性分配原则在多大程度上蕴含着物体分配上的总体平等，是一个双重经验性问题。它取决于谈及的社会中社会意义的内容。我们不应该忘记沃尔泽承认可能存在这样的社会。在其中，社会意义，因为是融合的和包含等级的，"会助长不平等"（*Spheres*, 313——另一种用法表明，他认为平等比他定义的复合平等包括更多的内容）。而且，在特定社会的社会意义既定的情况下，它取决于成员的能力和特点。

姑且认为沃尔泽正确识别了当代美国社会中物品的意义，比如说，医保、教育、金钱和政治权力的意义，我的看法是这些物品得以自主分配的社会更加平等，这是从第四种意义上讲的，比较对象是这样一个社会，其中的人们能够利用他们在一个领域的优势在另一领域也获得优势，目前基本上就是这个样子。当然，它不是严格的平等；它甚至可能包含关键的，甚至是非正义的不平等。但是在这样一个社会中，人们在总体上可以或者有机会获得数量上更加平等的善物，换作看重赚钱能力的社会就并非如此了，后者允许赚钱能力决定人们获得其他物品的机会。

复合平等这种显著的偶然性一面正是我打算讨论的。我们假设，一个阻止不同领域物品间相互转换的社会能降低这些物品间的相互关联度，因此比允许转换的社会更加平等。依据这种解释，平等是通过分解那些本来可能聚集的优势成分而实现的——它是"复合的"，仅仅因为顾及人们对多样化物品的占有和获得多样化物品的机会，承认人们彼此之间是不平等的，还有承认整体上实现更多平等的方法是减少物品之间的相关度。

沃尔泽自己的作品中也有这种思想的痕迹。参见以下段落：

> 现在构想这样一个社会，其中不同的社会物品被垄断性地持有——正如这些物品实际并且总会反对国家的不断干预一样——但其中，没有特定物品能够任意转换……这是一个复合平等的社会。尽管会存在许多小的不平等，但不平等不会通过转换过程而增加，也不会跨领域的累加。因为分配的自主性倾向于产生各种由不同群体的男男女女掌握的地方性垄断。(Spheres, 17)

这是复合平等主义社会的一个特征，即"不平等不会通过转换过程而增加"。最能说明问题的是，不平等不会跨领域累加的原因不在于累加是不可能的，如果物品不可通约的话，就不可能累加，而在于据沃尔泽所言不同的人会倾向于垄断不同的物品。物品不会"累加"指的是它们不会在同一个人身上倾向于累积，而并非米勒认为的没有一个社会同意的根据综合优势指数判断人们总体位置的标准。

这种通过多样性实现平等的线索也出现在《正义诸领域》的最后一页。他将自己的主张与亚里士多德提出的民主要求公民轮流统治和被统治的主张相比较,沃尔泽写道:

> 但政治只是许多社会活动领域中的一个(尽管它可能是最重要的)。一个较大的正义观念要求的不是公民们轮流统治,而是他们在一个领域内统治,而在另一个领域内被统治——在那里,"统治"的意思不是他们行使权力,而是比别人享有对被分配的任何好处的更大份额。公民们不能被保证在每个地方都有"轮流"机会。我想,实际上他们在任何地方都不会被保证有"轮流"机会。但诸领域的自治与别的可想见的安排相比,将造就对社会善物的更大程度的分享。(Spheres, 321)

看来,千帆过后,重要的是以能够想象得到的最大程度分享社会善物,只能将之理解为我在这里探究的条件平等的一种版本。

从第四种意义上讲,作为复合平等的正义理论才是平等主义的,我不想声称第四种解读最忠于《正义诸领域》全书表明的立场。我认为它值得探究的原因是说服我的观点始终有效,例如,领域之间的不可通约性是沃尔泽的核心立场,如果说有什么东西成就了沃尔泽的平等理论的话,最关键的就是领域之间的不可通约性。我的主要目的并非忠于沃尔泽的理论,而是要从社会学的广阔视角解读平等观或平等的论证策略。沃尔泽突出了物品的实质性差别,这是正义理论不得不应对的,同时也打开了社会学与政治理论互动的通道,可以预期两者的互动硕果累累。它也引发对条件平等的一种可能形式的思考，那就是通过分解实现平等。总体而言，这种可能的平等形式还没有引起足够的关注。

社会层化和优势转换

在这一部分和后续部分中，我使用层化研究文献来思考复合平等引出的两个问题。我的论述并非面面俱到，甚至不成体系——这里提到的只是两个出发点，社会学家不得不说它们与对复合平等前景的探究最相关。（虽然在结论中，我会试图把这两个问题联系起来，但也希望分别研究时，每一个问题都足够有趣使其成为额外的选项。）第一，从非常抽象的意义上讲，各种维度是"物质"的维度，这样一种特有的理解是否揭示了转换和平衡乃自然趋势，就好像优势本质上是可转换的一样？第二个问题更为具象一些，为了实现复合平等主义，社会身份应从它倾向于联系的物品中分解出来，这种观点是否言之有理？

因此，首先要担心的是，层化的物质本质上是可转换的，以阻止交易策略无法阻挡的方式进行，或者说只有付出更大的成本才能阻止转换。正如已经阐明的那样，我是在此意义上理解复合平等的，即要求承认，有可能在某种程度上把有待分解的物品或维度视为同一物质的组成部分。除此之外，怎么能用某一物品的优势补偿或以任何方式抵消另一物品的劣势呢？但如果可转换性是事物的本质，那复合平等试图阻止转换的任务，看来从一开始就无望实现。

因此，值得注意的是，即使是那些坚持层化必须被视为多维层化的社会学家也承认转换是正常的这一观点——控制好其他变量后我们应该期待维度之间的强相关性。经常需要强调的是，不一致的表现是规则的例外，也许因此特别值得进行研究。比如班诺特-斯穆利安的经典论文，多维框架被引入美国社会学很大程度上归功于这篇论文，他在论文中谈道，"身份转换的过程在每个社会中都正常的上演"，身份转换导致"不同类型的身份趋向于达至一般的水平"，他把这种真实的趋势称为"身份均衡"。❶

有些人足够勇敢，尝试提供层化物质的一般定义，定义指向了同一方向。戈德索普和贝文声称层化研究关注的是"源于制度安排的权力和优势不平等现象"，并继续说道：

> 就权力和优势而言，从一种模式或形式到另一种模式或形式，符合其"可转换性"的本质，这是可期待的……在其他条件相同的情况下，个人和群体在不同类型的不平等面前的位置会展现出一种向心力……因此，我们要解决的主要问题是不一致的程度……这种不一致可能是根据经验确立起来的……

按照这种解释，优势与权力之间的相关性，加上把权力定义为"调动资源以实现理想事态的能力"，二者合力传达出了优势和可转化性之间的必然联系。如果我的优势让我有权力去做我想做的事或者得到我想要的东西，那么我从中得知的一件事情就是权力将那种优势

---

❶ E. Benoit-Smullyan, 'Status Types and Status Interrelations', *American Sociological Review*, 9(1944), 151–161, p.160.

转化成其他"模式或形式"的优势。❶

这种主张高度抽象，难以知道如何评估。两种想法相互背离。一种表达怀疑的方式很简单，就是观察到不同维度或物品之间转换的可能性取决于转换过程的有效性。正如朗西曼的精彩论述，"权力持有者手中的这种权力不可避免地吸附其他种类的权力，吸附的程度取决于社会机构提供的二者之间的可转换性，这是真实的"❷。这种内在可转换性主张蕴含的观点是，存在一些机制，人们能用来将一种物品上的优势转换为另一种物品上的优势，由社会决定是否应停止供应这种机制是完全可能的。除了这种观点外，我们不应该认为还有更多的东西。复合平等主义清楚地意识到转换过程的存在：这种理论探讨的正是为什么应废止转换。

另一方面，不承认转换过程的纷繁复杂是幼稚的，还有，当我们尝试阻止特定的转换机制时，看上去总会有其他的转换机制发挥同样的功能。不管我们如何费力阻止物品和优势维度之间的转化，不管我们在阻止特定的转化渠道上多么成功，始终存在超出我们能力范围外的、难以阻止的转化模式。同时，如果优势是千变万化的，那么阻止其转换就如同推石头的西西弗斯一样徒劳无功。

要了解这一点，可以考虑一下戈德索普和贝文的建议，即参照代际社会流动和使亲子之间的优势传递成为可能的过程。这些过程也可以被认为是转换的过程——跨越时间和世代，而不是跨越层化

---

❶ J. H. Goldthorpe and P. Bevan, 'The Study of Social Stratification in Great Britain: 1946-76', *Social Science Information*, 16（1977），279-334，pp.280, 283-284.
❷ W. G. Runciman, *A Treatise on Social Theory*, ii（Cambridge: Cambridge Univ. Press, 1989），16.

的维度。考虑一下家庭制度吧，与之一样，社会地位的代际稳定性终究是可以预料的，因此，如果个别单位在不同类型的不平等之间表现出一致性，我们不应感到惊讶。

但是，当我们思考"为什么"我们应该期望单位在层化体系中所处位置的代际连续性时，我们发现自己直接指向了众所周知的和常识性的解释，即家庭策略和各种各样实现这些策略的手段——有些是制度上的和有意为之的（继承法，私人教育），有些不属于前两者中的任何一者（布尔迪厄的"文化资本"，伯恩施坦的语言"符号"）❶。这里没有把层化"物质"神秘地（或科学地）理解为"内在可转换性"；有的只是特定的跨时期和人际间的优势转换机制，这是明显的事实。那种认为层化物质"本质上"可以跨越时间、在人际间转换的主张指出的只是常见的社会过程，其中的一些虽没有遇到但能够被逼真地想象到。

相反的主张认为，代际间的优势传递使我们阻止代际传递的努力永无休止，这种主张指出了传递过程的多样性以及一些传递过程的顽固性。如果我们阻止财富的直接转移，处于优势的孩子们仍能享受到优质教育和医保的益处。哪怕废除私人教育和医保，他们仍然比弱势儿童处于更有利的地位：他们会更健康，因为他们住在大房子里，吃更好的食物，享受更长的和更快乐的假期；他们的幼儿玩具和书籍使他们在教育竞争中处于更有利的地位。取消每一个反

---

❶ P. Bourdieu, 'Cultural Reproduction and Social Reproduction', in J. Karabel and A. H. Halsey (eds.), *Power and Ideology in Education* (New York: Oxford Univ. Press, 1977); B. Bernstein, *Class, Codes and Control*, iv. *The Structuring of Pedagogic Discourse* (London: Routledge, 1990).

例，包括他们在房屋、食物、节日、玩具、书籍等方面的优势，他们的亚文化处事能力和私人关系会使他们处于优势地位，❶等等。当我们断言这是一种社会学的概括，即优势可以跨越几代人传递是"正常的"，我们指的就是这种转换过程。用于支持内在可转化性的依据是，尽管有些转换过程可以避免，但似乎总是同时存在其他的转换过程。

这些都不是要责难那些试图降低转换程度和实现平衡的适度又现实的尝试。要反驳那些坚持认为层化物质具有内在转化性的人，复合平等主义理智而又温和地指出，维度之间或物品之间的相关性是可以通过阻止能够被阻止的转化来降低的。认为所有的转换都可阻止是一种乌托邦，尽管如此，我们仍有充分的理由来阻止能够被阻止的转换。❷

复合平等主义的主要制度举措是去商品化，分配依据的标准不是支付能力，也不是正在市场上售卖的优势的组成部分。但是，那些强调优势和权力之间的联系的人，为维护内在转换性主张的一种版本，坚持要我们承认所有那些受其他手段影响的转换的重要性，

---

❶ 参见 G. Marshall and A. Swift, 'Social Class and Social Justice', *British Journal of Sociology*, 44 (1992), 187-211, 这篇文章发现并非所有阶级地位的代际传递都通过教育来实现。即使人们认可这一（不合理的）主张，即认为依据阶级分配教育资源是正当的，因为阶级成员之间的能力不同, 教育制度应有针对性地予以奖励。当人们认可这一（不合理性低一些的）主张，即认为应依据阶级有针对性地分配教育资源时，同样如此。

❷ 最近，一项针对工业社会流动性的比较研究发现，社会民主主义的瑞典比其他非社会民主主义国家的社会流动性更强。这表明，促进机会均等的政治行动对流动性进程多少是有影响的。参见 Robert Erikson, 'Politics and Class Mobility—Does Politics Influence Rates of Social Mobility?', in I. Persson (ed.), *Generating Equality in the Welfare State* (Oslo: Norwegian Univ. Press, 1990)。

这掌握了部分的真理。有大量的证据表明,在去商品化的东欧,影响力或关系代替金钱成为一种获取可欲物品的手段,对西方社会福利国家制度分配效果的研究表明,中产阶级能够利用非金钱的优势(如表达能力、利用制度的能力)从非市场配置的物品中获得不相称的好处。❶

对于这一点,复合平等主义者可能会回答说,重要的不是这些物品是否完全平等地分配(或者按照其自主分配原则进行分配),而是非市场的分配模式是否比自由放任模式带来更多的(复合)平等。复合平等主义者设想的去商品化要解决的关键问题包含两个方面。首先,不通过金钱关系运作的转换是否像通过金钱关系运作的转换那样有效呢?如果不是,那么去商品化就会产生一些(复合)平等主义的影响。其次,一些因素有可能发挥与金钱类似的功能,决定一种物品或多种物品的分配,这些因素(在沃尔泽看来)具有"支配性",是哪些因素呢?在纯粹的市场环境中,金钱分配依据的是满足他人偏好的能力,满足了他人的偏好后才能获得金钱。替代性通货的分配方式可能多种多样。

关于内在可转换性问题的最后一点思考支持这种主张,即至少就现在展现出的意义而言,转换是正常的或自然的。虽然复合平等主义者确实可以指出转换过程未必严重依赖物品作为商品的身份,

---

❶ 关于东欧的论述,参见 P. Kende and Z. Strmiska (eds.), *Equality and Inequality in Eastern Europe* (Leamington Spa: Berg, 1987)。关于西方福利国家的论述,参见 J. Le Grand, *The Strategy of Equality* (London: Allen & Unwin, 1983),和 R. Goodin and J. Le Grand, *Not Only the Poor: The Middle Classes and the Welfare State* (London: Allen & Unwin, 1987)。

但是否认转换和个人自由之间的关系是愚蠢的。如果用我的 CD 播放机交换你为我儿子做膝盖手术是双方同意的，那么如果这个交易被禁止，我们的自由就都被限制了。正如西美尔指出的，货币加速了自由交易的过程，因为货币的可分性和"无限转换性"使得每一桩交易都成为可能，至少在原则上，对双方同等有利。不管其他人如何看待这种把（几乎）所有质量差异化约成数量差异的文化，不管人们怎么怀疑这种化约会使价值遗失——西美尔清楚地知道很多价值遗失了——这种情况仍然存在，即阻止人们乐于从事的交易会限制个人自由，而金钱和商品化的物品会增进个人自由，因为用金钱可买到商品化的物品。❶

这一观点并没有预设我们习惯的那类财产权主张是有效的——即使我一开始没能证明我对 CD 播放机享有的正当权利，我用 CD 播放机交换手术的自由也是受限的（当然，这一限制更有可能被证明是合理的）。❷ 但在任何情况下，可转换性与自由之间关系最为密切都是一种社会科学的，而不是一种规范的政治理论观点。在当前的语境中，重要的是层化物质具有内在的可转化性是否具有意义，这被表达为一个社会科学的问题，而市场与遍布人心的个人自由和幸福观之间的联系强有力的证明有意义。在官方禁止物品交换的情况下，或者非官方的市场（或"黑市"）会出现（想一下合法化之前

---

❶ G. Simmel, *The Philosophy of Money*, 2nd edn., ed. D. Frisby tr. T. Bottomore and D. Frisby（London: Routledge, 1990），292–293.

❷ W. Kymlicka, *Contemporary Political Philosophy*（Oxford: Oxford Univ. Press, 1990），132–152. 他的论述精彩又简短（但被广泛引用），尖锐而有力地批判了自由主义者的主张：与任何其他分配机制相比，自由市场能提供更多的自由。

的后街堕胎市场），或者那些希望进行交换的人会去寻找允许交换的地方（一种反对废除私立教育的论证指出，如果废除，那么私立学校和接受私立学校教育的孩子将会移居国外）。这些例子植根于人们能想象到的社会学常识，不仅证明了可转换性的正常性，而且还表明，如果我们想要取消市场，我们将需要一个强大的权力中心来执行。至少在此意义上讲转换是正常的，那就是阻止转换需要国家权力在诸维度和物品的边界上巡逻，这些物品正是个人想要交换的。

职业、收入和身份

第二种反对复合平等可行性的观点把我们的注意力引向的不是人们能够将某一维度的优势转换成其他维度的优势，而是这样一种主张，即层化体系的某一特定维度被其他人赋予因果性解释。这里要再次强调的是复合平等主义者试图分解的各种优势成分的相互关联性，但是现在揭示的是，在这种情况下，一些物品的分配紧跟其他物品的分配，因为过程中的因果联系在足够深的层次展开，尝试将它们分解属误入歧途。具体而言，社会身份可能就是这样一种附属物。

"声望"或"身份"有时被当作可分解的物品，可与常常联系在一起的其他物品分解。赫希对位置经济学的分析颇具影响力，他从中提取出了政策意蕴，考虑一下这一政策意蕴吧。对他来说，发达社会的"高级职位""目前具有双重吸引力。它们能提供相对较高的薪酬和相对较大的非经济福利——工作满足感，或者来自工作的性质或者来自它带来的共同体中的身份或者兼而有之……只要工作职位的非经济吸引力足够强，与工作联系在一起的薪水就可以看作是附带益处"。这里揭示的是，"身份"和"工作满意度"都可以而且应该被视为报酬的维度，但有别于附加于特定工作的金钱收益。沃尔泽刻意关注财富和权力，忽视了身份。对此巴里拒绝接受，他采取了类似的一步，认为"身份货币可取代（可能是部分取代）财富或权力成为人们可以获得的报酬"。但是，如果身份是可以赚取大笔金钱的东西，那么追求分解两者联系的政策是毫无意义的。在这一点上，它可能与赫希提出的另一种报酬形式，即"工作满意度"不同。❶

在沃尔泽自己的作品中，既有这种思路的蛛丝马迹，也有这些疑虑的蛛丝马迹。认识到在当代社会，一个人的"身份"首先是他在霍布斯竞赛（即人人都处于竞争状态的比赛）中所处位置的函数，他认为"自由评价要求社会物品的分解和荣誉的相对自主"。由于不同的人以不同的品质来评价不同的人，这会导致一个更加分散的认可体系。他猜测，不难想象，这种评价方式与当前盛行的评价方式截然不同："对有益于社会的工作的新尊重……或者是对体力劳动的新尊重，或者是对公职有益性的新尊重，而不是对持有公职的新尊重。"（*Spheres*，256-257）可将接下来的内容视为一种尝试，一种丰富这些观念的尝试，方法是看一看社会学家关于"身份"不得不说的一些话，并探究其在复合平等策略中的潜在作用。

韦伯以经典的手法处理了身份概念，对他来说，"阶级""身份"

---

❶ F. Hirsch, *Social Limits to Growth*（Cambridge, Mass.: Harvard Univ. Press, 1976），183. B. Barry, *The Liberal Theory of Justice*（Oxford: Oxford Univ. Press, 1973），47.

和"党派"是"共同体内的权力分配现象",自那时以来,身份概念经历了双重稀释。❶首先,它被用来指称层化的任何"维度",而不仅仅是主观维度或与"社会荣誉"分配有关的维度。当匈牙利人科洛西谈到"劳工身份分化"或"财务身份"时,显然,他是在不同于韦伯的意义上,实际上是在与韦伯相反的意义上使用这个词语的,因为"身份"这个词已经被用来指任何渐进的变量——不只意味着"处于某一等级"——原初概念包含的对特殊主观性的指涉已经消失。❷韦伯的观点——身份在某些方面有别于阶级,被与区别非常明显,但也是反阶级的观点合并在一起,这种观点讨论了层化的渐进性本质,合并后的结果是产生了这样的结论:按照定义,身份指的是渐进的层化。在某些文本中,正如洛克伍德所说:"'身份'这个词只不过是指与身份潜在相关的等级维度中的一个位置。"❸

第二种稀释韦伯身份概念的方法是更为实质性的:原初意义上的身份被当作一种有别于层化的客观和物质方面的东西,甚至在这个时候,这一概念就被不合理当作一个竞争者,竞争的角色是优势的自主组成部分,这是复合平等主义者希望它扮演的角色。对韦伯来说,身份肯定可以抵消阶级,但这是因为它参照的是"社会荣誉",

---

❶ M. Weber, *From Max Weber*, tr. and ed. H. H. Gerth and C.W. Mills (London: Routledge & Kegan Paul,1948),181.

❷ T. Kolosi, 'Status and Stratification', in R. Andorka and T. Kolosi (eds.), *Stratification and Inequality* (Budapest: Institute for Social Sciences, 1984). 参阅 P. Blau 的规定:"'身份'是指那些展示人的等级的所有属性,而不仅仅是那些与声望或权力相关联的属性。例如,我们所定义的年龄是一种身份。"*Inequality and Heterogeneity: A Primitive Theory of Social Structure*(New York: Free Press, 1977),8。

❸ D. Lockwood, *Solidarity and Schism*(Oxford: Oxford Univ. Press, 1992),119.

本质上与市场原则和经济领域相反："市场和市场过程'不知道个人间的区别'，功能性利益支配着它。它对'荣誉'一无所知。身份秩序恰好相反，即它是'荣誉'的分层，如此形成的身份团体有特属于自己的生活方式。"根据韦伯的说法，社会荣誉"通常与纯粹财产主张对立"，以及"'身份团体'阻碍纯粹市场原则的严格贯彻"。❶

在当代社会学中，当社会学家们为避免早期的泛化、使用身份特指主观方面的层化时，他们倾向于将其视为职业身份的代称——不同职业在社会所处的位置。通过让人们根据职业的"声望""社会位置""社会身份"等来对职业头衔进行排序，从而得出衡量尺度，但问题是，这种衡量尺度并不能辨识出层化象征性方面的独特性。虽然从概念上讲是可能的，那就是职业排序应该成为象征性等级制的基础，而不依赖于附加于职业的物质报酬，但有大量的经验证据表明，离开社会对于附属于职业的物质或客观报酬的感知，声望作为衡量尺度起的作用微乎其微。根据霍普和戈德索普的说法，当被问及各种职业的相对"社会位置"时，大多数受访者没有采用独特的"声望"参照系，而是"根据他们知道或认为自己知道的各种更'客观'的职业属性来评估呈现在他们面前的职业——大多数情况下，可能是工作报酬或工作条件——他们仅仅把"一些非常普通的好-

---

❶ Weber, *From Max Weber*, 192, 187, 185. 虽然韦伯强调阶级和身份之间的对立，但他很清楚两者之间的因果关系，因此即使身份荣誉通常与纯粹财产的主张背道而驰，但从长远来看，财产被认为是一种身份资格"具有超强的常规性"也是真的（p.187）。而且，当属于同一身份团体的有资产者和无产者能够并经常这样做时，"这种社会尊重上的'平等'……从长远来看可能变得非常不稳定"（同上）。对于韦伯来说，"社会秩序当然很大程度上受经济秩序的制约，并反作用于经济秩序"（p.181）。

坏标尺"（强调为原文所加）视为影响职业排序的因素。职业身份的衡量尺度代表了人们对职业"普遍可取性"的综合判断。❶

更具体地说，在"社会位置"这一维度上，职业排名与生活水平、权力、对他人的影响力、资格水平和社会价值这四个属性的简单平均排名非常接近（98%的相关性）。其中的三个是客观的或物质的属性。以同样的方式，费瑟曼和他的同事们指出："职业的'声望'不能正确地预测职业的社会经济地位。"汤森德认为，"职业声望的等级制度不能被视为层化的独立维度。人们的声望主要取决于他们凭借职业等级拥有的物质和政治特权……"，这是一个普遍的共识，即职业声望不能独立于社会物质资源的分配。如果不能，那么从抵消或补偿的角度来考虑它是没有意义的。❷

复合平等主义者拿什么拯救主观方面的层化，以使人们合理地认为它是整体地位分配中可分割的组成部分呢？有两种策略似乎值得探讨，每种策略都把一个人的角色归因于不同的职业，不同的角色决定着他在优势分配中的位置。第一，为了保持职业在现代层化体系中的中心地位，他可以寻求在职业"内部"进行区分，区分出职业享受物质回报的一面和那些享受或能够享受更多的体现为象征性回报的方面，围绕这一区分构建复合平等主义策略。第二，减少职业与其他物品的关联度后，他可以另辟蹊径构建一种身份观，这

---

❶ J. H. Goldthorpe and K. Hope, *The Social Grading of Occupations*（Oxford: Oxford Univ. Press, 1974）, 11–12.

❷ D. L. Featherman et al., 'Assumptions of Social Mobility Research in the US: The Case of Occupational Status', *Social Science Research*, 4（1975）329–360, at 329; P. Townsend, *Poverty in the United Kingdom*（Harmondsworth: Penguin, 1979）, 399.

种身份作为替代性的优势来源或组成部分，与职业对垒。第二点试图把职业赶下它目前占据的主导地位，这是一种更为激进的举措，我在结论部分会返回到这一点并略加论述。承认"声望"或"社会位置"遵循劳动力市场的运作产生的物质报酬分配规则不难，问题是重建更为强势的、完全不同于甚至站在职业对立面的身份观是否有意义。

更温和的主张是，允许职业结构继续在社会优势分配中起关键的决定性作用，但要问一问，能否将那些能获得声望的职业方面与那些获得更多物质报酬的职业方面分开。当人们注意到判断人们的身份明显仰赖的一种职业维度是职业的"社会价值"时，这种想法的迹象已然出现。如果在其他条件相同的情况下，人们更看重那些他们认为对社会更有价值的职业，那我们是否可以此为基础，尝试通过某种方法增强职业这方面的比重？是否可能出现其他的职业方面可容纳类似的策略？

共产主义或国家社会主义制度下东方阵营国家的社会学是寻找相关理论和证据的天然之地，因为这种想法装扮成数种别的样子出现在了文献中。在理论层面上，维索洛瓦斯基重视将身份或声望从依附于职业的物质报酬中分离出来。他引用这样一些例子，如医生"享有很高的声誉但只得到中等收入"而护士"得到较低的收入以及相符的中等声望"，然后他声称："声望与收入的关系不是很大，而与人们对不同类型工作的尊重和敬佩感息息相关。收入和声望不一致的例子表明，声望的自主性分配既与收入有关，又与'每种工作内在'的原则有关。"

最后一条看起来很奇怪——显然，用声望奖励的是"工作"，尽管对工作某些方面的物质奖励可能忽视这一点——于社会主义社会中可观察到"三种体现为声望的可能的'心理'奖励变体"，通过识别这三种变体，维索洛瓦斯基接下来的论述展现了更为广阔的前景：

首先，它可以被看作是一种对低收入者（与资格有关）的补偿形式……从波兰教师的薪酬问题上就可以窥见人们对社会声望的现代作用持有这样一种看法。第二，声望可以是对过去的高技能工作的奖励，而掌握这些技能的个人现在不能继续为社会做出贡献了……最后，声望可能是对某些工作的"抵消奖励"（off-setting reward）。这些工作虽然不需要特别高的资历，但却是危险的（飞行员），影响健康的（矿工）或者需要高度的职业训练和情感投入的（残疾儿童教师、老年护理人员等）。❶

从经验的角度看，证据是混杂的，在任何情况下，没有合适的比较框架甚至是比较的数据，既难以解释波兰社会学家声称的收入与声望之间常态性低关联度的意义，也难以知晓，是否与西方相比，在东方声望与职业方面的联系比收入与职业的联系更为紧密。即使收入与声望的关联度低，这也可能是因为市场的作用受到限制，商品稀缺，因此收入的多少或许不能很准确地衡量人们实际的物质报酬。同时，如果与西方相比，收入在东方是物质优势一个不太重要的组成部分，那么收入和声望之间的低相关性可能意味着收入和物质优

---

❶ W. Wesolowski, Classes, *Strata and Power*, tr. G. Kolankiewicz (London: Routledge & Kegan Paul, 1979), 139–140. 这本书于 1966 年在波兰问世。

势之间缺乏联系，而不是优势和声望之间缺乏联系。❶

这些复杂的发现和各种各样的混乱情况使得从东欧文献中得出任何明确的结论尤为困难，用声望而非收入奖励一些工作或工作的一些方面，这种复合平等主义的策略是否可行依然成谜。不可否认的是，即使在西方，某些特定的职业也受到很高的尊重，不能用丰厚的物质报酬来解释，反而要用物质报酬的缺乏来解释：无疑在日常生活中，身着制服的护士会比收入高出他们许多的人享受到更好的待遇（公交车售票员是这样对待他们的、店主是这样对待他们的）；同样的情况也适用于教师，至少在某些特定共同体中或多或少仍是这样。尽管怀疑这种策略的广泛适用性是合理的，但任何这种怀疑论主张必定都不自信或者严重依赖条件，因为我们不需要走到把社会荣誉的自主性从物质优势中完全排除的程度。这些例子表明，沿着这里提出的思路，至少有限复合平等主义的策略有施展的空间。

也会有人追求第三种思路。这比刚才讨论的温和观点做出了更多的让步，因为这种思路不仅接受了职业在分化体系中的中心地位，而且还接受了声望与附属于职业的物质报酬的不可分离性。如果从这种意义上讲，就与主观应与客观相分离的主张相冲突，使其能够被合理地置于复合平等主义框架之下的事实，能够证明把它视为一种通过分解正在累积的优势成分实现更大的总体平等的尝试的合理性的事实，是它寻求奖励——用（假设分离的）客观"和"主观物品——理应获得补偿但往往得不到补偿的职业维度。这涉及主观方面的自主性问题，因为这里的主张是，主观是原因或自变量，物质报酬是

---

❶ Kende, 'Introduction', to Kende and Strmiska (eds.), *Equality and Inequality*, 23.

结果或因变量。

我意识到，在意识形态上对体力劳动的美化，也许是，或曾经是，东欧层化体系最明显的特征。❶马克思主义渗透到了认为社会需要迅速工业化的官方意识形态中，导致体力劳动被认为是特别重要的，而非体力劳动是次要的。与西方国家相比，这种荣耀体现在这些社会的声望体系中：所有的研究都发现了这一点，即东方对体力劳动和非体力劳动分工的价值判断与世界其他地方不一样。矿工、保洁女工、非熟练建筑工人得到的评价都远高于国际价值标准，政府部长、会计师、办公室职员和律师得到的评价则都远低于国际价值标准。❷

这是否确立起了主观性的自主？特瑞曼坚持认为没有。他承认就声望而言，与整个世界相比，东方呈现出一种明显的趋势，文职工作被压低（同时，体力工作被抬升）。尽管如此，但他否认这对他的一般观点不利。他的观点是："劳动分工造就了权力上的内在差异，这些差异与各种工作角色联系在一起，无论何处都能发现，这些差异，反过来，导致了各种特权，权力和特权就能带来声望。"对于特瑞曼来说，这里没有物质和主观的分离，因为体力工作的工资比文职工作高很多，而且体力劳动者在东方比在西方更容易获得其他非经济

---

❶ 我不知道自从国家社会主义灭亡后有什么研究能揭示这些社会的人现在是如何看待职业的。对体力劳动的美化是否能在产生它的意识形态消亡后幸存下来，研究这一问题非常有意思。

❷ M. Alestalo et al., 'Patterns of Social Stratification', in E Allardt and w. Wesolowski（eds.）, *Social Structure and Change: Finland and Poland: Comparative Perspective*（Warsaw: Polish Scientific Publishers, 1980）, 136–143.

的报酬。❶

然而，尽管特瑞曼认为声望遵循特权和权力可能是对的，并且与东欧的情况不矛盾，但他肯定意识到有第二种或可供选择的意义，其中物质遵循主观性。因为这里的第一动因是对不同职业的意识形态评估：体力劳动者比非体力劳动者挣得多的原因是官方意识形态赋予他们的身份。大众判断反映了职业特权和权力，即使就此而言，我们承认声望取决于物质地位，物质地位本身取决于关于职业价值重要性的"主观的"或意识形态的判断也是真的并且很重要。即使对特瑞曼来说，职业身份也可以根据意识形态而改变。不在改变他们物质报酬的同时改变整个社会评价他们的方式，这是做不到的。

那么，这就是复合平等主义者可以使用的第三种策略。东欧的情况表明，一个社会可以决定职业的哪些方面或维度可以同时获得物质的和象征意义的回报，它包含了这样一种观点，即我们可以在这些维度上补偿他们的工作应当获得补偿的方面，就此而言这也算是一种复合平等。如果我们想要奖励那些特别危险（脏的、嘈杂的、无聊的或需要付出大量情感的）工作的从业者，可以认为这是职业内部的抵消作用，但是，在这种情况下，是人们工作的消极方面得到了金钱和声望的补偿——这里既没有试图去降低职业作为人生机遇决定因素的重要性，也没有试图去分解与职业相关的经济和象征性奖励。

---

❶ D. Treiman, *Occupational Prestige in Comparative Perspective*（New York: Academic Press, 1977），2, 144–146.

公民身份

当然，政治精英强加的官方意识形态与尊重社会意义包含的内容相去甚远，后者是沃尔泽的关注点。即使那些怀疑沃尔泽的方法论并因其他理由而对复合平等感兴趣的人，也可能对我的论述依赖从东欧社会提取的理论和证据的程度感到不安。人们可能认为东欧社会实现了（复合）平等主义的承诺，果真如此的话，也只有在付出难以接受的道德成本后才能实现。最后这部分探究的思想具有特殊的价值——身份作为优势的替代来源或组成部分与职业对垒的可能性——那就是我心中所想的身份，是自由民主国家自我理解的关键，并且的确可以被合理地视作自由民主国家成员共享的"社会意义"。

那种身份是公民身份。无论人们在职业结构中的地位如何，都享有公民身份，有一些常见的论证思路宣称对公民身份的合理承认要求在特定物品的分配中排除市场规则。❶ 作为公民，人们需要特定物品的分配，特定物品的分配使公民的共同地位得到承认或获得益处，就此而言，人生机会的分配不是按照职业进行的，而是按层化体系的一个维度进行的，可以认为这一维度基本上是象征性的或

---

❶ 这里常被引用的经典是 T. H. Marshall, *Citizenship and Social Class*（London: Pluto, 1992）有益的讨论，参见 D. King and J. Waldron, 'Citizenship, Social Citizenship and the Defence of Welfare Provision', *British Journal of Political Science*, 18（1988）, 415-443。他们正确地看到了罗尔斯提供了这种论证的一种版本。可认为罗尔斯对宪政民主国家公民身份的社会意义进行了解读，以一种真正韦伯式的风格，但并非韦伯式的原因。S. Mulhall and A. Swift, *Liberals and Communitarians*（Oxford: Blackwell, 1992）, 179-180. 该书对这一提议展开了更大篇幅的讨论。

主观性的——社会成员看待彼此的方式的函数。正如洛克伍德所说："完整公民身份理想寻求的表达方式是多种多样的，但所有这些都要求身份代替阶级成为人生机遇的决定因素。"❶

我的主张是，公民身份是一种不同于并且强大到足以抵消职业结构造就的资源分配的身份。让我澄清一下我上面这句话的意思不包含的内容。我不是在上文点到的韦伯的意义上使用"身份"一词的：我并没有设想这样一个社会，在这个社会中，所有人因为平等的公民身份，分享相同的生活方式；或者在这种社会中，没有显著的"身份群体"，这些群体交往模式特殊、内部联姻、成员休戚与共，等等。作为并肩而站的公民，人们能够享受平等的身份，平等身份不仅可以抵消来自劳动力市场的报酬的不平等，也可以抵消韦伯提到的估算社会荣誉上的不平等。

复合平等之平等是通过分解实现的平等，对此的论述扩展了这最后一点，有助于解释这里的提议是如何得出的。通过分解实现的平等不同于（尽管在许多方面相似）大卫·米勒提出的把复合平等解读为身份平等的理论，大卫·米勒提出的身份平等理论上文略有述及。按照米勒的解释，关键的是分配机制不可通约，因为不然的话，社会成员能够形成对整体社会地位的判断：身份平等要求这种判断是不可能的，或者至少对这种判断没有社会共识。米勒依据公民身份解释平等身份的事实不应被允许遮盖他的主张和我的主张之间的

---

❶ D. Lockwood, 'On the Incongruity of Power and Status in Industrial Society', in H. Strasser and R. W. Hodge (eds.), *Status Inconsistency in Modern Societies* (Duisburg: Sozialwissenschaftlichen Kooperative, 1986), 20.

区别。我认为整个社会同意的社会地位判断可以避免这种想法是不切实际的，我主张把公民身份作为至少是一些物质资源分配的替代依据（从而获得人生机会）。这是一种复合平等主义，因为它追求的是更大的总体条件平等，而不是导致一个所有物品都根据人们的赚钱能力来分配的社会。❶

我想到的身份概念不同于传统意义上的"社会地位"。根据我的解释，社会成员能够是彼此为平等的——认可他们作为公民的身份，承认他们对特定物品享有权利是正义的（这对于他们履行公民角色是必要的）——虽然同时存在的是判断的一致性，即他们都认为 X 的社会身份高于 Y，Y 应该服从 X，甚至不应期待 X 与 Y 结婚。至少我希望如此，因为我认为平等公民身份重要，但我很怀疑一个人人社会地位平等的社会具有实现的可能性。在此意义上，我同意沃尔泽的观点，平等认可的想法是一个"糟糕的笑话"（*Spheres*, 255），并认为即使追求的不是沃尔泽嘲笑的简单版本，而是米勒提出的复杂有趣的版本，这一点仍然有效。

完整地讨论"作为"公民，人们究竟需要对什么物品享有权利是另一篇论文的事。在这里，我论述的是该问题的一个方面，以此结束本文。在本文概括出的两个问题之间建立联系离不开该问题的这一方面。读者会记得，层化的物质具有内在可转换性这一主张被最仁慈地理解为指出了交换和个人自由之间的关系，并且指出了用强制性的国家行动阻挡优势在不同领域转化的趋势的必然性。如果

---

❶ 了解这一点的一种方式是注意米勒依据政治权利阐明了公民身份，而我的核心观点是公民身份产生了公民物品方面的权利，公民身份物品超越了政治权利。

我们想要阻止交易，那么看来需要国家有所作为；而公民身份，依据他与所属国家的联系明确构想的个人，是适于使这种行动合法化的身份。如果有理由认为，国家能够正当阻止的唯一一类交易是那类妨碍全体公民获得国家致力于提供的公民身份物品的交易，那么这两点就会吻合。

我们有理由这样认为。在我看来，这一想法具有很强的直觉吸引力，那就是物品应该自主分配，并且是出于领域特殊性原因，直觉吸引力来自这种看法，即人们对特定物品享有正当权利，国家有义务满足这些权利要求，依据他们作为公民的身份和需求有助于说明这一点。❶虽然沃尔泽致力于领域的纯粹性，甚至到了超出与公民身份有关的必需品的程度（并且对物品——爱、神恩——的分配感兴趣，在任何情况下，它们都与公民角色或身份无关），但可以论证的是，国家唯一能够正当阻止的转换是那些会侵犯他人公民身份权利的转换。❷

很明显，哪种交易国家能够正当地予以阻止取决于哪种物品被视为公民身份物品，特别是取决于这些物品带来的相关问题：有人利用市场力量获得更多的物品，是否意味着否定了作为公民的其他

---

❶ 正如艾米·古特曼指出的，物品只应依据相关原因进行分配这一主张——沃尔泽的立场是这一主张的变体——取决于"相关原因的语言多么紧密地反映出面临着的社会中公民的普遍需要"：Liberal Equality (Cambridge: Cambridge Univ. Press, 1980), 103。

❷ 在一篇未发表的手稿中，西蒙·汤普森把沃尔泽理解为一名公民身份理论家，唯一真正关心的是物品应按照达到公民身份要求的水平的内在标准进行分配（还有，当同一物品出现两个或更多的竞争标准时，根据这些标准与公民身份的关系来决定使用哪种标准）。沃尔泽认为真正主导分配正义的原则要求为实现有效的民主公民身份分配所有的社会物品。在我看来，这种解读过于仁慈了。

人享有这些物品的权利？即使人们赞成一个最基本的或门槛的公民身份概念，但当特定物品的不平等影响一些人享有的绝对水平的公民身份物品时，人们也会关心特定物品的（市场优势转换带来的）不平等。

我不能深挖这一问题，充分说明这一点引发的这类思考需要一个例子。例如，假设机会平等是人们作为公民应该拥有的。在这种情况下，由于教育和机会的关系，人们可能会反对教育非自主分配带来的不平等。考虑一下与医保的对比。可以合理地认为，保证所有公民机会平等的最基本的承诺本身就足以对抗教育分配中的不平等，因此对抗市场力量转换成教育优势，但它本身不足以对抗医保分配中的不平等或转换。这是因为，在前一种情况而非后一种情况中，存在某种担忧。相对而言，这种担忧建立在与公民身份相关的物品上。由于教育影响地位，也就是接受教育多寡影响生活机会的事实，作为最为明显的公民身份物品的机会平等就排除了金钱向教育的转换。医保则不同，因为其他人获得比我多的医保并不影响我获得的医保于我而言的性质或价值。即使别人正获得比我多的医保，我也能得到我作为公民所需要的所有医保。❶ 同样的情况不适用于教育。❷

---

❶ 在这里，我假定供应是不受限制的。如果受限，那么当然，一些人利用优越的市场力量购买医保时，会减少其他人可以获得的数量，很可能达到了这样一种程度，即是从人们作为公民需要的医保水平上取走了那一数量。

❷ 如果在一个供给系统中，一些人能在市场上购买医保，而另一些人能从国家获得免费的医保。一段时间后，以后一种方式获得的医保水平降低至他们作为公民需要的医保水平之下，那么也可以公民身份为理由阻止这样的交易。如果强制要求富人参与公共医保系统是确保合理满足公民身份需求的唯一途径，那就可以此为根据阻止他们选择退出。

通过把沃尔泽关于转换的非正义性的极其抽象的主张限定为这种情况，即允许转换将会否定人们作为公民享有的平等，我认为，人们能够紧紧抓住沃尔泽版本的社会展现出的大量规范性吸引力，在这种社会里，物品自主分配。如果有一些与评估复合平等相关的社会学教益，以这里提到的方式被理解，那么这些教益确实就是上文概况的教益——需要国家阻止转换，身份观弱于公民身份，是复合平等主义策略不甚合理的组成部分——这样看来，我们似乎实现了规范性和社会学合理性的愉快结合，对此我不想言之凿凿。

回 应　◎迈克尔·沃尔泽

　　如何最好地回应书中各章让我绞尽脑汁。我不想简单地就各种批评一一做出解答，而是打算重新思考"复合平等"的要点——由这些批评引发但并不囿于这些批评。部分论文彼此之间存在着呼应。理查德·阿内森以娴熟的哲学风格否定了复合平等的平等主义特征。亚当·斯威夫特紧随其后，仿佛加入了一场对话，为论证提供了更为妥帖的社会学框架。在我看来，大卫·米勒推进了论证，阿内森在文章的结尾处对其进行了质疑。杰里米·沃尔德伦似乎是在说我既没有对"阻止交易"提供融贯的解释（这一点我不作讨论），融贯性解释也是不可能的；朱迪斯·安德烈的解释全面展现了融贯性为何物，在社会学意义上引人深思，甚至在政治学意义上都不无裨益。书中作者在许多地方或明或暗地回应了布莱恩·巴里对整体结构的全面指责，他们认真对待复合平等的结构，打磨并修正各种范畴，推进目标的达成。

　　我将处理七个问题：复合平等的意义和可能性；民主公民身份的中心性；复合不平等的危险；目前国际分配中的非正义；一般道

德在分配正义中的角色；效用的重要性；为社会差别和分配复合性提供历史解释的必要性。这些主题相互分离，但我希望能从一个自然地过渡到下一个——轻松的转变证明了为复合平等提供的论证至少具有一种宽松的理论架构。

复合平等的意义和可能性

什么是复合平等？它与正义诸领域的自主性相关，但事情是复杂的。"诸领域"是一种比喻；我既不能提供图解，也不能确定具体的数量（我的列表是无穷的）。不是说一种社会物品对应一种领域，或者一种领域对应一种物品。沿这些思路费力构建系统性的解释很快就会失去意义——甚至最不宽容的批评者都及时地注意到我既没有提供也没有采纳这样的解释。食物就是一个简单的例子，就像实际上发生的那样，对食物可进行各种各样的描述（从不同的描述中产生不同的分配）：短缺条件下的食物、宽裕条件下的食物、穷困者眼中的食物、富足者眼中的食物。一面是施舍处和食品救济券，一面是食品杂货店：公共需求和可从市场获得的商品。复合平等的支持者毫不费力就可区分两者，钻牛角尖的人才会坚持认为难以区分。

就像我在《正义诸领域》中论述过的那样，教育也是如此，明显没有单一的意义。❶公民身份基本社会能力教育、职业教育要求不同的分配原则。同样地，再来看工作或就业，就像朱迪斯·施克

---

❶ New York: Basic Books, 1983, ch. 8.

莱在关于美国公民身份的著作中论述的,是我们社会(可能不是所有的社会)实现融合的显著标志。❶ 这本书认为充分就业是道德上可取的政策,不管它是不是经济上可取的政策。施克莱写道,美国政治共同体"全面致力于……提供工作机会,使需求和要求工作的人都能赚取维持生计的工资"。某些基本种类的工作是"地方性公民身份要求的权利,而非源于基本的人权"。没有人有权要求特定的工作,因为特定的工作要求某些资格条件:既要提供也要重视人言人殊的"工作"。

我不赞同艾米·古特曼的观点(原书第104页),平权行动的实践意味着第三种工作观。就像任何合理的道德论证那样,意义主导分配的主张并不绝对;出现例外是合情合理的。比如,把关于复合平等的论证应用于美国案例中,它能解释平权行动只是个例外。平权行动的支持者就是这么描述它的——是一种针对历史非正义的必要救济,为补偿过去的侵犯行为而违反平等机会原则,暂时起作用。它很快就会被看重精英价值或资质的程序所取代。美国最近出现的论证,除一部分案例有些偏离外,全部都在我们关于社会物品的共享理念的框架中,像教育、工作和公职。(苏珊·奥金为选举配额制作的论证采取了同样的形式。)

现在,复合平等将是自主分配的产物,前提是所有针对历史非正义的必要救济到位(并有效运作)。这是预言,而非定义,能被经验证伪,尽管我依然不相信这一点。我们如何得知?鉴定证据依据

---

❶ Judith N. Shklar, *American Citizenship : The Quest for Inclusion*(Cambridge, Mass.: Harvard Univ. Press, 1991)。下文引用的话出现在该书第 100 和 101 页。

的标准是什么？阿内森认为我在这里诉诸（在没有意识到的情况下）"字面"或简单平等（原书第234页）。当然，在某种意义上，这是真的（意识到了）：复合平等是平等的一种版本；形容词限定名词，但不能取代名词。所以，只有人们事实上在某种程度上比现在变得更平等，预言才会"成真"。在我们能讨论复合平等之前，不同机构依据不同原因分配不同的物品必然产生针对"不同人"的不同物品的分配。我现在认为，支配不是仅由单一物品的多种变体产生的（尽管这是现在通行的产生方式），而是由对所有最有价值的物品的占有产生的，不管是如何占有的，这种产生方式更简单。复合平等站在这两种情况的反面，它的平等主义特质在对一些人支配另一些人的反对中得到了证明。

我倾向于认为生活在这种分配制度下的男男女女，其日常生活经验会促成类似大卫·米勒所说的"平等身份"的东西。这不是一种客观的条件（因此经验在产生过程中发挥了作用），尽管我们能通过调查分配制度参加者的感觉使其客观化：他们如何感知自己和他人？或者我们可以调查表达平等和不平等感知的行为模式。我自己的选择是反其道而行之，比如复合平等一方面降低了傲慢和阶级自负，另一方面降低了自卑和恐惧感——也减少了强制命令和立即的服从。我认为没有理由认为这种转变与特定领域的严重不平等不相符。试想几种不同的统治与被统治关系，当统治者是民选的总统或首相时，当统治者是世袭的君主或拥有土地或钱财的寡头时——这些个体间的权力不平等可能没有任何区别。

就像亚当·斯威夫特指出的，某些种类的"加权平均"（在不同社会物品前的相对立场，参见原书第254页）也不能最好地测量复合平等。我发现这是困难的，就像设想一种非专制的政治安排，这一政治安排满足了这种程序主张：针对所有个体的所有分配的所有加减综合起来达到或者接近一种字面平等——拥有这种物品就补偿了对另一种物品的剥削。在复合平等制度中，当然存在补偿效应，在自我评价中这一点最明显。比如，我的工作报酬不高，但工作很重要（或者带来名声或者让人兴奋），或者让我有额外的闲暇，或者它使我有可能成为当地工会的领袖，等等。可以想象一旦从自我评价转向社会评价，必要的加权会引起激烈的争论，但我不像大卫·米勒那么激进，认为金钱、名望、兴奋、闲暇和领导等物品不可通约。或许争论本身就会带来平等：假如两个人争论金钱和闲暇的相对价值，我们就没必要担心金钱或闲暇是否会导致总排名，因为这正好说明没有任何"普遍认可"的总排名。❶诸领域的自主性越强，就越有可能产生这样的结果。但是，也有可能是复合性的结果，只是人们不想费心思进行社会计算。

再说一次，我的论证是反其道而行之的：只要没有物品，进而没有单一群体的男女处于统治地位，只要所有的价值不来自同一方向，我们就不必时时计算和测量。现在看来，这个或那个领域中的实际不平等并不重要；我们要在局部衡量自己，但不需要在更大更广的等级制上确定自己的位置。或者，更有可能的是，一些人仍需

---

❶ 今天明显地存在这样的排序，对此有人做过深入的研究：例如，参见 Richard Coleman and Lee Rainwater, *Social Standing in America: New Dimensions of Class* (New York: Basic Books, 1978)。

要这么做，为此想方设法，但余下的人认为这种行为让人忍俊不禁或走偏了方向就足够了。这是测试复合平等的有效方法：人们倾向于嘲笑那些热衷于对比社会地位的同胞。

反其道而行之的方法能行得通吗？特定类型的青年社团就很好地佐证了这一点，比如美国的大学生社团，财富对教育的支配已成为过往。有许多可供获取的物品（学术的、知识的、艺术的、体育的、性别的和政治的）；获取、享受和使用的时间相对短暂，且没有物品可以传递；同样的人不会赢得所有的"领域"；想成为 BOMC（校园红人）的（男性）学生有可能被嘲笑。即使我们把教授和管理人员搁置一边，校园也不是字面意义上平等的社会，而是比校园之外的世界更为平等，原因在于校园的复合性，在于校园生活允许的多面性。

一个更有历史感的（成年人的）案例：我在一座钢铁城长大，毫不夸张地说，工厂主和经理人控制了这座城市，他们在自己的公司、工作场所和城市本身建立起专制统治，市长和议会成员俯首帖耳。新政政治和产联的崛起带来了经济和政治的分离：市长和几个议会成员（因受贿）入狱，工作场所实现了部分的民主化（有了强大的工会、工人代表、申诉程序）。❶ 人们"感觉"到社会关系的巨大变化——现实也是如此。工人现在也是市民；他们的孩子在教育系统中接近于获得平等地位（尽管在"联合"学校中，差别仍然或多或少地沿阶级界线呈现出来）；他们的教堂在城市的社会和慈善生

---

❶ 一个简短的说明，参见 Irving Bernstein, *Turbulent Years: A History of the American Worker, 1933–1941*（Boston, Mass.: Houghton Mifflin, 1970），490–494。

活中发挥了更大的作用；日常生活中的恐惧和顺从大为减少。集体议价带来的工资差异的减少只是冰山一角。工人和经理在赚钱能力和财富积累方面仍然是非常不平等的。我想强调的是（反对阿内森）当金钱能够购买的东西实质性减少时，这种特定形式的不平等真的不是那么重要。

　　为这些变化所做的论证就恰好是复合平等理论采纳并精心设计的那类论证：它们与民主政治的完整性有关；劳工市场需要相对的平等和非强制的同意；工头对工厂的专制统治是非法的。超这些方向的进一步改变超出了1940年代宾夕法尼亚州约翰斯顿取得的成就，使我们越来越接近复合平等。我认为没有理由认为这些改进只会带来弱平等主义。

民主公民身份的中心性

　　最后一个案例揭示了民主公民身份的中心性——在这个案例中，民主公民身份既是手段又是目的。离开获得公民权的、被动员的工人阶级的推动，新政政治不可能出现，工人阶级虽然从没有以马克思主义者的方式掌握国家权力，但的确运用国家权力改变了社会关系的模式，这一社会关系模式横跨若干个正义领域。公民权推动了新社会关系模式的成立。在新社会关系模式中，公民身份本身得到强化，公民身份的分配更为广泛，公民身份在政治中扮演起更重要的角色。民主参与是推动社会变革的车轮，它带给进步主义者一种强烈的意识，即自己和彼此的能动性——米勒的平等身份的关键条件。

我们可以认为公民是所有领域最后诉诸的行动者。在我撰写《正义诸领域》时,我没有抓住这种被扩展了的角色的重要性;我关注的是首先诉诸的行动者、制造者、分配者以及提到的物品的接受者。我的想法是这些人自己约定物品的意义以及适宜的分配机制——他们应捍卫领域的完整性,反对外来侵犯。试想一下,中世纪教会牧师反对裙带关系和买卖圣职,现代大学里的教授反对无条件地录取富有校友的子女,约翰斯顿的工人抗议工头和经理人的专制。但这只是故事的一部分,这些内部行动者会产生分歧或一无所获,那么他们中的一些人就会求助国家,求助同胞公民,引起国家和同胞公民的干预,调解纠纷或是帮助其中的一方。许多批评者指出了求助的频繁性,对此我只字未提。

现在我主张区分两种不同的干预。第一种很简单,就是政治支配行为——比如说,要求大学只招收党员或者是要求教师灌输正统的意识形态。第二种针对的是论及的物品,国家和同胞公民诚心诚意地尝试解决意义上的分歧,有了(暂时的)解决措施后,把领域交还给其中的"居民"。显然,不同的党派会对相同的干预进行不同的描述,这是另一件我们不得不讨论的事情——就相当于我们讨论对其他国家的干涉是阻碍了还是促进了其他国家的政治独立和文化完整(以及其成员的权利)。公民不是随随便便就可从这些讨论中被排除的普通人,不仅是对诸领域边界的讨论,还有对在他们当中分配的物品的意义的讨论,因此公民身份呈现出很高的工具价值和象征意义。的确,就像米勒和斯威夫特指出的,在调解内部纠纷过程中,这种价值本身就很关键。例如，教育的定义要为民主社会中的公民利益服务，换言之，教育要使公民担当起政治责任。我只补充一点，这已经是物品的共享意义的一种特征了，至少，公立（国有）学校在尝试以这种方式分配物品。

但是到目前为止，我们的论证预设了现代国家，在现代国家中，政治是一个自主的领域。这种类型的国家是我的关注点所在，也是批评者的兴趣所在。但是，我不愿说正义理论与其他类型的国家无关——或者说除了强行要求他们变为现代国家外，正义理论起不了别的作用。在政治没有被认可为自主活动领域的地方（或者说其他"领域"还没有从政治中分离出来的地方），就像我在《正义诸领域》中讲到的，复合平等施展的空间不大；现在我要补充的是正义也很难维持。历史记录显示缺乏边界的社会，仅存的边界也不能有效地发挥作用：强权人物肆无忌惮地在政治、社会和经济领域中自由进出。❶即便是在这里，正义理论还是能够区分正义和非正义的分配——就像这些社会中的成员，特别是社会批评者常做的那样。

约瑟夫·卡伦斯质疑了民主制（参见原书第 65 页），让我以伊朗为例予以回应，现代的伊朗是一个宗教共和国，清真寺与国家尚未分离，非穆斯林少数群体没有获得有效的公民身份。❷宗教认同代替了公民身份，这样一种认同有它的包容性（排除了种族、民族

---

❶ 我让这里的"自由"具备了某种特色，例如，欧洲封建社会的特色。
❷ 卡伦斯对性别社会实践的思考抛出了一个难题，在此我不能予以回应。在一篇论文中，我尝试解决这样一些问题，这篇论文是 'Objectivity and Social Meaning', in Martha Nussbaum and Amartya Sen（eds.）, *The Quality of Life*（Oxford: Clarendon Press, 1993）, 165-177。

和阶级上的考虑），宗教认同确立的边界不同于国家。所以，在伊斯兰共和国中正义的要求就是充分实现其他宗教共同体的自主。在非世俗化的国家（没有融贯的公民身份），不可能获得民主公民身份，所以让现实中的共同体决定成员身份就有了道德意义，因为它能规制成员的生活。有两个限制性条件：每个人都能成为某一共同体的成员，成员身份是一种真正的善物（必须是真实的、广泛的自主）。

这一要求（及两个限制条件）从何而来？假设它自始至终来自于卡伦斯划定的最外环，换言之，按照卡伦斯的解释，它外在于伊斯兰文化；尽管它只代表着"我们"对普适主义的理解，但它也是底线的和普适的道德标准。但对我来说，这不足以解决此处的关键问题。我的意思是正义要求互惠性，这是最一般的说法。伊斯兰国家在过去就已经接受了某种版本的互惠性——中世纪伊斯兰国家中的基督教共同体和土耳其帝国实行的米勒特制就是证据。尽管一些始终掌握权力的伊斯兰好战分子拒绝互惠性，但互惠性并非完全是一种外部观念。尽管它常常被拒绝，但我依然认为它并非完全外在于其他的文化。在任何情况下，这一原则仅仅要求地方性自我理解的重述（先为我们，后为他们），而非全新的自我理解。显然，互惠性为我们主张伊朗的穆斯林认可"民主理想的规范性力量"增添了理由，我迟疑于将互惠性称为正义的要求（尽管民主理想是我的理想，与卡伦斯的理想一样）。❶

---

❶ 关于中世纪伊斯兰国家的自治，参见 S.D. Goitein, *A Mediterranean Society*, ii. *The Community* (Berkeley, Calif.: Univ. of Calif. Press, 1971)。关于作为重述的互惠性观念，参见我的 'Two Kinds of Universalism', *The Tanner Lectures on Human Values* (Salt Lake City: Univ. of Utah Press, 1990), xi. 509–532。

我的意思不是说不用理会自主性抛出的许多问题，特别是对不信教者而言，他们不得不披上象征种族依附的宗教外衣。（我怀疑大多数宗教共同体都有大量的不信教者。）他们的处境并非与世俗国家中的宗教基础主义者毫无共同之处。另一个问题更严重：很难防止宗教多数使用国家权力时既超出共同体的边界又超出分配领域的边界。在今天的伊朗，很容易发现国家权力的运用超出了共同体的边界，不存在对共同体自主性的认可，我怀疑伊斯兰共同体内部教职人员的腐败和专制行为可汇成一长串故事。

民主公民身份的缺乏或失效是否给伊朗带来了道德问题？是的，因为它阻碍了复合平等的充分施展，将正义置于危险境地——危险指数大大超过更具差异的社会。但是，在我看来，仅仅依据这样的事实不能判断非民主社会本质上是非正义的。假如非民主社会是非正义的，那么我们如何解释关于正义的争论？许多非民主社会都进行了这样的争论。当《申命记》的作者写下那被频繁引用的一行话"正义，你要追求的是正义"时，他不是在号召民主政治运动。但他确实有一种融贯的正义观，在某些重要的方面与我们的正义观相连（我们可以认识到这一点，即使它的展开过程与我们对政治生活的理解不一样。）他在谴责腐败的法官曲法阿贵，谴责他们偏袒以色列人胜过"居住在（他们）中间的陌生人"。这些当然是正义关注的事情，可能是最重要的事情。

复合不平等的危险

在像伊朗这样的伊斯兰共和国中，（非穆斯林）共同体缺乏自主或诸领域无法分离，分配结果有可能呈现出一种司空见惯的形式。虔诚的穆斯林或善于伪装虔诚的人，将排挤掉其他竞争者，大量跻身有权、有钱、有名者的行列，充斥文官队伍和专业职位。显然，这种形式没有证伪我开始回应时的预言，在这里，相同的人"因为相同的原因"赢得了所有领域。给这种结果的最好称呼就是简单不平等。这是支配的结果——在这个案例中，宗教与政治的混合物，也就是革命征服行为促成的信仰与权力的结合，扫除了它面前的所有其他物品。苏珊·奥金描述并批评的性别不平等，尽管有不同的历史，但形式是类似的：父权制和男权社会也是简单不平等的例证。

复合不平等，如果曾经出现过的话，看起来会非常的不同。现在我们不得不靠想象，诸领域的分离和分配过程的自主以这样一种形式出现——相同的人不断地"因每次都不同的原因"胜出或失败。可以推测，在实际的分配中，不存在非正义，因为所有物品都依据其社会意义来分配，具备相应资质或采取相应行为的男男女女可获得这些物品。可能出现问题的地方在于所有资质高度集中于一个群体身上，这个群体也是表现最好的；另一群体资质平平，表现一般；第三个群体缺乏资质，表现糟糕。最后一个群体构成了遭排斥和剥夺的社会下层，但是，这些男男女女没有遭受过歧视；每一分配过程都平等地考虑过他们，每次都被拒绝。他们依然是公民，享有公民权（他们很少投票，因此也不受政治家的待见），能够获得公共教育（但教授的科目从没有开启他们的智力），有资格获得福利（但对他们在其他领域的表现没有帮助）。

真的存在符合这种描述的阶层吗？这个阶层至关重要，在今天却隐而不显，因为许多潜在的成员含金汤匙出生并免受分配正义的干预，真正自主的分配过程将把他们识别出来。答案只能是不知道；这些分配过程尚未就位，还要再等它们有效运作一段时间，我们才能确定地说这些过程的社会产物是复合不平等，而非我描述过的某种版本的平等主义。对复合性的检测：社会下层的成员是否像埃尔斯特描述的那样（原书第97页），"如同精神病，或多或少地在各个社会群体中随机分配"？

显然，现代社会的下层与这种假想中偶然聚合的人群没有相似之处。在我们中间，遭到排斥的男男女女不是失败的个体的偶然组合，一个接一个地被拒绝，一个领域接一个领域地被拒绝。他们中的大多数来自共享日常经验的群体，在家庭（种族、民族、性别）方面也有足够的相似性。从一个领域到另一个领域，失败如影随形，原因是陈规陋习、歧视和冷漠，所以他们的境况不是一连串自主决策的产物，而是一种系统性决策或一组内在相关的决策的产物。排斥也是一种遗产，会落到他们子女的身上；想象中的导致排斥的条件现在成了排斥的产物。❶

转了一圈发现，所有这些都是简单不平等；我们还没有达至复合性。无疑，难以察觉的、复杂的过程导致了这种固化的结果，通

---

❶ 前面的一段话来自我的论文 'Exclusion, Injustice, and the Democratic State', *Dissent*（Winter 1993），55–64。在这篇论文中，我对这部分内容展开了更大篇幅的论述。

过政治努力改变乃至推翻这样的结果是异常困难的。但条件是简单的，它没有说明假如我们对物品的分配没有遭到流行的种族主义和性别主义的歪曲，会发生什么。可能的结果是相同的社会下层、相同的等级结构，被不同的人占据；每一阶层的人，包括底层，都将是一种混合，黑人和白人的混合、女性与男性的混合——也可能不是。复合平等政治是压在自主分配上的赌注，看它能不能起到反等级制的效果。但是，我们不是在黑暗中下注。对我而言，历史和日常生活表明才能和资质在个体中的分布是相当分散的。我想知道认为才能和资质分配非常集中的人是否严重低估了自己。

当前国际分配中的非正义

假设我们获得了复合平等而没有影响国际社会总的不平等，理查德·阿内森提出的问题是，对分配正义的内部主义解释究竟有没有为我们提供理由担忧国际社会的不平等（原书第232页），布莱恩·巴里显然认为没有（原书第79页）。假如相同的个人在国内一次又一次的失败，相同的国家在国际上一次又一次的失败就更加真实了。但是为什么会这样？如果像阿内森说的那样，国际不平等没有"国际"原因（"它们一点也没有受……支配关系的浸染"），那么确实不牵扯非正义。考虑一下这一对比：世界的这一部分有地震和火灾的受害者，世界其他部分的男男女女没有遭受过灾难。假如第二个群体不帮助第一个，我们"良心难安"的原因不是对比本身或者地震是非正义的。阿内森的不平等像极了自然灾难（尽管它的解释预设自然和社会原因的混合：气候、资源、政治文化，等等）。

但假如我们讲述不同的故事——帝国主义战争；征服、占领和干涉；对贸易的政治控制，等等——那么到最后，我们有可能不只是良心难安，还会特别关注不平等后果的非正义性。我们因自己的信念而关注，现在这一信念被广泛分享，即国际社会中的政治力量应该依据集体自由和自决的原则分配。如何辨识集体的"自己"仍聚讼纷纭，但非常清楚的是英国人不应该决定印度的法律和政策，美国人不应该决定越南的法律和政策，俄国人不应该决定立陶宛的法律和政策。假如这些非正义的决定造成了破坏性的社会和经济后果，那么在道德上就需要补救措施。这些补救措施自然可扩展至广泛的财富和资源再分配。

当人类苦难与不平等如影随形时，难道不平等本身不要求类似的措施吗？我说过要求,但与正义无关——正义不是全部的道德——除非我们能讲出参与和责任的故事。最近几年许多作者主张不断增长的全球联系、知识和互动使我们都要对彼此负责。❶ 趋势是很明显的，假如要扩展正义的要求，就需要讲述一下这样的故事。但是，至少现在，我倾向于认为人道对待和互助的一般道德原则比对分配正义的任何特定解释更有用。

---

❶ 参见 Charles R. Beitz, *Political Theory and International Relations*（Princeton, NJ: Princeton Univ. Press, 1979）。

一般道德的作用

书中有几章强调了一般道德在塑造分配原则上起的作用，无论是国际社会还是国内社会的分配原则。我承认这一点，尽管我不确定道德能在某种程度上从外部发挥作用，除非是一种底线道德。谋杀、折磨、奴役对任何分配过程来说都是错误的——它们之所以是错误的与社会物品的意义没有关系。我们需要一种人权理论（或其他文化中功能相同的对等物）设置基本的参照系，在其中进行分配。这样的理论自然来自对人的看法而非对他们制造的物品看法，它将限定这些人如何被对待。但即使观念的源头相似，当它们影响物品的分配时，也会带来不同的结果。

不妨想一想"个体责任"观念，它在艾米·古特曼和乔·埃尔斯特的论证中很显眼。人们认为个体的（而非民族的或亲缘团体的）责任决定了刑事法庭上法官的判决，因为这是正义在这种场景中的意义。相反，医保的分配并非依据相同的观念：医生不会拒绝救治咎由自取的病人。他们无节制地抽烟、忧思过度、从事危险的工作，但当他们出现在当地医院的手术室中时，道德过往就烟消云散了。他们可能会被要求支付更高的保险费：这与我们对保险的理解有关。我们可以征收烟草税并用税收补贴医保——但是只有不再认为烟草是普通商品时才可以。同样，陷入窘境的人可以从福利分配中获得益处，即使他们是咎由自取（比如，工人因连续迟到和心不在焉而被解雇，但依然可以领取失业保险）。但因为福利的目的是帮扶穷人或在社会和经济上遭到排斥的男男女女，当福利的接受者故意拒绝帮扶的手段（新的工作、教育、社会服务）时，就可切断这些益处。

个体责任的观念在所有这些分配决策中都发挥作用，但其作用是间接的，而非直接的。它们塑造我们对特定物品的理解；它们并不充当通用的分配原则。它们重复出现于每一个领域，可称之为"跨领域"原则，但它们不是超然的存在，凌驾于所有社会物品之上；因为它们的作用是间接的，因此要被修正并呈现出不同的形式。这就是一般道德在关于正义的论证中通常的出场方式，不管它的原则是超历史的、普适的还是为时空所限的，它都以这种方式出场。可用以下几种方式中的任一种来描述个体责任：这样一些观念由社会交往经验而生，但此处或彼处、这个或那个物品令其呈现不同的形式，不同的分配论证会带来不同的结果。

我只需补充一点：当我们完成这些论证时，在道德上没有完结。考虑到我们的社会及其制度（或考虑到其他的社会），要求我们做其他的判断。关于美好生活、共和美德、神法、自我牺牲的观念以及大量其他观念，处于正义之外或超越了正义——这不是说浸染这些观念中的这个或那个的男男女女不能加入他们的公民同胞讨论社会物品的意义。大门是敞开的，尽管我们恳请他们在门边卸下他们的观念行囊。

效用的重要性

效用是一种内含于所有分配决策的道德原则——《正义诸领域》从未讨论过。乔恩·埃尔斯特指出我们通常认为自己注定要最大程度地生产和占有我们视为善物的东西。假如分配准则和程序带来的结果是善物生产和占有水平的减少,即使它们与物品的社会意义一致也立不住脚。于是,"节制的功利主义"这一观念就产生了,它要求我们"在对个体福利施加基本限制的基础上,最大化总体福利"(原书第 94 页)。现在,想一想它如何发挥作用。

让我们以失业保险和家庭补助为例,它们提供了基本的保障,而劳工市场要求利益最大化。当我们讨论利益大小时,我们把市场抑制的危险也考虑在内,这当然是正确的;当我们规制市场(例如,通过最低工资法)时,我们担心基本保障是不够的。但是这样一组特定的关心依赖于我们对工作、市场和福利措施的理解。在前资本主义社会,它不会出现;中世纪基督教团体和犹太人对慈善义务的讨论呈现出非常不同的形式。最大化生产能力不是他们的目标之一。

埃尔斯特担忧四肢健全的穷人剥削福利制度(久已存在的担忧),当今美国关于如何帮助(或迫使)"福利母亲"进入劳工市场的争论最好地解释了这一点。自然有人认为(反对这样的政策目标)在家照顾孩子是有社会价值的工作;让纳税人为此付费时,纳税人没有受到剥削。或者,有人认为在外工作对于作为个体的妇女的自我实现来说是必要的,可能对作为公民的自我实现来说也是必要的:当我们为接受福利的时间设限时,我们不是在节省金钱,而是在拯救灵魂。我不认为关于效用的考虑能解决这类分歧;效用出现在关于家庭、工作和公民身份的讨论中,但只有我们知晓涉及的物品的意义和价值后,效用才能发挥作用。在那之前,"节制的功利主义"要求的最大化没有针对性。我很确定我会后悔,但无论如何我要说:效用(也)与社会意义相关。

历史主义解释的必要性

迈克尔·拉斯廷认为复合平等理论需要一种对社会差别的历史主义解释并把自己贡献给历史主义解释，我倾向于认为这一观点是正确的。他的意思不是要我们重复改良主义者和马克思主义者的错误去估量未来，因为它就在或将在"那里"。确实，在某些解释中，我们走向了差别比较少的社会，在这个社会中数字读写和科研能力，以及提供和证明这些能力的教育，支配所有其他的才能和物品。拉斯廷讲述的这类故事的意义在于展现复合平等如何从实际的社会过程和冲突中产生，又如何因实际的社会过程和冲突而失败。它的范畴反映了真实世界中的真实对话，它们的使用要求我们在实际的冲突中站队。现代历史的开展更加迫切地提出了需要复合平等回应的问题。

当然，看来在很长一段时期（案例依然适用），社会差别是现代性的决定性事实。有可能循此路径历史性地解释每一种正义领域：市场从宗教控制（公正的价格，禁止高利贷）和政治控制（重商主义）中解放出来，宗教与国家的分离（宗教宽容，政治自主），独立学校和大学（学术自由）的创建，职业生涯和文职机关中不存在任人唯亲（裙带关系），禁止售卖公职和公共服务（买卖圣职，行贿受贿），等等。强调这一点是很重要的，这些不是绝对的成就；把它们简单地描述成线性进程也是不合理的。但是，它们结合在一起构成了可辨认的生活方式，在这种生活方式下，男男女女居于许多不同的领域，适应不同的角色，遵守不同的规则，施展不同的才能，甚至使用不同的身份。因此，复合平等至少具有了可能性。

显然，不是所有人都推崇这种生活方式以及它带来的某种版本的平等主义。反对呈现出不同的形式：渴望宗教/政治上的大一统，梦想完美的精英政治（迈克尔·杨的社会科学小说《精英政治的崛起》❶对之进行了讽刺，这部小说也提供了有趣但却是半成品的历史解释），希冀更简单的平等主义（阿内森在这本论文集中的文章最明显地提倡这一点）。可以给出历史主义的理由拒绝这些想法，就像拉斯廷思考的那样，但是也可以给出历史主义的理由来支持这些想法。社会差别带来了真正的焦虑，特定的宗教信条能非常好地解决这一焦虑。精英价值成为即将到来的分配原则不成问题，最能体现精英价值的物品逐渐地支配所有其他物品。差别允许的地方性不平等大到并严重到使简单平等"立刻"成为一种被全面接受的选择。复合性也是一种选择，这解释了我为什么要把历史案例当作示例而非应然的方向。

还是可以看出来，拉斯廷讲述的历史就是"我们"生活方式的历史，也可以将之解读为一系列价值的逐步实现，我们有好的理由捍卫这些价值：自由，个体自主，相互尊重，类似米勒提到的平等身份的东西，多元主义自身。在我看来最后一种价值是所有其他价值的前提条件。只有当我们在最广泛的意义上反思分配正义以及反思我们乐于在所有领域中实现的价值时，复合平等才会发挥作用。

---

❶ *The Rise of the Meritocracy, 1870−2033*（Harmondsworth: Penguin, 1961）。